아름다운 세상을
만들어가는 소중한 인연의

_____ 님께

이 책을 드립니다.

인생, 사랑, 멋, 길을 찾아서

인생, 사랑, 멋, 길을 찾아서

이모일 지음

이든북

책을 발간하며

　대한민국 국가 수립 후 1세대로 태어나 전장의 폐허 속에 세계 최빈국이던 나라가 선진국이 되는 과정을 겪었다. 열심히 일했고 가정을 꾸려 원만하게 이끌어 살아가는 데 불편하지 않다. 그러나 진정 후회 없는 삶을 살았는지 돌이켜 보면 여전히 의문이다. 때론 후회도 하고, 때론 미래를 기약하며 열심히 살았다. 편안한 노후를 즐겨야 할 나인데, 피할 수 없는 노구(老軀)가 기다리고 있다. 인생사(人生事) 고해(苦海)다. 평생 일에 매달려 작은 성과를 이루었으나, 정작 즐겨보지 못하고 누려보지 못했으니, 억울함이 앞선다.
　내가 한창 일할 때의 사회 분위기는 지금과 확연하게 달랐다. 살아남기 위해, 가난에서 벗어나기 위해 쉬고 즐기는 것은 사치로 여겼다. 오직 일하고, 공부하고, 뭔가 생산적인 일을 하는 것만 가치 있는 일로 여겼다. 온 국민이 그렇게 즐길 줄도 모르고 일만 하면서 살았던 덕에 지금의 풍요를 누리는 것이다. 이런 면에서 우리 세대는 역사적으로 참으로 위대한 업적을 이룬 게 맞다. 국가 수립 후 독재 정권과 연이어 맞닥트렸지만, 민주화를 이루어 냈고, 오일쇼크와 IMF 외환위기를 슬기롭게 극복하고 이 민족을 5000년 가난에서 탈출시킨 세대이기 때문이다.

그런 시대에 태어났으니 그렇게 일만 하고 살았다. 현재의 물질적 풍요를 이루게 밑거름이 된 한 세대가 맞다. 후세대에 풍요롭고 자유로운 시대를 열어준 건 맞는데, 과연 나는 그렇게 풍요롭고 자유롭게 살았는지 생각하면 아쉬움도 크고 후회도 많다. 나도 한 번뿐인 인생인데 누려보지도 못하고 일만 하다 가는 것 같아 서운하고 억울한 생각도 든다.

그 회한(悔恨)을 달래는 한 방편으로 '내가 이런 생각을 하며 살았다'는 발자취를 남기고 싶었다. 결코 고루하고 막힌 사고를 하지 않고, 개방적이면서 유연하게 사고했음을 인정받고 싶었다. 물론 비슷한 세대와 비슷한 환경에서 비슷한 교육을 받고 성장했으니 비슷한 사고를 할 거로 여길 것이다. 그러나 늘 수용적인 자세로 세상의 변화를 받아들이려 노력했다. 세상이 어떻게 변하는지 늘 관심을 가졌다.

변화에 적응하기 위해 시작한 일이 메모다. 삶의 현장에서 겪은 대로, 본 대로, 느낀 대로, 생각한 대로, 기록했다. 생활 속에서 작은 깨우침이 일어났을 때, 누군가 한 말이 깊이 각인될 때, 책을 읽다가 유익한 구절을 발견했을 때, 모두 모아 메모하고 저장했다. 그렇게 자료를 수집해 보니 그 메모한 분량이 상당히 많아 이것을 책으로 엮어야겠다고 생각했다.

특별히 내세울 건 없지만, 세월이 지나고 보니 창업경영자로 살면서 어느 세대보다 많은 경험을 했다. 참혹한 가난을 경험한 세대로 부단히 노력하며 살았다. 배우지 않으면 살아남지 못한다고 생각해 늘 새로운 지식과 정보를 얻으려고 노력했다. 세월이 꿈결같이 지나고 보니, 내 나라가 선진국이 되었다. 자부심도 생기지만, 개인적 회한도 많다. 그래서 그간 모아둔 자료를 정리하여 출간하기로 했다.

많은 분량의 메모 중 가치가 있다고 생각하는 것을 추려내어 하나하나 정리하는 작업이 쉽지 않았다. 분야별로 구분하고 해석을 덧붙이는 작업 과정을 거쳐 500개의 문구에 대해 간략하게 설명을 덧붙였다. 그렇게 하고 나니 책 한 권의 분량이 되었다. 이 책은 내가 짧지 않은 인생을 살며 접한 수많은 말 중 내게 자극을 주고, 용기를 주었던 말들이다. 내가 충분히 공감했던 말, 깨달음을 얻은 명언과 명구를 세상과 공유하고 싶었다.

  같은 시대에 살았던 분들에게 위로가 됐으면 하나 시대에 안 맞고 생각이 다른 분들도 있을 것이다. 거칠고 세련되지 못한 단문이지만 이해하며 읽어 주시기 바란다. 초보 작가에게 친절히 책 제작의 과정을 소개해 주고 도와준 주위의 많은 분에게 감사한다. 정성스럽게 책을 제작해 주신 출판사 모든 관계자분에게도 감사한다. 평생 함께 살며 동반자가 되어준 아내와 무탈하게 자라 성실하게 살아가고 있는 자녀들에게도 고맙다는 말을 전한다.

  항상 주위에 좋은 분들 덕분에 내 삶이 여기까지 올 수 있었다. 진심으로 거듭 감사를 드린다. 저자와 독자의 인연으로 만나게 되었으니 더없는 영광이다. 책을 읽으며 좋은 기운을 받으시길 기원한다.

甲辰年 孟春之節 沃川 龍竹 樂然齋

| 차례 |

4 · 책을 발간하며

제1장 : 인생조언　　　　　　　　　　　人生助言

32 · 인생은 아마추어같이, 직업은 프로같이 하라. 프로추어가 돼라.
32 · 돌멩이가 항아리에 떨어져도 항아리가 불행이요, 항아리가 돌멩이에 떨어져도 불행은 항아리다.
33 · 도전하며 살면 얻는 것은 있으나, 풍파를 겪는다.
33 · 선인(先人)은 살기 위해 비겁한 짓을 했지만, 현대인은 명예와 이익 때문에 비겁한 짓을 한다.
34 · 모든 것은 거래할 수 있지만, 시간은 거래할 수 없다. 인생은 두루마리 화장지 같다.
34 · 사람은 죽음에 이르러서야 '그때 좀 참을 걸, 베풀 걸, 재미있게 살 걸' 하고 후회한다. 이런 생각을 미리 깨닫고 생활을 바꾸는 사람은 거의 없다.
35 · 그리움도 오래 두면 저절로 녹슬고, 고통과 고민도 오래 두면 녹슨다. 세월이 지나면 저절로 무뎌진다.
35 · 세상사 마음대로, 의지대로 안 된다.
36 · 인생길에는 평생 지고 가야 할 '직업'이라는 짐이 있다.
36 · 낙타는 남을 위해 일하니 힘들다 한다. 개미는 자신과 부족을 위해 일하니 힘이 안 든다.
37 · 학자의 말이 백화점 수준이라면, 보통 사람 지식은 잡화상 수준이다. 백화점은 없어도 불편하지 않지만, 잡화상이 없으면 불편해서 살 수 없다.
37 · 인간은 사회적 동물이다. 전선에선 전우가, 여행지에선 동행자가 중요하다.
38 · 여럿이 집단 생활하면 시시비비(是是非非) 가릴 일이 생긴다.
38 · 교도소도 총량이 유지된다. 사람 사는 사회는 어쩔 수 없다.
39 · 일 년 내내 좋은 날만 있으면 사막 된다. 흐린 날, 비 오는 날도 있어야 한다. 인생도 좋은 일, 힘든 일이 혼재해야 산다.

39 · 인간은 욕구의 노예다. 만족은 없다. 항상 부족하고 가난하고 모자란다. 물질욕이 강하면 만족이 없고 근심만 낳는다.

40 · 하는 일에 집중하여 정성을 다하면 모든 일이 수월하게 잘 해결된다.

40 · 첫째 권력, 둘째 금력이다. 돈 가진 자는 명예를 가지려 하고, 명예를 가진 자는 돈을 가지려 한다.

41 · 전통적인 오복론(五福論)은 수(壽), 부(富), 강(康), 덕(德), 종명(終命)이지만, 현대의 오복론은 건(健), 처(妻), 재(財), 친(親), 사(事)를 꼽는다.

41 · 중장년 세대는 추억 속에 고향 향수가 각인 돼 있지만, 젊은 세대에게는 고향에 대한 향수가 없다.

42 · 세상 살아가는 데 고관대작만 필요한 게 아니다. 모든 사람이 쓸모가 있으니 존재한다.

42 · 즐거움을 끝까지 누리려 해서는 안 된다. 하늘도 시기한다.

43 · 전기 고치는 데는 전공이 중요할 뿐, 인성 인품을 강요하고 주문할 필요는 없다.

43 · 항구에 있는 배와 항해하는 배는 분명 차이가 있다.

44 · 늙으면 몸, 배우자, 자녀가 말을 안 듣는다. 주변 모든 것이 늙고 부서지고 헌것이 된다.

44 · 나이 든 세대는 변한 세상에 적응을 못 하니 고독하고 힘들게 살아간다. 본인이 적응할 생각은 안 하고, 불평과 원망에 스스로 갇혀 산다.

45 · 대한민국을 일궈온 자랑스러운 50년대생, 쉬어가는 여유도 필요하다.

45 · 누구나 제일 잘하는 건 직업 관련 일이다. 직업이니까 잘한다.

46 · 진심을 끌어내야 진정성이 보인다.

46 · 순리대로 살라. 역행하면 인생이 비틀어진다.

47 · 아무것도 하지 않으면 아무 일도 일어나지 않는다.

47 · 나이 든 세대들이여! 삶을 즐길 나이지, 욕심부릴 나이 아니다. 삶의 질에 투자하라.

48 · 가난 속에 성장한 건국 1세대, 전쟁의 폐허에서 살아남고자 했을 뿐, 부자가 목적이 아니었다. 오늘날처럼 풍요로운 세상은 상상도 못 했다.

48 · 근대 농업사회는 우정, 의리, 가족, 족벌이 지배했지만, 현대 산업사회는 돈과 학벌이 지배하고 있다.

49 · 인성의 중요성을 모르는 사람을 누가 따르겠는가?

49 · 곁길도 대로(大路)만큼 재미있다.

50 · 처음 인연 맺기보다 유지하기가 더 어렵다.
50 · 밥 먹고사는 문제 해결하고 나면, 낙(樂)이 있어야 한다.
51 · 먹고 즐기기 위해 직업을 갖고 일을 한다.
51 · 남에게 베푼 것은 그 자리에서 잊고, 남에게 입은 은덕은 평생을 기억하라. 베풀면 반드시 돌아오는 것은 진리다.
52 · 법고창신(法古昌新)은 옛것을 받아들여 새로운 것을 창조하는 거다.
52 · 운전자는 멀미하지 않는다.
53 · 집착은 사람을 점점 좁게 만든다.
53 · 같이 다니는 사람은 상호 작용이 되어야 한다. 안 되면 의미 없다.
54 · 황토물도 오래 두면 맑아진다.
54 · 행복은 현재 즐거운 것을 즐기는 거다.
55 · 화려하게 산 사람에게 외로움은 고통이지만, 풍상 속에 산 사람은 외로움을 즐길 줄 안다.
55 · 공인의 언행 실수는 타인에게 간접 피해가 된다. 공인의 잘못된 언행은 주변 관계인까지 욕되게 한다.

제2장 : 지혜덕담　　　　　　　　　　　智 慧 德 談

58 · 인생은 체험하고 아파 본 만큼 성숙하고, 지혜가 생긴다. 골짜기 없는 산은 아무도 찾지 않는다.
58 · 강한 이는 부서져도 부드러운 혀는 영구적이다. 혀는 병도 안 난다.
59 · 남자는 직업을 잘 선택해야 편히 살고, 여자는 남자를 잘 선택해야 편히 살고, 기업은 업종을 잘 선택해야 성공한다.
59 · 이론에 치우치면 모나기 쉽고, 정(情)에 치우치면 쓸려가기 쉽다.
60 · 욕심 버리고, 힘 빼고 사는 것이 만고의 진리다. 평범 속에 비범이 있다. 잘 나나 못나나 한 판의 인생이다.
60 · 과학이 아무리 발달해도 손은 못 만든다.
61 · 경험이 없으면 지혜가 생기지 않는다.
61 · 명예와 재산이 있으면 의무도 있다.

62 · 희생 없는 사랑은 하나 마나다.
62 · 누군가는 삶의 밧줄을 붙잡고 버티지만, 누군가는 밧줄을 가지고 의도적으로 삶을 마감한다.
63 · 나이 들면 지혜와 혜안도 생기지만, 아집과 어리석음도 생긴다.
63 · 철학자의 말대로 살면 신선같이 살지는 몰라도, 누리고는 못 산다.
64 · 과거를 기억하지 못하는 자는 반드시 과거를 되풀이한다.
64 · 여행은 돌아오기 위해 떠난다.
65 · 행복은 개인의 철학이다. 지지고 볶아 맛을 내고, 멋을 내는 인문학과 같다.
65 · 수학은 삶을 발전시켰고, 문학은 삶을 이해시켰다.
66 · 사나운 말이 주인 말 잘 듣는다.
66 · 책을 읽고 배우지 않으면, 남에게 부림을 당하는 일만 하게 된다.
67 · 구시대 생각을 버려라. 바꾸자. 세상은 변했고, 변하고 있다.
67 · 지식보다 어떠한 가치관을 가졌는지 중요하다.
68 · 정보 지식 없으면 상상력 동원해서 오판한다.
68 · 가난이 대문으로 들어오면, 사랑은 창문으로 나간다.
69 · 남자는 철들 때가 죽을 때다.
69 · 천재란 인류의 삶을 바꾸는데 공헌한 사람이다.
70 · 마음을 활짝 열어라. 대문을 열면 도둑이 들고, 마음을 열면 행운이 온다.
70 · 길은 어디든 통한다. 사립문 밖으로 난 길은 서울로 세계로 안 통하는 곳이 없다.
71 · 봉두치백(峰頭稚栢) 충천기(冲天氣) 암하세류(巖下細流) 입해심(入海心)
71 · 모든 일은 원칙을 무시하면, 후일 더 큰 사태가 와서 수습이 어렵다.
72 · 누구하고 살까, 어디서 살까, 무얼하고 살까를 생각해 두는 게 노후 준비다.
72 · 직업이 교수 · 교육자이지, 인성이 교수 · 교육자인 건 아니다.
73 · 교육은 지식, 교양, 전문성을 가르쳐 인간을 변화시키는 것이다. 성현의 가르침을 교육해 성인을 만드는 것이 교육의 으뜸이다.
73 · 말에 풍자와 해학이 넉넉하고, 비유법, 은유법을 잘 구사하여 크게 튀기고, 작게 축소해 말끝을 살짝 비틀어 대를 잘 맞추어 구사하면 유머가 된다.
74 · 학자나 전공자 강의는 듣는 사람이 졸고 집중 못 한다. 평범한 일상의 대화는 참여하고 끼어들 수 있어 흥미로우니 집중하고 졸지 않는다.
74 · 현대사회는 자기 분야에 해박한 전문인은 있어도, 폭넓게 아는 지식인은 없다.

75 · 거짓말 안 하면 살 수 없다. 거짓말할 짓을 마라.
75 · 생활지식 많아 지혜 있는 사람이 있지만, 학술지식만 있고 지혜가 없는 사람도 많다.
76 · 경쟁 사회는 이기는 것만 가르친다. 도덕 불감증이 만연해 죄의식이 없다.
76 · 미래 세대는 물질, 문명, 학문, 과학의 힘으로 더 좋은 세상을 이룰 수 있다.
77 · 진리는 깊이를 알 수 없고 너비를 알 수 없다.
77 · 너그러울 땐 세상을 다 받아들이지만, 옹졸해지면 마음에 바늘 꽂을 자리도 없다.
78 · 마음의 갑옷을 벗어야 편히 살 수 있다. 건조한 분위기는 농담으로 위로받는다.
78 · 한 가지 일을 천 번하면 박사 된다.
79 · 부족해야 소중함을 안다.
79 · 평소에 누구에게든 아부하는 마음으로 대하라. 이기심을 버려라.
80 · 코드 맞는 사람끼리 만나니 사고가 변하지 않는다. 같은 생각하는 사람을 찾지 말고, 생각이 다른 사람도 만나야 자기 생각이 바뀔 수 있다.
80 · 내 맘 내 뜻을 모르거든, 남을 보고 깨우쳐라.
81 · 세상에는 다양한 의견이 존재한다. 다른 의견을 제시하는 건 청자(聽者)와 독자(讀者)의 몫이다.
81 · 바쁜 사람 모아놓고 하는 학습은 각자 소중한 시간 투자다.
82 · 좋은 약은 입에 쓰고, 충언은 귀에 거슬린다.
82 · 배움도 중요하지만, 즐기고 웃으며 재미있는 시간이 돼야 한다. 그게 최선의 공부다.
83 · 지식을 통해 지혜를 터득하고, 경험과 실무를 통해 지혜를 터득한다.
83 · 마음을 비우고 욕심을 덜어내면 안 보일 것도 보인다.
84 · 원리를 깨달으면 안 배워도 알게 된다.
84 · 지식의 눈으로 보면 안 보여도, 지혜와 지성의 눈으로 보면 보인다.

제3장 : 인륜정언　　　　　　　　　　　　　人 倫 正 言

86 · 법은 어겨도 윤리 도덕은 지켜야 한다. 윤리 도덕을 어기면 용서받을 곳도 없다. 하늘에 죄지으면 빌 곳이 없다.
86 · 어른에게 예의와 경륜, 젊은 사람에게 재치와 용기를 배운다.
87 · 현대인은 물질만 추구할 뿐 도덕을 무시하고 산다.
87 · 내가 남에게 잘하는 게 대우받으며 잘사는 길이다. 벼슬도 생기고 돈도 생긴다.
88 · 세상에서 가장 어려운 일은 사람의 마음을 얻는 것이다.
88 · 집착하면 판단 부재의 상태가 된다.
89 · 싸워서 원한이 생기면 용서가 안 되고 복수심만 남는다. 억울하게 하고 분노하게 하고 싸우면 불통이 된다.
89 · 자식을 사육하는 세상이다. 교육해야지 사육하면 안 된다. 이기는 것, 돈 모으는 것만 가르치고 배운다.
90 · 거짓말하면 거짓말로 덮을 수밖에 없다.
90 · 고소와 고발은 자기 이익을 위해 타인의 피해는 외면하는 일이다.
91 · 교만, 욕심, 습관은 사람이 죽고 난 후 3시간 뒤에 죽는다.
91 · 소유욕에서 벗어날 수 없으면, 괴롭고 부족하니 만족을 모른다. 채울 욕심만 생긴다.
92 · 경 여자 흥, 천 여자 망(敬 女子 興, 賤 女子 亡)
92 · 폐수는 다시 자기에게 안 돌아올 것 같지만, 곡식이 먹고 가축이 먹고 다시 본인에게 온다.
93 · 봉사란 나도 남도 즐겁다. 때가 되면 연령대별로 할 일이 있다.
93 · 개똥철학 같지만, 시대와 환경과 분수에 맞게 사는 것도 잘사는 길이다.
94 · 새가 겉이 검든 희든 속과 피는 같은 새이다. 겉 보고 평가하지 마라.
94 · 싸워서 승리하면 원한을 낳고, 패배하면 슬픔에 산다. 승패를 초월해야 마음 편히 살 수 있다.
95 · 도둑도 효자 · 열녀 집에 안 들어가고, 고아 · 과부 집에 안 들어가고, 절간 · 신당에 안 들어간다.
95 · 나이 들면 심상이 관상으로 변한다.
96 · 현대인은 물질만 추구하고 도덕은 무시하고 산다.
96 · 덕(德)은 올바른 마음으로 행동하는 것이다.

97 · 자의냐 타의냐 차이가 있을뿐 예나 지금이나 남의 일하며 생계를 꾸리는 사람이 많다.

97 · 만 가지 상(像)이 좋아도 마음가짐이 올발라야 한다.

98 · 인간은 영혼이 있고, 짐승은 영혼이 없다.

98 · 밖으로는 도덕군자인 척하며, 속마음은 부도덕한 이중인격자가 많다.

99 · 인성만 강조하다 인권을 강조하니 교육이 혼란스럽다.

99 · 생각이 다른 사람들과 소통해야 내 생각이 바뀐다. 어울리는 사람 중에는 반골 기질을 가진 자도 있어야 한다.

100 · 일찍 피어 일찍 지는 꽃보다 더디게 피더라도 오래가는 꽃이 좋다.

100 · 술에 지배당하면 죄지을 일이 생긴다.

101 · 한 아름의 나무도 어린나무로 시작했고, 고층 빌딩도 한 줌의 흙으로 시작했다. 천 리 길도 한 걸음부터 시작한다.

101 · 바람이 강해야 연이 높이 뜬다.

102 · 개와 돈, 여자는 쫓아가면 도망간다. 기다려야 돌아온다.

102 · 좋은 만남이 좋은 인연을 만든다. 좋은 만남을 소중히 해야 한다. 좋은 물에서 놀아야 좋은 인연을 만난다.

103 · 원한이 쌓이면 폭발하고, 결국 위기가 온다.

103 · 미역국 먹고 가시 꺼낸다. 미역국엔 가시가 없다.

104 · 목숨 바쳐 나라 지키는 것이 충(忠)이요, 있는 힘을 다해 가족을 부양하는 것이 효(孝)다.

104 · 부와 명예 다 누리고 물질과 문명 풍족한데, 더 갖고 더 모으려고 한다. 나라 걱정한다며 남을 적대시하고 마음 상하게 한다.

105 · 성공한 소인배의 공통점은 자기 노력과 능력으로 성공한 줄 아는 거다. 다른 사람 도움은 인정 않는다.

105 · 지식과 학문이 아무리 많고 높아도 올바른 의식을 갖지 못하면, 부족한 사람만 못하다.

106 · 인간은 속마음을 들킬 때 가장 수치스럽고 부끄럽다.

106 · 스스로 높이려 하면 남이 깎아내리고, 스스로 낮추면 남이 높여준다.

107 · 직업을 귀천으로 보면 안 된다. 직업은 생계를 위한 수단일 뿐이다.

107 · 공명(功名)을 즐겨 마라. 영욕(榮辱)이 공존한다. 부귀(富貴)를 탐하지 마라. 위기(危機)를 맞는다.

108 · 유능한 사람보다 믿음 있는 사람이 돼라.

차례 13

108 · 충동이 절제되지 않는 사람은 치료가 필요하다.
109 · 배워서 남 공격하는 데 쓰는 사람이 있다.
109 · 천년을 이어온 명문 가문도 2~3대 내려가면 절손가문 될 지경이다.

제4장 : 처세충담　　　　　　　　　處 世 忠 談

112 · 안 하려는 자 핑계 대고, 하려는 자 방법을 찾는다.
112 · 나무가 곧으면 도끼질 당하기 쉽고, 절개가 곧으면 모함하는 사람이 많다.
113 · 속인(俗人)은 남을 짜게 평가하면서, 자기는 후하게 평가한다.
113 · 연주자가 잘못할 뿐, 피아노는 잘못 없다.
114 · 새우잠을 자도 고래 꿈을 꾸어라.
114 · 밥은 식기에 있어야 소중하다. 개밥 그릇에 있으면 더러워 보인다. 식기도 밥상에 있어야 소중하다. 바닥에 놓으면 값어치가 없어 보인다.
115 · 말 배우는 데 3년, 말 참는 데 60년 걸린다.
115 · 권위적인 사람은 남의 말 안 듣고 자기 지식만 믿고 판단한다. 남의 지식과 지혜는 인정치 않는다.
116 · 세상을 보는 지혜가 없으면, 듣기 좋은 말로 아첨하는 사람을 유순한 사람이라 여기고, 바른말 하고 강직하면 과격하다며 피하려 한다.
116 · 말 잘하고 실천 못 하는 사람보다 말 잘못 해도, 노력하고 실천하는 사람이 되라.
117 · 닭 잡는 데 소 잡는 칼이 왜 필요한가? 범 잡는 사람은 토끼나 꿩 안 잡는다.
117 · 서양사람 남을 도우며 살라고 가르치고, 일본사람 남에게 피해 주지 말라고 가르친다. 한국 사람은 기죽지 말라고 가르친다.
118 · 남의 촛불을 끈다고 자기 불이 더 밝아지지 않는다. 더 어두워진다. 옆집 값이 올라야 내 집 값도 오른다. 지인이 잘돼야 나도 잘된다.
118 · 근사한 척, 잘난 척하려면 언행도 근사해야 한다.
119 · 남의 말 무시하고 듣지 않는 똑똑한 지식인이 어리석은 판단을 한다.
119 · 남의 일에 판사가 되지 말고 변호사가 돼라.

120 · 만나고 싶은 사람, 사귀고 싶은 사람, 같이 있으면 지루하지 않은 사람, 편한 사람이 돼라. 끌리는 사람이 돼야지 질리는 사람이 되면 안 된다.

120 · 웃을 줄 모르면 장사하지 마라.

121 · 손 주머니에 넣고 사다리 오를 수 없다.

121 · 진정성 없이 작은 이익에 친구와 지인 이용하는 건 망하는 길이다.

122 · 재목이 크면 쓰임새가 적다. 함부로 쓸 수 없다.

122 · 나이 든 세대가 사회적 문제를 제시하지만, 해결책을 제시하지는 못한다. 의식을 먼저 개혁해야 한다.

123 · 세상은 난세일 뿐 치세는 없다.

123 · 여행은 시간 내어 떠나면 그만이다. 앉아서 온갖 계산만 하다가 끝내는 찾아온 기회도 없애고 끝내 못 떠나는 건 중병이다.

124 · 부정적인 뉴스 보지 마라. 밝은 세상이 회색으로 보인다.

124 · 대개의 사람은 들으려 하지 않고 말하려고 만 한다.

125 · 적의 적은 동지다. 동지 속의 적이 가장 무서운 적이니 경계하라.

125 · 창공은 넓고 넓건만, 불나방은 불 속으로만 날아든다. 집착하면 오판한다.

126 · 가진 것이 죄악이 아니고, 인색하고 과욕하면 지탄의 대상이 된다.

126 · 언행을 천박하게 하면 누가 그를 존경할까. 모든 대상에는 격(格)이 있다.

127 · 구름 끼어 안 보인다고 그 달이 어디 가나. 잘못을 거짓으로 가린다고 없어지나. 거짓은 거짓으로 덮는다.

127 · 오만한 마음을 키우면 화가 된다. 부메랑 되어 돌아온다.

128 · 한 잔 술은 건강을 위하여, 두 잔 술은 즐기기 위하여 마시지만 석 잔 술은 방종하게 하고, 네 잔 술은 광란을 보인다.

128 · 조선시대에는 배신자만 가두는 감옥이 따로 있었다.

129 · 주관도 없고, 이기적인 데다. 우유부단하고, 기회주의자라면 인간불량품이다.

129 · 만나고 싶은 사람 돼야지 피하고 싶은 사람이 되면 안 된다.

130 · 지식이 많고 직위가 높을수록 남의 말을 무시하고 듣지 않으려 한다. 옳은 말 하면 싫어하고 노여워한다.

130 · 평범한 사람이라면 아부하는 자, 뇌물 주는 자를 미워할 수 없다.

131 · 나보다 나은 참모와 친구를 가까이해야 한다. 나만 못한 사람 쓰면 실패한다.

131 · 아는 척, 가진 척, 잘난 척, 있는 척, 지식인인 척이 5척이다. 5척 버려야 새로운 곳에서 적응할 수 있다.

132 · 현재를 잘못 살면 미래까지 연결된다.

132 · 아는 사람 많고 추종자가 있다고 인맥 자랑하는 자는 남을 통해 자기를 포장하려는 의도가 있다.

133 · 걸림돌이 되지 말고 디딤돌 돼라. 피하고 싶은 사람 되지 말고, 만나고 싶은 사람 돼라.

133 · 아무리 많이 배워 잘나고 똑똑해도 남을 기만하고 속이려 한다면, 공적(公敵)이다.

134 · 건배사는 행사의 주인이 인사와 덕담으로 시음을 알리는 절차였지만, 현대에 와 자기를 알리는 수단으로 변질한 면이 있다.

134 · 친구는 또 하나의 가족이다.

135 · 올바른 사고 가치관을 가져야 진정한 지식인이다. 사고를 현실에 맞게 전환하지 않으면, 아집에서 벗어날 수 없다.

135 · 여론에 휘둘리지 말고 자기중심 사고로 올바른 가치관을 세워야 한다.

136 · 현대인은 자신과 정치 성향이 다른 집단과 개인을 적으로 대한다.

136 · 잘난 사람이 사회에 해악 끼치는 일이 많다. 최소한 남에게 피해 주지 않는 사람이 돼야 한다.

137 · 나이 들면 분위기 파악부터 해야 한다. 머무를 자리, 말할 자리를 구분해야 한다.

137 · 조언이나 직언을 할 때는 때와 장소를 가려야 한다. 상대가 받아들일 뜻이 있는지, 확인해야 한다. 섣불리 하면 가까운 친구도 소원해질 수 있다.

138 · 부정적 말은 자신의 처지가 편치 않음을 표현하는 거다.

138 · 말이 너무 화려하고 길면 듣는 사람이 거부한다. 지루한 말, 유치한 말, 전달 능력 없는 말은 안 하는 게 낫다.

제5장 : 애정소고　　　　　　　　　愛情小考

140 · 생명체는 성(性)이 없으면 생명이 존재하지 않는다.

140 · 글로 아무리 덮어씌워도 한계가 있다. 사랑의 표현은 몸으로 한다. 행동으로 하는 것만큼 강한 것은 없다.

141 · 사랑을 주고받고 싶은 심리는 같다.

141 · 미운 놈 고운 데 없고, 고운 놈 미운 데 없다.

142 · 성(性)을 지저분하고 더럽다고 여기며 금기시하고, 기피하는 것이나 발설 자체를 추악한 것으로 여기는 건 성에 대한 체계적 지식이 없어서다.

142 · 사랑은 식지만, 조건은 안 식는다. 사랑은 없고 조건만 있다.

143 · 성(性)호르몬은 충동적이고 판단이 없다.

143 · 정(情)을 품으면 한없이 너그럽고, 한(恨)을 품으면 한없이 옹졸하다.

144 · 순종 앞에는 지식도 지혜도 잘난 것도 적수가 못 된다. 순종을 이기는 것은 사랑이다. 결합체는 행복이다.

144 · 남자는 성 충동 욕구가 강하지만, 이성으로 절제할 뿐이다. 성호르몬 지배받는 강도가 20~30배 강한 것으로 알려졌다.

145 · 사랑은 깊으면 유치하다. 남녀 연결은 성(性)이다.

145 · 공자 부인도 밤에는 공자 아니라 했다.

146 · 여자가 아름다워지고자 하는 욕망은 인류 탄생과 역사가 같다. 남자가 예쁜 여자를 갖고 싶은 욕망도 인류 탄생과 역사가 같다.

146 · 여자는 목적이 있어 타산적 이익을 추구한다. 남자는 맹목적이고 흥미 위주이며 욕구 해소에 집착한다.

147 · 남자는 몸 사랑을 바라고, 여자는 머리 사랑을 바란다.

147 · 여자는 친절을 원한다. 군림하는 한량보다 받드는 종이 좋다.

148 · 한 번도 안 한 남자 있어도, 한 번밖에 안 한 여자는 없다.

148 · 부부간에 정 있으면 빈천도 즐겁지만, 정 없으면 부귀도 쓸데없다.

149 · 좋은 인연이라 여기고 사랑할 때는 이별, 불신, 증오, 원수가 없다.

149 · 남녀 이어주는 성(性), 만물의 중심 성(性), 함부로 말하면 더러운 게 성이다.

150 · 사랑의 표현은 각기 다르지만, 본질은 같다.

150 · 성(性)은 인간 감정의 극치지만, 지저분하고 더럽다고 여겨 금기시하고 기피한다. 발설 자체를 꺼린다. 체계적인 관련 지식이 없기 때문이다.

151 · 인권운동가는 약자 편에 서서 사익을 취하지 않고, 도와주는 사람이다.

151 · 사랑하기 전에 마음의 평온함부터 찾아야 한다.

152 · 남을 도와주는 기쁨이 가장 큰 기쁨이다. 사랑은 에너지다.

152 · 돈 때문에 사랑한다. 가짜로 사랑하는 거다. "고객님! 사랑합니다."는 가장 흔하게 쓰는 말이 됐다. 사랑이란 말의 남용이다.

153 · 청년기는 성 에너지가 넘치는 시기인데 법과 윤리로 성욕을 억제한다.

153 · 20대~30대 집 없는 게 당연하다. 가정을 이루고 살면서 하나씩 이루는 게 순리다.

154 · 성은 사람의 긴장을 완화해 주고, 너그러워지게 하고, 거칠고 급한 마음이 안정되게 한다.

154 · 인연은 맺기보다 유지가 어렵다. 유지할 능력과 확신이 없으면 인연을 만들지 말라. 악연이 될 수 있다.

155 · 이성 간의 부족은 동성으로 채울 수 없고, 음양의 조화를 유지하려면 희생이 필요하다.

155 · 인간은 나 같은 남을 찾아 평생 헤매지만, 나 같은 남은 없다.

156 · 남자는 돈 있으면 딴짓하고, 여자는 돈 없으면 딴짓한다.

156 · 행복은 현재 만족을 느끼는 것이고, 사랑은 마음을 다하는 것이다.

157 · 정으로 사랑하지 않고, 돈으로 사랑하는 시대다.

157 · 여성 경제활동이 보편화 되니 출산율이 떨어지는 건 당연하다. 국가의 적극적인 대책 마련이 필요하다.

158 · 만남은 인연이지만, 관계는 노력이다. 소중한 인연 이어가려면 관계를 위해 노력해야 한다.

158 · 나누면 반드시 행복이 온다는 지극히 평범한 사실을 알고도 실천 못 하는 건 불치병이다.

159 · 사랑할 수 있는 시간이 얼마 남지 않은 사실을 알고도 사랑하지 못하는 건 바보 같은 삶이다.

159 · 몸이 멀어지면 마음도 멀어진다.

160 · 여자와 꽃은 아무리 예뻐도 가꾸지 않고, 물 안 주면 잡초나 다름없다. 자기 모습은 자기가 만들어간다.

160 · 배고픈 건 참지만, 정 고픈 건 못 참는다. 본능적으로 정 주고 싶은 사람이 있어야 한다.

제6장 : 종교후담　　　　　　　　　　　宗 敎 後 談

162 · 종교는 무조건적이어서 반론이 없지만, 정치는 반론을 수반한다.

162 · 종교에서 신의 존재 여부를 말하는 것은 금기다.

163 · 너의 몸이 괴로운 것이 아니고, 너의 마음이 괴로운 것이다.

163 · 사람이 산에 들어가면 신선이 되고, 산에서 내려오면 속인이 된다.

164 · 절에 있는 것은 인간이 만든 가짜 부처요, 올바른 마음으로 살고 행동하면 그가 부처이다. 모든 욕망에서 벗어나면 마음 편히 살 수 있다.

164 · 과학논리로 보면 종교지도자가 가장 정직한 것 같지만, 가장 거짓말을 많이 한다.

165 · 복종하고 순종하면 이루어진다며 기도하라는 것은, 종교적 관점이다. 오직 신을 위해 살라는 가르침은 신과 사람 사이를 이간질하는 거짓말이다.

165 · 종교의 이름으로 개인이나 전체를 해롭게 하는 것은 죄악이다.

166 · 믿음이란 신이 지배한다고 믿는 데서 출발한다. 이를 부정하면 무신론자다. 종교는 죽음을 위로받고 삶을 행복하게 하기 위한 것이다.

166 · 양이 되라며 기복을 주입하는 것은 선동적 포교 방법이다. 현대 종교는 믿음만 강요한다.

167 · 고대 아랍과 유럽은 부족 생활하며 다신(多神)을 믿었다. 예수가 혼잡한 종교를 유일신교로 통합했다.

167 · 사람을 진심으로 존중하라. 모두가 하느님, 부처님이다.

168 · 불가에서는 만신 중 석가 신은 없고, 오직 인간이 신이며, 자연이 신이라 했다. 기독교는 하나님만이 유일신이다.

168 · 자본주의의 타락으로 자기 수양 없어졌다. 종교 교과서 바꿀 시기다.

169 · 종교 없으면 인간성 상실한다. 좋은 인성이 형성되지 않는다.

169 · 먼 곳에 있는 구원을 좇지 말고, 가까운 사람에게 베풀고 사랑하라. 그것이 종교의 본질이다.

170 · 비구에 250 계율, 비구니에 348 계율이 있으나, 시대에 맞지 않으니 더는 지키기 어렵다.

170 · 정치와 문화가 발전한 근대국가가 탄생하기까지 종교의 역할이 컸다.

171 · 석가는 수많은 신이 지배하는 대신 사회를 정리했다. 석가는 인간이 신이며 자연이 신이라는 교리로 불교를 창시했다.

171 · 경제는 경쟁만 가르치고, 역사는 선택이고, 종교 안 가르치는 게 학교 교육이다. 종교를 모르니 젊은이들이 신흥사이비 종교에 희생된다.

172 · 종교 수익에 세금 혜택 주는 이유는 국가를 대신해 인성교육을 해주기 때문이다.

172 · 국가는 기초교육, 직업교육, 이념교육을 담당한다. 가정은 생활교육을 담당하고 종교는 정서 순화 교육을 맡는다.

173 · 사람을 진심으로 존중하라. 모두가 하느님, 부처님이다.
173 · 종교의 유무를 선악의 기준으로 삼고 상대를 적대시하면 맹신이 된다. 그러면 종교가 권력이 된다.
174 · 혼자 도(道) 닦는 마음을 범인(凡人)은 알 수 없다.
174 · 정치, 종교, 이념에 몰두하여 광신하는 사람은 자신의 신념이라기보다 누군가에게 빙의(憑依)된 것으로 봐야 한다.
175 · 한비자(韓非子)는 망국을 막는 정치에 필요한 요소를 준법정치, 신상필벌, 지혜집중, 실력배양, 국민총화, 국방강화로 꼽았다.
175 · 정치는 부역자를 원하고, 종교인은 순종 양을 원한다.
176 · 종교세력이 강하면 정치, 경제가 후진한다. 종교는 오히려 발전하지 못한다. 정치·경제·종교·문화가 민주화돼야 선진국 된다.
176 · 나보다 높은 사람은 나와 안 놀아주고, 나보다 낮은 사람과는 내가 같이 놀기 싫어한다. 결국, 나와 같은 사람 찾으면 친구밖에 없다.
177 · 성인(聖人)은 지성(知性)으로 자기 치부를 위장할 뿐이다. 본성은 여느 사람과 별 차이가 없다.
177 · 만나면 헤어지고, 만들면 부서지고, 모나면 깎이고, 높아지면 비방 받고, 일하면 결함만 남고, 현명하면 모함당하고, 어리석으면 사기당한다.
178 · 정치 편향된 성향, 경제 집착한 성향, 종교 몰입한 성향, 몰입하면 헤어날 길이 없다.
178 · 강자에게 저승사자같이 대하고, 약자에게 구세주같이 대하라.
179 · 편향된 정치 이념과 종교관을 가진 후진 세대 사람은 살아있는 화석이다.
179 · 청산유수는 한 빛이로되, 인생백년은 고행에서 벗어날 수 없다.
180 · 모든 일에 과하지 마라.
180 · 악은 선을 이길 수 없다.
181 · 선행(善行)은 태산을 오르기처럼 어렵고, 악행(惡行)은 산에서 내려오는 것처럼 쉽다.
181 · 죽어봤나? 여자 남자 돼봤나? 남자 여자 돼봤나? 알 것 같지만, 모른다.
182 · 건강한 것이 가장 큰 은혜요, 가진 것에 만족하면 그것이 곧 부자다. 친구의 제일은 믿음이다. 부처님을 믿어야 마음 편히 살 수 있다.
182 · 선인들이 소탐대실의 원리를 후세에 교훈으로 남겼지만, 소인이 많은 세상이니 혼란스러울 때가 많다. 안 해도 될 짓을 하고 부끄러울 줄 모른다.

제7장 : 자연찬가 自然讚歌

184 · 산하도 손대면 자연으로 돌아가고, 문화도 발전하면 원시로 돌아간다.
184 · 사람은 땅을 근본으로 삼고, 땅은 하늘을 근본으로 삼는다. 하늘은 도를 근본으로 삼고, 도는 자연을 근본으로 삼는다.
185 · 꽃은 피어도 소리가 없고, 새는 울어도 눈물이 없고, 사랑은 불타도 연기가 없다.
185 · 길가에 핀 꽃은 임자가 없어도 이름은 있다.
186 · 꾸민 것은 문화요, 꾸미지 않은 건 자연이다.
186 · 양자강 깊어도 모래 위고, 금강산이 높아도 소나무 아래다.
187 · 하늘 보는 동물은 사람뿐이다. 짐승은 땅만 보니 자연스럽게 후각과 청각이 발달한다.
187 · 인간은 자연에 도전하고 극복하며 산다. 결국, 파멸의 길로 간다는 사실을 알고도 우매한 현대인은 자연지구 파괴의 길을 버젓이 간다.
188 · 하늘은 대지를 먹여 살리고, 대지는 만물을 먹여 살린다.
188 · 낙엽이 흙으로 돌아가듯 원위치로 가는 건 귀소본능 때문이다.
189 · 동물은 자연에 길들어 살고, 인간은 문화에 길들어 산다.
189 · 자연은 만물이 살아가는데 절대적이다.
190 · 하늘은 푸르고 땅은 누르다. 청색과 황색을 혼합하면 녹색이다.
190 · 불은 하늘로, 물은 바다로, 나뭇잎은 뿌리로, 인간은 고향으로 간다.
191 · 생존을 위해서 먹어야 하고, 번식을 위해서 생식해야 한다. 인간의 본능은 하늘로부터 물려받은 근본이요, 자연의 이치다.
191 · 죽음을 자기의 일로 생각하지 않는다. 죽음 앞에 모두 타인 같다.
192 · 인간 세상은 자연 풍경과 같다. 정치, 경제, 사회가 균형과 조화를 이뤄야 민주 선진 사회다. 아무리 발전해도 균형이 맞지 않으면 불안한 사회다.
192 · 젊어서는 마음이 아프고, 늙으면 몸이 아프다.
193 · 현대사회는 자발적 가난을 자초하는 사람도 많다.
193 · 산은 비탈져도 나무는 곧게 자란다. 흙물에서 자라는 연꽃은 곱기만 하다.
194 · 백수의 왕 호랑이도 몸에 이가 생겨 죽는다.
194 · 굽은 나무 선산 지키고, 못생긴 나무 정자 되어 그늘을 제공한다.
195 · 산은 멀리서 봐야 멋있다. 사람도 너무 가까우면 약점과 치부가 보인다. 적당한 거리가 필요하다.

195 · 곱게 못 늙고 추하고, 더럽게 늙으면 자기주장만 강하다. 마음이 늙으면 몸도 같이 늙는다. 나이 들어 곱게 늙어야 한다.
196 · 자연은 모나지 않다.
196 · 얼굴은 바꾸어도 심상은 못 바꾼다.
197 · 기는 두꺼비는 파리만 잘 잡고, 다리 없는 뱀도 뛰는 개구리 잘 잡아먹고 산다.
197 · 수양산(首陽山) 그늘이 강동 80리를 비춘다.
198 · 인간은 호랑이 같은 용기와 부엉이 같은 지혜가 있어도, 어린애 같은 천진함도 있어야 한다.
198 · 흐르는 물속에도 소용돌이가 있고, 불어오는 바람 속에도 회오리가 있다.
199 · 물은 흘러도 다투지 않고, 구름은 흘러도 서로 뒤지려 한다.
199 · 물도 언덕을 넘을 때 폭포가 되어 소리가 나고, 사람도 힘들 때는 소리가 난다.
200 · 밤 10시 이후에 호르몬 분비가 가장 많다.
200 · 비는 봄비가 좋고, 바람은 가을바람이 좋다.
201 · 쥐 잡는 데는 천리마보다 고양이가 낫다.
201 · 어둠이 빛을 가릴 수 없다.
202 · 하늘은 아무것도 없는 거 같아도 만물을 먹여 살린다.
202 · 호랑이는 발톱을 함부로 쓰지 않는다.
203 · 내 의지대로 안 되는 것이 운명이고 숙명이다.
203 · 만물 중 인간이 손을 쓸 수 있어 영장으로 진화했다.
204 · 모든 물건은 주인이 있다.
204 · 반듯하면 강이 아니다. 강은 굽이굽이 흐르며 만물을 적시어 성장시킨다.

제8장 : 재물잡설　　　　　　　　　　　財 物 雜 說

206 · 돈은 쓰면서 벌면 후세까지 가고, 안 쓰고 벌면 당대도 못 간다.
206 · 젊어서 재산을 가지면 올바른 인간성이 형성되지 않는다. 재벌 후세의 인성 문제가 언론에 질타당하고 비판받는 이유다.

207 · 자기가 번 돈 다 쓰고 가면 대인이다.

207 · 소인은 벌 줄만 알지 쓸 줄 모른다.

208 · 돈은 산 자 몫이지 죽은 자 몫은 없다.

208 · 욕심이 많으면 아무리 재산이 많아도 가난에 시달린다. 욕심 많으면 근심도 많다.

209 · 세도 가진 자의 기회주의에 세뇌되고 습관화되어, 가지지 못한 자가 부자 편들고 힘없는 자는 권력자 힘 있는 자 편을 든다.

209 · 돈에 눈 달리고 귀 달렸다. 정당하게 벌지 않으면 반드시 풍파를 겪고 만다.

210 · 부자로 잘살아본 경험이 없으니 부자의 도리가 무엇인지 모르고, 복지를 경험해보지 않았으니 복지로 사는 방법을 모른다.

210 · 현대인은 아는 게 경제밖에 없으니, 모든 일에 경제 논리를 주장한다.

211 · 역사의식이 없으니 더불어 사는 방법을 모른다. 경쟁보다 조화와 협업을 가르치기 위해 교과서를 새롭게 써야 한다.

211 · 풍요로우면 철이 늦게 나서 지혜가 안 생긴다.

212 · 돈은 벌 줄 알아야 관리할 줄 안다.

212 · 1류 경영인 남의 지혜 빌린다. 2류 경영인 남의 지식 빌린다. 3류 경영인 자기 지식만 믿고 경영한다.

213 · 상위 5%가 재산의 60% 가진 나라 대한민국. GDP(국내총생산)는 4대 기업이 60%를 차지한다.

213 · 기업은 아무리 벌어도 배부르지 않다. 노동자는 안정된 생활이 목표다.

214 · 가진 것은 죄악이 아니다. 베풀지 않으면 죄악이다.

214 · 부정한 재화는 들어올 때 좋지만, 나갈 때는 해코지 해서 몸과 마음이 상한다.

215 · 노력하지 않고 얻은 재산은 죄악이다. 대가 없이 얻으려 하면 망신당한다.

215 · 일생을 아끼고 절약하고 억척같이 벌어서 못 쓰는 이들이 많다. 자식들 돈 벌어 주는 기계인지 고민해야 한다.

216 · 한국인 가운데는 많은 것을 곁에 두고도 써보지도 못하고 죽어가는 이들이 많다.

216 · 대한민국 현대인의 가장 큰 병은 미래의 노후 대책 때문에 오늘을 행복하게 살지 못하는 거다.

217 · 늘 행복을 곁에 두고도 다른 곳을 헤매며 찾아다닌다. 대한민국 현대인은 일찍 지쳤다.

217 · 권력(權力)은 금력(金力)을 이기고, 금력은 권력을 이긴다. 금권(金權)은 불이(不二)다.
218 · 모든 상품 물질은 적정 가격 치르고 사야 유지·관리된다. 공짜가 싼 게 아니다.
218 · 조선시대에 아들 낳으면 "출산해서 부자 종 만든다." 딸을 낳으면 "사돈 네 종 만든다."라는 말이 있었다. 가난의 대물림을 한탄하는 넋두리다.
219 · 일자리가 없는 게 아니고 고르는 것이다. 동남아인들에게 한국은 로망인 나라다.
219 · 130만 외국 근로자가 한국 경제를 떠받치고 있다. 한국인은 위험하고 더럽고 힘든 일 하지 않는다.
220 · 누리고 살려고 버는가? 모으고 살려고 버는가? 욕심에는 만족이 없다.
220 · 사회를 변화시키고 국민의식을 바꾸자.
221 · 현대 문명 물질 가지고도 풍족하게 살 수 있는데, 한국 사회는 계속 성장만 요구하고 있다.
221 · 성공한 시대다. 사회를 변화시키는 인성교육이 필요한 시대다.
222 · 두고도 못 쓰는 건 내 돈이 아니다.
222 · 현대사회는 빈부의 양극화만 극대화한다. 성장주도정책이 나온 이유다.
223 · 병든 뒤에 재산은 유산이지 재산 아니다. 건강할 때 재산은 재산이라 하지만, 아픈 뒤에 가진 돈은 그저 유산일 뿐이다.
223 · 먹거리가 넘쳐나고 골라 먹고 가질 것 다 같고 누릴 것 다 누리는 사람이 욕심 때문에 부족을 느낀다.
224 · 많이 가졌으면 배려의 마음도 가져야 하는 게 가진 자의 의무다.
224 · 빈천도 즐거우면 행복이다. 부귀도 근심 많으면 행복에서 멀다.
225 · 지금도 풍족한데 만족을 모르고 부족하다고 더 가지려고 세상을 비관하고 나라를 원망한다.
225 · 가진 것 자체가 죄악은 아니다. 과욕을 부리며 더불어 살지 못하는 것이 죄악이다.
226 · 만족함을 아는 자는 빈천도 즐겁고, 만족을 모르는 자는 부귀도 근심이다.
226 · 남을 속이는 말로 재물을 구하는 자는 죽음을 구하는 자다. 혀는 목을 베는 칼이다.
227 · 미치면 살고 지치면 죽는다.
227 · 가난도 재산이다.

228 · 전쟁의 폐허와 가난 속에 성장한 건국 1세대들, 선진국이 돼서도 계속 성장만 요구한다.
228 · 문화적 가치보다 돈의 가치로 세상을 본다.
229 · 사업에서 성공하려면 경영자가 창의성, 위기극복능력, 순발력, 재치 등을 두루 갖춰야 한다.
229 · 사람은 죽어 관 뚜껑을 닫을 단계에 이르러야 자손과 재화가 쓸데없음을 안다.
230 · 윤리적 채무가 많으면 운명이 바뀐다.
230 · 재물(財物)은 요물(妖物)이다.
231 · 성공하여 대업을 이룬 세대라도 지금대로라면 진외손 재산된다.

제9장 : 문화담론　　　　　　　　　　　文化談論

234 · 모든 문화는 같이 간다. 정치 · 종교 · 사회 · 문화 어느 쪽도 홀로 발전은 없다.
234 · 문화예술은 자유로워야 한다. 금권력(金力權)에 의지하고 휘둘리면 발전이 없다.
235 · 문장가나 재능가나 권력과 금력 가진 자의 도구로 전락하기 쉽다.
235 · 문화의 단절은 핵가족의 유산이다. 할아버지와 손자가 동거하지 않으므로 전파되지 않는다.
236 · 인문학은 포괄적이고 정답이 없어서 흥미롭고 차원이 높다. 인문을 통해서 사람을 변화시킬 수 있다.
236 · 국악인은 가난하고 천대받았어도 나쁜 짓은 안 했다.
237 · 전 세계가 아리랑에 우수성을 인정하고 감탄하지만, 실체는 알지 못한다.
237 · 알듯 모를 듯한 고상한 전문용어, 유식하고 고급스러운 말만 있다고 명문 시가 아니다. 쉽고 듣기 편한 말도 우리 문화다.
238 · 욕도 무대에 선다. 무당도 인간문화재다. 욕은 힘없는 자의 무기다.
238 · 인간의 마음은 물질로는 절대 채울 수 없다. 오직 문화예술만이 대신할 수 있다.
239 · 물질, 문명, 예술, 문화는 꾸민 것이다. 꾸미지 않은 것은 자연이다.

239 · 고상하고 뜻 모를 고급스러운 시서화, 시조창도 좋지만, 누구나 공감하고 마음 편히 들을 수 있는 우리 민화, 민요도 예술의 한 자락이다.
240 · 학술은 지식을 전해주고, 기술은 남을 편히 살게 해주지만, 예술은 남을 즐겁게 해준다.
240 · 물질로는 만족 못 하는 게 인간의 심성이다. 예술로 순화해야 한다.
241 · 국가는 잃어도 되찾을 수 있지만, 문화를 잃으면 영원히 망한다.
241 · 2500년 전 인류는 상당한 문명국가를 이루었다. 당시 문명을 이끈 성인은 지금도 인류의 스승이고, 당시의 저술은 지금도 최고의 고전이다.
242 · 예술은 현대사회 최고의 가치이다. 문화적 가치를 모르는 사람은 삭막하다.
242 · 서양 물질이 동양 정신문화 굴복시켰다.
243 · 고대 진시황은 분서갱유를 단행했다. 근대 모택동은 문화혁명 때 지식인을 박해하고 추방했다. 제멋대로 통치에 걸림돌이라고 생각했기 때문이다.
243 · 우리 역사를 품은 아리랑. 아리랑은 폭이 너무 크고 너무 깊은 데다 웅장하여 표현이 어렵다.
244 · 분수에 맞게 내 삶의 질에 투자하라. 질이란 문화생활과 취미를 말한다.
244 · 작가는 모르는 것에 관심 두고 새로운 것을 추구한다. 일반인은 아는 것만 관심 두고 연구한다.
245 · 지식은 배우고 전수할 수 있지만, 지혜는 터득하고 깨닫는 거다.
245 · 문화예술 사업은 흥행이 관건이다. 흥행에 이르지 못하면 쪽박이다. 각종 원인 분석이 철저해야 흥행에 성공한다.
246 · 과거는 족벌 · 문벌 사회였지만, 현대는 학벌 · 재벌사회다.
246 · 북 평양(平壤), 남 진주(晉州)라 했다.
247 · 문화예술은 어떠한 가치관을 가졌는가가 중요하다.
247 · 실버세대 대부분은 수평문화가 망조라고 한다. 수직만이 살길이라는 화석화된 관념에 사로잡혀 있다.
248 · 봉건사회에는 광대가 무대에서 양반 귀족을 조롱하는 게 허용됐다.
248 · 동서양 모두 7자를 좋아한다. 숫자 7은 우주를 상징한다. 북두칠성이 우주의 중심이다.
249 · 한국은 경제 제일에서 가정 제일로 변해가고 있다. 사회 친화형에서 가정 친화형으로 변하고 있다.
249 · 어렵게 말하고, 글을 쓰려는 풍토가 있다. 그래서 번잡스럽게 살이 붙는 말과 글이 많다.

250 · 아리랑은 평민의 경전(經典)이지만, 이해 부족으로 삼류 강의 취급 당한다.
250 · 영원히 성장하는 게 예술이다.
251 · 20세기는 이념과 계몽운동의 시기였다.
251 · 성장의 그늘 속에 묻힌 우리의 정체성을 찾아서 복원해야 문화 선진국이 되어 성장 발전한다.
252 · 골계(滑稽) 문화가 분위기를 부드럽게 한다. 골계는 역설과 비틀기를 통해 말로 꼬집는 거다.
252 · 유교 양반문화는 하층민의 문화를 천박하고 저질스러운 것으로 치부했지만, 뒤에서는 자신들도 욕구에 충실했다.
253 · 길은 삶이요, 삶은 현실이다.
253 · 경제 선진국 국민은 문화예술로 만족을 찾는다.
254 · 상대적 가난에 시달리지 않고, 즐길 줄 알아야 한다.
254 · 공부는 내가 모르는 것을 배워서 삶을 깨치는 걸 목적으로 한다.
255 · 비판할 줄 알아야 지식인이다.
255 · 기자와 교수는 벼슬 없지만, 높은 사람 취급을 받는다.
256 · 1948년 대한민국 정부 수립 이후 세계에서 가장 문맹률이 낮은 나라가 됐다.
256 · 식민사회를 마감한 대한민국은 전쟁까지 겪으며 깜깜한 지경이었지만, 교육으로 오늘을 있게 했다.
257 · 언론이 수익과 관련해 흔들리지 않으려면, 시민이 언론을 이해하고, 자생력을 키워주겠다는 마음을 가져야 한다.
257 · 무식한 사람은 자기 생각에 갇혀 산다.
258 · 아리랑 예술인가, 인문인가.
258 · 학문, 정치, 예술, 종교, 기업은 각기 역할이 있다.
259 · 전통문화의 단절로 얻은 건 경제력인데, 그 손실이 너무 크다.
259 · 학력 · 실력, 자격 · 인격, 권위 · 품위, 금전 · 명예, 특권 · 책임을 구분할 줄 알아야 진정한 지성인이다.

제10장 : 국가고언　　　　　　　　　　　　　國 家 苦 言

262 · 서양은 가장 정직한 5%가 국가를 경영하고, 우리는 가장 부도덕한 5%가 국가를 경영해 사회에 혼란을 주고 망친다. 이를 지켜내는 건 국민이다.

262 · 서구식 민주주의가 표준 만능이고, 어느 나라 정치가 정서에 다 맞는 건 아니다.

263 · 절대 권력은 절대 부패한다. 권력은 강할 때 망한다. 절대 권력은 부정부패로 망한다. 힘은 강하면 쓰려는 본성이 있다.

263 · 정권에 도움 되는 소리로 부역(賦役)하며, 60년 보수의 세계에서 살아온 세대는 후진국 시절의 논리에 세뇌(洗腦)된 사람들이다.

264 · 권력 사유화가 심한 나라는 후진성 못 면한다. 대한민국 국가 청렴도 순위는 세계 30위 전후로 여전히 미흡하다.

264 · 종명(從明) 시대와 종미(從美) 시대는 사대주의의 극치다.

265 · 권력은 집중되고 집착하면 반드시 부패하고 망한다.

265 · 정치는 후진국에서 좋은 직업이지만, 선진국에선 어려운 직업이다.

266 · 대한민국은 자살률 세계 1위, 행복은 꼴찌인 나라다.

266 · 정치 · 종교 · 경제 · 문화가 4두 마차처럼 가야 발전하고 선진국 된다.

267 · 애국자는 돈 잘 벌어 세금 많이 내는 사람이다. 진정한 애국자는 많이 가진 사람보다 돈 잘 쓰는 사람이다.

267 · 남북이 서로 헐뜯고 미워하며 국가 경쟁력 떨어뜨린다. 남북문제는 외교력으로 해결해야 한다. 무력으로는 안 된다.

268 · 대한민국 1세대를 가르친 50년 된 교과서를 다시 쓰고 후세에 바른길 잡아주어야 한다.

268 · 다수의 대한민국 국민은 누릴 수 있는데 누리지 못하고, 정치와 경제에 매몰되어 분노에 찬 세상을 산다.

269 · 억울한 사람 없어야 선진국이다.

269 · 관치시대 길든 사람들, 정치 냉전 시대 길든 사람들, 정치 착시 현상 같은 뜻을 가진 비위 맞는 소리 하는 자들끼리 만난다.

270 · 정치인들은 국민을 분열시키고 혼란스럽게 해서 정치 목적을 이루려 한다. 세계 정치 질서도 마찬가지다.

270 · 지도자가 되려는 자는 국가관이 투철한지, 탐욕스러운지, 권위적인지, 봉사 정신, 인격과 품위가 있는지 살펴야 한다.

271 · 정치인은 국민을 편히 살 수 있게 할 사람을 뽑는 일이다. 잘못 지배당하지 않으려면 투표 잘해야 한다.

271 · 정치인은 정치로 해결하고, 관료는 관치로 해결하려 하지만, 국민은 법치로 해결하고 싶어 한다.

272 · 봉건 군주국가가 무너지고 민주공화국이 수립된 지 70년 역사가 흘렀지만, 여전히 혼란스럽다.

272 · 정치 논리에 휩쓸려 몰려다니며 주관 없이 행동하면, 정치에 선동되어 표류하는 사람이 된다.

273 · 편 가르기 용어로 종용당하지 말자. 국민은 다 애국자요, 다 같은 한민족이다.

273 · 5000년 지킨 군주제도가 종식됐고, 인류 역사를 바꾸겠다던 공산주의도 몰락하고, 결국 민주자본주의 세상이 됐다.

274 · 자본주의는 소유의 평등을 실현하기 어렵고, 사회주의는 경제발전이 어렵다.

274 · 외세는 한반도를 분단시키고 자국의 이익에 매진했다. 우리는 그 희생양이 되었다.

275 · 다스리는 사람 뜻에 벗어나지 않는 소리를 해야 살아남았던 시대를 살아오면서 길들여져 세뇌된 사람들이 보수의 부역자다.

275 · 대개의 사람은 정치인과 관료에 대해 불법 부정의 온상임을 성토하지만, 자기의 위법, 탈세에 대해서는 의식이 없다.

276 · 국민이 원치 않아도 사회가 잘못되면 국가가 나서 바로잡아야 한다. 단, 국가 무오류주의 함정에 빠지면 안 된다.

276 · 경로우대는 국가가 발전하는데 기여한 공로로 혜택을 주는 것이니 당당하게 받아도 된다.

277 · 교육, 직업, 의료가 현대인의 행복이다.

277 · 자살 1위, 이혼 1위 행복 꼴찌 나라 대한민국, 문제 해결이 시급하다.

278 · 민도(民度)는 현재의 선출직 공무원 수준에서 드러난다. 올바른 선출을 못 해 변화와 개혁으로 빈부 격차를 줄일 기회를 잃는다.

278 · 권력가는 권력으로 갑질하고, 재산가는 돈으로 갑질한다.

279 · 강대국은 자국의 이익을 위하여 한반도를 분열시키고 대립하게 했다. 이런 중에도 권력자는 권력 유지를 위해 강대국에 의지하고 기생한다.

279 · 50년대생은 무에서 유를 창출한 세대지만 생각은 과거지향적이다. 노동운동 탓하면서 경영자 윤리에 관해 무관심하다.

280· 잘난 자들은 겉으로 나라와 국민을 위한다면서 실상 권력과 개인 입신 위해서 처신한다.
280· 남북이 서로 미워하고 산 세월이 70년이다. 통일은 독립과 같은 갈망이 있어야 이룬다. 신뢰를 바탕으로 통일의 길을 찾아야 한다.
281· 불평등 심화는 국가가 적극적으로 개입해 해결해야 한다. 기득권자의 저항도 해결해야 한다.
281· 민주주의는 계속 시험 중이다. 실패와 성공의 반복이다. 100년 역사 의회 민주주의 실험 중이다. 더 좋은 제도로 변화가 끊임없이 시도되고 있다.
282· 가난 속에서 사회적 약자도 국가 경제가 발전하는데 같은 시대를 살면서 동참했으나, 자기 몫이 부족해서 불평하는 거다. 국가의 역할이 중요하다.
282· 1·2차대전 후 식민지는 해산되고 각 나라는, 군주·민주·독재주의로 제 갈 길 갔다.
283· 이 시대를 일궈온 주역은 많은 것을 가졌고 이루었으나, 정의롭지 못한 역사를 걷어 내지 못했다. 정의로운 방향으로 나아가야 희망이 있다.
283· 남북 이질화는 더욱 심화 되는데, 통일 구호는 말로만 하고 서로의 이익에만 써먹는다.
284· 사리사욕을 위해 권력에 아부하고 부역해서 자리 하나 얻으려는 사람이 많으니 부정부패가 생긴다.
284· 정치 이념 논리로 꽂아 놓은 깃발은 변치 않는다. 편중된 이념을 가진 자는 깃발부터 꽂아 놓고 깃발 색에 맞추어 접목하고 입힌다.
285· 선출직은 시대에 맞고, 정치경영 능력을 갖춘 사람을 가려야 한다. 능력은 안 보고 정파나 이념에 맞는 자를 선택하면, 억울한 지배를 받게 된다.
285· 복지정책 시행될 때마다 망한다는 걱정이 이어졌지만, 지금껏 잘 가고 있다.
286· 정치할 준비가 안 된 사람을 끌어다 자리를 만들어 주는 건 국민에 대한 배신행위다. 적임자를 찾아 배치해야 한다.
286· 정치인의 국민 갈라치기 선동에 놀아나, 국민은 그들이 정권 잡는데 이용 당한다.
287· 경제로 먹고사는 거지, 정쟁으로 먹고사는 건 아니다.
287· 보수와 진보의 차이는 백지장이다.

제1장

人生助言
인생조언

인생은 아마추어같이, 직업은 프로같이 하라. 프로추어가 돼라.

누구나 평생 지고 가야 할 짐이 있다. 그중 하나가 직업이다. 농경사회에는 직업이 단순했지만, 산업사회가 된 후 직업은 다양해지고 복잡해졌다. 또한, 전문화되었다. 현대 문명사회에는 대략 2만 5천여 종의 직업이 있다고 한다. 평생 살아가기 위한 직업을 얻기 위해 20여 년을 공부하면서 기능을 익히는 과정을 거친다. 국가가 주관하는 공교육의 목적은 수준 높은 직업교육이다. 사람은 누구랄 것 없이 직업을 통해 생활을 영위해 나가야 하므로 직업에 프로가 되어야 한다. 자신의 분야에서 프로가 되어야 안정되고 성공한 삶을 살 수 있다. 프로추어는 전문가와 비전문가의 합성어다.

돌멩이가 항아리에 떨어져도 항아리가 불행이요, 항아리가 돌멩이에 떨어져도 불행은 항아리다.

한자 백성 민(民)은 눈 목(目)에 꼬챙이를 찍은 형국을 표현해 만든 글자다. 눈멀어 식견이 어두운 게 백성이란 뜻이다. 이는 위정자들이 다수의 백성을 무지하고 어리석은 존재로 만들어 자신들이 다스리기 좋게 만들었다는 의미다. 그러나 권력자와 일반의 백성이 맞붙어 싸우면 이래저래 백성이 다치고 상처를 입는다는 뜻이다. 이는 과거의 이야기 같지만, 실상 오늘날에도 과거와 크게 다르지 않다. 국민을 어리석게 보는 권력자들이 여전히 넘쳐난다.

도전하며 살면 얻는 것은 있으나, 풍파를 겪는다.

　도전하지 않고 사는 사람은 무탈하게 살 수 있다. 하지만, 뭔가 새로운 것에 계속 도전하며 사는 사람은 인생이 고달프다. 스토리가 있는 굴곡의 삶을 사는 이들은 풍파가 끊이지 않는다. 무난한 삶을 원하는 사람은 여간해 새로운 일에 도전하지 않는다. 풍파를 피하고 싶기 때문이다. 그러나 역사의 주인공으로 남는 사람은 도전하며 온갖 풍파를 겪는 사람이다. 무슨 일이든 피하지 않고 끝까지 도전해야 성과를 이룰 수 있다. 역사 속에 이름을 남긴 사람들은 한결같이 풍파 속에 결과를 얻어냈다.

선인(先人)은 살기 위해 비겁한 짓을 했지만, 현대인은 명예와 이익 때문에 비겁한 짓을 한다.

　살다 보면 원치 않는 비겁한 짓을 해야 할 때가 있다. 비겁한 짓을 하고 싶은 사람은 없다. 피치 못해서 하는 게 대부분이다. 과거 모두가 가난하던 시절에는 먹고살기 위해 비겁한 짓을 하는 사례가 많았다. 하지만 먹고사는 문제가 모두 해결된 오늘날에도 사람들은 비겁한 짓을 한다. 오늘날 사람들이 하는 비겁한 짓은 대개 생계와는 무관한 명예나 이익을 위해서다. 풍족한 삶은 누리고 있지만, 사람들은 더 풍요롭기 위해 비겁한 짓을 한다. 그래서 세상은 비겁함으로 가득하다. 과거와는 사뭇 다른 양상이다. 때로는 비겁함을 넘어 죄를 짓기도 한다.

> 모든 것은 거래할 수 있지만, 시간은 거래할 수 없다.
> 인생은 두루마리 화장지 같다.

　두루마리 화장지는 처음 사용할 때 좀처럼 줄지 않지만, 절반 이상 사용하면 줄어드는 속도가 빨라진다. 인생도 마찬가지다. 나이가 들수록 세월의 속도가 빨라진다. 중년 이후에는 그 속도가 걷잡을 수 없다. 그래서 나이가 들수록 가는 세월을 아쉬워하는 마음이 더 커진다. 그러나 인생은 거래할 수 없다. 타인의 시간을 살 수도 없고, 내게 주어진 시간을 팔 수도 없다. 남은 시간을 소중히 여기고 의미 있게 쓰려고 노력하는 것이 남은 생을 길게 사는 유일한 방법이다. 이런 사실을 일찍 깨달으면 그만큼 시간을 소중히 쓸 수 있다.

> 사람은 죽음에 이르러서야 '그때 좀 참을 걸, 베풀 걸, 재미있게 살 걸' 하고 후회한다. 이런 생각을 미리 깨닫고 생활을 바꾸는 사람은 거의 없다.

　대개의 사람은 언젠가 후회할 것이란 사실을 알면서도 생활을 고치지 못한다. 후회하지 않고자 미리 생각과 행동을 바꿔도 후회는 남는다. 그렇지만 후회를 줄이기 위해 과감하게 생각과 생활을 바꾸는 이는 극소수다. 인생을 후회 없이 마치는 사람은 없다. 악역을 하면서도 후회를 줄이려는 노력이 그만큼 없었기 때문이다. 알면서도 고치지 못한다. 그래서 인간을 어리석은 존재라고 한다. 그렇지만, 후회를 줄이기 위해 죽는 그 날까지 노력해야 한다. 어차피 할 후회지만, 후회를 줄이고 떠나야 한다.

그리움도 오래 두면 저절로 녹슬고, 고통과 고민도 오래 두면 녹슨다. 세월이 지나면 저절로 무뎌진다.

아무리 큰 고통과 고난도 시간이 흐르면 없어진다. 제아무리 당장 해결하려고 해도 해결할 수 없는 일은 너무도 많다. 그렇지만, 사람들은 당장 해결하고자 수단과 방법을 가리지 않는다. 부질없는 짓이다. 세월이 약이다. 시간이 지나야 해결될 일은 어차피 시간이 지나야 한다. 서둘러 해결하려고 하면 상처만 깊어질 뿐이다. 현실이 어렵다고 좌절하면 안 된다. 시간이 해결해 줄 것이라 믿고 인내하며 기다려야 한다. 기다리는 것보다, 확실한 처방은 없다. 세월보다 확실한 약은 없다.

세상사 마음대로, 의지대로 안 된다.

'뒤따라오는 호랑이는 속여도, 앞에 오는 팔자는 못 속인다.' 라는 속담이 있다. 인생을 내가 뜻한 바대로 사는 사람은 아무도 없다. 각자에게는 운명이란 게 있다. 그 운명을 무시하고 살 수 없다. 살다 보면 노력해도 안 되는 일이 많다. 안 되는 일은, 안 되는 일로 여기고 잠시 접어야 한다. 무리하게 계속 도전하며 시간을 허비하면 자신에게 상처만 크게 돌아올 뿐이다. 아무리 강한 권력을 휘두르고, 헤아릴 수 없는 재물을 가진 사람도 제 뜻대로 하지 못하는 일은 반드시 있다. 자식 문제가 가장 대표적이다.

인생길에는 평생 지고 가야 할 '직업'이라는 짐이 있다.

　직업은 평생의 생계 수단이다. 그러면서 동시에 나의 존재감을 드러내 주는 가장 확고한 정체성이다. 직업은 고달픔을 안겨주기도 하지만, 보람과 긍지를 안겨주기도 한다. 그러나 대개의 사람에게 직업이란 평생 짊어지고 가야 할 짐이다. 생활을 영위해 나가기 위해서 직업에 헌신해야 하고 최선을 다해야 한다. 직업에 소홀한 사람은 잘못이다. 직업에 충실한 이후 취미나 교양도 의미가 있다. 짐이지만 달게 지고 가야 하는 게 직업이다. 직업을 생계를 유지하게 해주는 수단이다. 그래서 가장 중요하다.

낙타는 남을 위해 일하니 힘들다 한다.
개미는 자신과 부족을 위해 일하니 힘이 안 든다.

　내 일하는 사람과 남 일하는 사람의 차이는 크다. 내 일을 할 때는 힘들 틈이 없다. 일해서 얻는 소득이 모두 내 것으로 생각하면 힘들지 않다. 반면 남 일을 하면서 정해진 대가만 받는다고 하면 그 일이 즐거울 리 없다. 모든 일이 힘들고 고달프다. 남 일을 하면서도 힘들지 않은 방법은, 그 일이 내 일이라고 여기는 것이다. 말처럼 쉽지 않지만, 남 일도 내 일처럼 하면 힘들지 않다. 남 일을 내 일처럼 하는 것은, 말처럼 쉽지 않다. 하지만 그 단계에 이르면 몸도 마음도 한결 편해지고 고달픔이 사라진다.

> 학자의 말이 백화점 수준이라면, 보통 사람 지식은 잡화상 수준이다. 백화점은 없어도 불편하지 않지만, 잡화상이 없으면 불편해서 살 수 없다.

지식과 지혜는 다르다. 사회는 높은 지식을 가진 사람도 필요로 하지만, 아무 곳에서나 써먹을 수 있는 사람이 더 필요하다. 전문분야의 지식은 꼭 필요한 곳이 한정돼 있지만, 잡지식은 두루 써먹을 수 있다. 속담에도 '서까래는 써먹을 데가 많아도, 대들보는 쓸모가 부족하다.'라는 말이 있다. 사회는 어디서라도 써먹을 수 있는 잡다한 재능과 지식을 두루 갖춘 사람이 환영받는다. 어디서라도 두루 써먹을 다채로운 재능과 지식을 가졌다면, 어딜 가도 환영받는다. 사회가 단순하던 과거에는 다재다능을 반기지 않았지만, 현대는 환영한다.

> **인간은 사회적 동물이다.**
> 전선에선 전우가, 여행지에선 동행자가 중요하다.

사람은 사회적 동물이다. 무리 속에서 자신의 역할을 충실히 수행하며 사는 사람이 필요하다. 그때그때 누구와도 잘 어울릴 줄 아는 사람이 어딜 가도 환영받는다. 언제 어딜 가도 누구와 어울리려면 개방적인 자세가 필요하다. 어디서든 누구와도 어울린다면 외로울 틈이 없다. 아울러 상대를 외롭지 않게 해준다. 직장에선 직장동료와 잘 아울려야 하고, 모임에서는 모임 사람들과 잘 어울려야 한다. 사람과 잘 어울릴 줄 알아야 인생이 행복하고 즐겁다. 현장에서는 동지가 제일이다. 외로움을 자초하는 사람도 적지 않다. 이들은 인생이 고달프다.

여럿이 집단 생활하면 시시비비(是是非非) 가릴 일이 생긴다.

　여럿이 어울려 장기간 여행을 해보면 늘 비슷한 일을 겪는다. 2~3주 여행을 한다고 가정했을 때, 처음엔 모두 잘 아울리다가 4~5일이 지나면 각자의 개성이 드러나기 시작한다. 그러면서 불협이 생기기 시작하고, 트러블 메이커가 부상하기 시작한다. 중재자가 나서 노력하며 중재해보고자 노력하지만, 소용없다. 10일가량 지나면 본격적으로 다툼이 발생하기 시작한다. 배운 사람, 나이 든 사람 등도 마찬가지다. 인간이 모이면 다툼이 발생하는 건 어쩔 수 없다. 10일 이상 여행을 하고 나면 진면목이 보인다.

교도소도 총량이 유지된다. 사람 사는 사회는 어쩔 수 없다.

　국내 교도소는 7만 5000명가량을 수용한다고 한다. 범죄가 급증하면 교도소가 부족할 것이고, 범죄가 사라지면 교도소가 텅텅 빌 거로 생각하지만, 실상은 그렇지 않다. 늘 일정한 인원이 유지된다. 아무리 늘어도, 아무리 줄어도 평균 수용 인원을 크게 벗어나지 않는다. 전체 교도소 수용자 가운데 여성이 차지하는 비율은 대개 10% 전후다. 이 비율도 크게 오르거나 크게 떨어지는 법이 없다. 늘 비슷한 비율을 유지한다. 전체 사회 구성원 중 범법자의 수와 비율이 일정하듯 각 분야에서 역할을 담당하는 사람의 수와 비율도 늘 비슷하게 유지된다. 그게 사회다.

> 일 년 내내 좋은 날만 있으면 사막 된다. 흐린 날, 비 오는 날도
> 있어야 한다. 인생도 좋은 일, 힘든 일이 혼재해야 산다.

평생 고생 한번 안 하고 사는 사람은 없다. 사람은 살아가면서 누구나 풍파를 겪는다. 풍파가 있으니 좋은 날이 좋다는 것을 안다. 매일 좋은 날씨가 이어진다면 그게 좋은 날씨인 줄 모른다. 인생을 살면서 힘든 일을 만나는 것은 당연하다. 힘든 일과 좋은 일을 번갈아 맞는 것이 인생이다. 길흉화복, 희로애락은 늘 반복한다. 즐겁기만 한 인생은 없다. 세상 누구라도 인생의 굴곡을 겪는다. 평탄하기만 한 인생은 재미있다고 말할 수 없다. 나쁜 일은 피할 수 없다. 피할 수 없으니 즐기라는 말은 과연 옳다.

> 인간은 욕구의 노예다. 만족은 없다. 항상 부족하고 가난하고
> 모자란다. 물질욕이 강하면 만족이 없고 근심만 낳는다.

인간은 욕구로 넘쳐나지만, 그 욕구를 그대로 드러내지 않는다. 항상 감추고 숨긴다. 무엇으로도 인간의 욕심은 채울 수 없다. 이성(理性)을 가진 인간은 욕구를 감추는 데 능숙하다. 하지만, 겉으로는 욕구를 감추더라도 내면에서는 항상 욕구로 들끓는다. 그러나 그 모든 욕구를 채울 수 없으니, 내 마음을 내려놓는 게 낫다. 꾸준히 수양하고 비우도록 연습해야 한다. 석가모니도 "설산을 2배로 키워 황금으로 만들어 줘도 인간은 만족을 못한다."라며 인간의 욕심을 표현했다. 욕심은 키울수록 커진다. 내려놓기 시작하면 마음이 한결 가벼워진다.

하는 일에 집중하여 정성을 다하면
모든 일이 수월하게 잘 해결된다.

'처처불상(處處佛像) 사사불공(事事佛供)'이라는 말이 있다. '가는 곳마다 부처님이요, 하는 일마다 불공'이란 뜻이다. '우주 만물이 모두 진리이고 모든 사람이 부처님이니, 나와 남을 부처님처럼 섬기고 일상의 모든 행위도 불공드리듯 정성을 다하라.'는 의미다. '정좌처(靜坐處) 다반향초(茶半香初) 묘용시(妙用時) 수류화개(水流花開)'는 중국 송(宋)나라 때 시인 산곡(山谷) 황정견(黃庭堅)의 '산곡문집'에 있는 선시(禪詩)로 추사 김정희 선생이 즐겨 쓰던 싯구다. '마음도 다스리고 차도 마시는 곳에 조용히 앉아있는데, 처음 맡는 차향에 반해 절반의 시간을 보냈다.'는 의미다.

첫째 권력, 둘째 금력이다. 돈 가진 자는 명예를
가지려 하고, 명예를 가진 자는 돈을 가지려 한다.

명예와 돈은 인간이 가장 가지고 싶어 하는 두 가지다. 그러나 둘 중 하나만 갖고 만족하는 이는 없다. 권력을 가졌으면, 돈을 탐하고, 돈을 가졌으면 권력을 탐한다. 권력으로 돈을 얻을 수 있고, 돈으로 권력을 살 수 있으니, 인간은 모두 가지려고 욕심낸다. 아무것도 없을 때는 둘 중 하나만이라도 갖고 싶어 하지만, 막상 하나를 가지면 나머지 하나도 가지려 하는 게 인지상정이다. 욕심을 내려놓아야 마음이 편해진다는 사실을 알지 못한다. 그래서 부나방처럼 덤벼든다. 욕심이 과하면 결국 후회할 짓을 하게 된다.

> 전통적인 오복론(五福論)은 수(壽), 부(富), 강(康),
> 덕(德), 종명(終命)이지만, 현대의 오복론은
> 건(健), 처(妻), 재(財), 친(親), 사(事)를 꼽는다.

과거의 오복은 장수, 부귀, 건강, 덕망과 목숨대로 사는 것이었지만, 새로운 오복은 건강, 배우자, 재물, 친구, 직업을 꼽는다. 건강과 재물을 꼽는 건 같지만, 덕망이 사라진 점이 눈에 띈다. 새로운 오복에는 배우자, 친구, 직업이 추가된 게 종전과 다르다. 배우자와 해로하지 못하는 사람이 늘면서 이에 대한 갈망이 반영된 듯하다. 친구 없는 노년이 많아 친구도 포함된 듯하다. 직업이 있어야 복이란 것도, 특이할 사항이다. 건강과 재물은 과거나 현재나 복을 결정짓는 필수 항목이다. 일부는 가치관이 바뀌며 항목도 바뀌었다.

> 중장년 세대는 추억 속에 고향 향수가 각인 돼 있지만,
> 젊은 세대에게는 고향에 대한 향수가 없다.

과거 농경사회 고향에서 나고 자란 이들은 고향에 대한 향수가 매우 강하다. 반면 산업사회 이후 도시에서 나고 자란 세대는 고향의 향수가 없다. 아울러 고향에서 함께 살던 친인척에 관한 관심과 애정도 부족하다. 그러면서 조상에 관한 애틋함도 없다. 현대의 젊은 세대는 혈연과 지연에 관한 관심이 적다. 고향이 없기 때문이다. 대도시 산부인과가 고향이라고 생각하는 젊은이들이 많다니 참으로 안타깝다. 향우회나 종친회가 점차 사라지고 있다. 고향은 어머니와 같은 곳인데, 현대사회에는 의미가 퇴색해 간다.

> **세상 살아가는 데 고관대작만 필요한 게 아니다.
> 모든 사람이 쓸모가 있으니 존재한다.**

　사농공상의 직업 서열화 의식이 강한 대한민국은 저마다 높은 벼슬을 하고자 몸부림친다. 높은 지위에 올라가야 출세라고 생각하는 이들이 너무 많다. 그래서 그 나머지 직업을 천하게 여기는 경향이 여전히 강하다. 하지만 세상은 모든 직업이 필요하다. 각자 타고난 소질을 계발해 도움을 주고 사는 게 맞다. 사농공상의 서열화 개념은 기성세대가 특히 강하다. 그래서 그들이 자녀에게 고관대작이 될 걸 주문하는 세태가 여전하다. 새로운 시대에 맞는 직업관이 필요하다. 현대를 살면서 과거의 의식으로 살면 고달프다.

> **즐거움을 끝까지 누리려 해서는 안 된다. 하늘도 시기한다.**

　낙극지비(樂極之悲)라는 말이 있다. 호사다마(好事多魔)와도 상통하는 말이다. 즐거움이 극에 달하는 슬픔이란 뜻이다. 세상을 지극히 즐겁게만 살 수는 없다. 살다 보면 온갖 풍파를 만나게 되고, 그것을 극복해 나가야 한다. 세상을 즐겁게만 살다 가기란 불가능하며, 즐기기는 고사하고 순탄하게만 살아가기조차 어렵다. 즐겁게만 살고 싶은 것은 인간의 욕망이지만, 지나친 욕심이다. 세상살이는 그렇게 호락호락하지 않다. 누리려만 하지 말고 희로애락을 자연스럽게 받아들여야 한다. 누리고만 사는 사람은 없다.

전기 고치는 데는 전공이 중요할 뿐, 인성 인품을 강요하고 주문할 필요는 없다.

　세상 살아가는 데 인성과 인격이 중요하다. 하지만, 그것을 굳이 직업과 연계시킬 필요는 없다. 특정 직업인에게 더 많은 도덕성을 요구할 필요도 없다. 모두가 순리대로 살아가면 된다. 인성과 인품이 중요하지 않다는 건 아니다. 다만 그 인성과 인품을 직업과 연계시키는 건 옳지 않다는 얘기다. 인성과 인품은 모든 인간이 갖춰야 할 덕목이다. 그러니 직업과 연계해 인성과 인품을 논할 필요는 없다. 그러나 아직도 전통적인 사농공상의 뿌리 깊은 논리에 빠져 직업으로 사람을 평가하려는 이들이 많아 아쉽다.

항구에 있는 배와 항해하는 배는 분명 차이가 있다.

　항구에 정박한 배는 역할이 없다. 항구에 정박해 있으면 어떤 일도 일어나지 않는다. 그러나 바다를 항해하는 배는 온갖 상황을 맞게 된다. 풍랑을 만나 사투를 벌이기도 하고, 경이로운 절경을 만나기도 한다. 사람도 마찬가지다. 머물러 있으면 아무런 상황도 맞을 수 없다. 세상 밖으로 나가 무슨 일이라도 벌여야 존재감을 찾을 수 있다. 항구는 고요할 뿐이다. 배가 정박해 있으면 존재감을 찾을 수 없듯, 사람도 머물러 있으면 삶의 의미를 찾을 수 없다. 자기의 뜻을 펼치기 위해 당당히 세상으로 나서야 한다.

> **늙으면 몸, 배우자, 자녀가 말을 안 듣는다.
> 주변 모든 것이 늙고 부서지고 헌것이 된다.**

 늙어보니 느끼는 바가 많다. 내가 젊었을 때 내 뜻대로 움직이던 몸이 말을 듣지 않는다. 배우자나 자녀도 이전처럼 내 말을 새겨듣지 않는다. 나를 둘러싼 주변의 모든 것들이 나와 함께 늙어가고 낡아간다. 늙어가는 것은 나뿐이 아니다. 주위의 모든 게 늙는다. 늙는 것을 서러워할 이유도 없다. 세월이 가면 모든 생명체는 늙고, 모든 물체는 낡는다. 늙지 않고, 낡지 않는 건 없다. 나 혼자 늙는다고 생각할 필요도 없다. 모든 것이 늙고 내 마음대로 안 되는 것을 받아들여야 한다. 받아들이지 못하면 서글픔이 커진다.

> **나이 든 세대는 변한 세상에 적응을 못 하니 고독하고
> 힘들게 살아간다. 본인이 적응할 생각은
> 안 하고, 불평과 원망에 스스로 갇혀 산다.**

 세상은 하루가 다르게 변해간다. 세상이 변하면 그 시대를 살아가는 사람도 변해야 한다. 그러나 변화를 거부하고 자신이 살던 대로 살겠다는 사람이 참으로 많다. 그들은 자신이 변하지 못하는 것에 대해 자책하기보다는 변하는 세상에 분노한다. 세상은 이를 자발적 분노라고 표현한다. 세상의 변화를 막을 사람은 없다. 세상이 바뀌는 것을 한탄하지 말고 내가 바뀌어야 한다. 그게 현명하고 지혜로운 처사다. 불평한다고 세상이 과거로 돌아가지 않는다. 불평과 원망을 늘어놓는 사이 세상은 또 변해가고 있다.

대한민국을 일궈온 자랑스러운 50년대생, 쉬어가는 여유도 필요하다.

 50년대생은 지금의 부자 한국을 만든 일등공신들이다. 가진 거라곤 인력밖에 없던 나라인 대한민국은 넘쳐나는 50년대생들을 산업의 역군으로 활용했다. 그들은 늘어가는 살림에 만족하며 일만 하면서 살았다. 지금도 그 버릇을 못 버려 일 중독 증세를 보인다. 즐기면 불안해하고 일하면 편해한다. 아주 오랜 세월 일만 하는 생활을 강요받았기 때문이다. 그러나 생각을 바꿔 남은 생은 좀 더 편하고 품위 있게 살아야 한다. 문화에 관심을 두고 인생을 즐기는 방법에 관해 탐구해야 한다. 일만 하다 죽으면 자기만 억울하다.

누구나 제일 잘하는 건 직업 관련 일이다. 직업이니까 잘한다.

 한 가지 직업을 오래 하면 익숙해지고 그만큼 잘할 수 있게 된다. 직업을 가진 사람은 그 직업에 달인이 된다. 현대 대한민국에는 대략 2만 5000개의 직업이 존재한다고 한다. 과거에는 선비, 농부, 장인, 상인의 네 가지밖에 직업이 없었지만, 지금은 수를 헤아리기 어려운 정도의 직업이 존재한다. 직업은 살아가는 데 필요한 걸 얻게 해줄 뿐 아니라 삶의 의미를 안겨준다. 그래서 직업은 참으로 소중하다. 내 나이 일흔이 넘었지만, 아직도 만나는 사람마다 내게 "사업 잘되느냐?"고 묻는다. 직업이 없으면 차별이라도 하겠다는 건가?

진심을 끌어내야 진정성이 보인다.

　가식이 많은 세상이다. 남 보여주는 데만 열중해 사는 사람이 많다. 내가 먼저 진심을 보여야 상대가 진심으로 다가온다. 진심은 거짓이 없는 마음이다. 거짓을 습관화하면 진심을 드러내기가 점차 어려워진다. '말은 장거리를 타봐야 그 힘을 알 수 있고, 사람은 겪어봐야 속내를 알 수 있다'는 속담은 진정성이 필요한 이유를 설명한다. 내가 진정성을 보이지 않는데 먼저 진정성을 보이는 상대는 없다. 상호 신뢰가 생기려면 진정성을 나눠야 한다. 거짓이 진심을 덮는 세상이어서 안타깝다. 청문회를 지켜보면 이 나라는 거짓말 공화국이란 생각을 하게 된다.

순리대로 살라. 역행하면 인생이 비틀어진다.

　순리대로 산다는 건 욕심을 내려놓고 분수에 맞게 사는 걸 말한다. 억지를 부린다고 안 될 일이 되지 않는다. 욕심만 앞세워서 될 일은 없다. 욕심을 부리면 모든 일이 거꾸로 간다. 흐르는 물을 거슬러 올라가기란 좀처럼 쉽지 않다. 물이 흐르는 방향을 따라가면 그만큼 순탄하게 갈 수 있다. 순리를 거역하고 무리해서 욕심을 내면 그만큼 인생이 고달파진다. 순리대로 사는 방법을 배우면 무리한 욕심을 부리지 않는다. 순리를 역행해 고단한 삶을 사는 이들을 많이 본다. 자본주의 사회는 사람이 순리대로 살게 내버려 두지 않는다. 그래서 저마다 고달프다.

아무것도 하지 않으면 아무 일도 일어나지 않는다.

　세상을 편하게만 살려 하면 할 게 없다. 움직이고 꾸며야 일이 생긴다. 인생은 항해와 같다. 정박해 있는 배와 같은 인생을 살면 아무것도 이룰 수 없다. 항해하는 배 중에도 근해만 다니는 배가 있고, 원거리를 마다하지 않고 다니는 배가 있다. 큰 바다에 나가야 큰 물고기를 잡듯이 인생의 항로를 개척해 멀리 나가야 한다. 정박한 배는 물건을 나를 수도 없고, 물고기를 잡을 수도 없다. 배는 항해하기 위해 만든 것이니, 배를 믿고 항해해야 한다. 큰 바다에 나가본 사람은 부두에 정박하려 하지 않는다. 또 나가서 큰 바다를 누비고 싶어한다.

나이 든 세대들이여! 삶을 즐길 나이지,
욕심부릴 나이 아니다. 삶의 질에 투자하라.

　한국의 노인세대는 평생 즐겨보지 못했다. 일하는 게 노는 거라고 말하는 세대다. 평생 일 중독에 살아 즐기는 것 자체에 관심이 없고, 즐기는 방법도 모른다. 그래서인지 70이나 80이 넘은 나이에도 일하고 싶어 하고, 더 많은 재물을 모으려 한다. 죽는 날까지 옹색하고 움켜쥐려만 한다. 놀아보지 않았으니 놀 줄 모르는 거다. 젊어서 일 많이 했고, 뜻을 이뤘으면, 즐기는 데 관심 두고, 즐길 거리를 찾아 나서야 한다. 노는 게 사치라는 생각을 바꿔야 일 중독에서 벗어날 수 있다. 물론 절대 빈곤에 시달려 삶을 유지하기 위해 일하려는 이들도 있다. 정부가 보살펴 주어야 한다.

> **가난 속에 성장한 건국 1세대, 전쟁의 폐허에서
> 살아남고자 했을 뿐, 부자가 목적이 아니었다.
> 오늘날처럼 풍요로운 세상은 상상도 못 했다.**

고생스럽게 일만 하고 살던 시대에는 오늘 같은 풍요로운 날이 올 거로 감히 생각도 못 했다. 더욱이 한국은 세상에서 가장 빠르게 변한 나라다. 그리고 앞으로도 계속 엄청난 속도로 변화할 것이다. 세상이 어떻게 변할지는 아무도 모른다. 그러나 변하는 건 맞고, 변화의 속도가 점차 빨라질 것이란 사실도 맞다. 증기기관-전기-전자-인공지능으로 산업혁명이 이어지고 있다. 고생스럽게 일만 하고 풍요를 누려보지 못한 세대는 지금의 풍요가 멈춰 설까 봐 두려워하고 있다. 그래서 자신이 번 돈을 제대로 써보지도 못하고 가는 일이 많다.

> **근대 농업사회는 우정, 의리, 가족, 족벌이 지배했지만,
> 현대 산업사회는 돈과 학벌이 지배하고 있다.**

돈과 학벌이 지배하는 세상이다. 한국인이 가장 집착하는 두 가지가 돈과 학벌이다. 과거에는 씨족, 고향 등에 집착해 종친회, 향우회 등 단체활동을 하는 이들이 많았지만, 젊은 세대는 관심 없는 대상이다. 자기 핏줄이나 고향에 관한 관심은 구시대의 유물처럼 취급된다. 가족의 범위도 계속 축소된다. 반면 돈과 학벌에 대한 집착은 점차 강해지고 있다. 모든 모임도 돈과 학벌을 매개로 한 모임으로 변하고 있다. 현대사회는 돈과 학벌이 모든 걸 지배한다고 해도 과언이 아니다. 어쩌면 모든 현대인은 돈과 학벌을 쫓는 부나방이다.

인성의 중요성을 모르는 사람을 누가 따르겠는가?

　인성 결격자가 유난히 많이 보인다. 그렇지만, 인성에 관한 관심은 점차 줄어들고 있다. 인성이 중요하다는 건 누구나 아는 사실이고, 동감한다. 그러나 인성을 중시하는 문화는 점차 가벼워지고 있다. 인성을 중시하지 않는 자는 그만큼 자신의 인성이 부족하기 때문이다. 인성은 상대를 배려해주고 생각해주는 마음이다. 나만 위하는 마음은 인성과 대치한다. 인성이 바른 사람이라야 원활하게 사회생활을 할 수 있다. 인성교육이 강화돼야 한다. 인성에 관한 관심이 커져야 한다. 인성 함양에는 종교가 큰 역할을 담당해야 하지만, 타락한 종교는 자기 몸 불리기에만 전력하고 있다.

곁길도 대로(大路)만큼 재미있다.

　사람이 살아가면서 탄탄대로만 걸을 수 없다. 부모나 주변인은 탄탄대로만 걷기를 원하지만, 그건 불가하다. 험난한 오솔길도 걸어야 하는 게 인생이다. 곁길을 가다 보면 대로에서 느낄 수 없는 즐길 거리를 만나게 된다. 숲도 있고, 샘도 있어 한결 운치 있고 멋스럽다. 대로처럼 빨리 가고, 쉽게 갈 수는 없지만, 곁길도 충분히 의미 있는 길이다. 처음부터 대로를 선택해 대로만 이용하다 보면 곁길을 이용할 생각을 안 한다. 즐기는 인생을 살고자 한다면 대로와 더불어 곁길도 이용할 줄 알아야 한다.

처음 인연 맺기보다 유지하기가 더 어렵다.

　많은 사람을 사귀는 데 집착하는 이들이 있다. 남보다 많은 인맥을 갖고 싶어 하고, 그걸 자랑으로 여긴다. 그러나 이런 사람은 진정한 친구가 없을 수 있다. 친구를 사귀는 데는 양적 팽창보다 질적 성숙도가 중요하다. 옛말에 친구가 많은 사람은 친구가 없다고 했다. 친구는 많은 걸 자랑하지 말고, 진정한 관계를 자랑해야 한다. '주식형제(酒食兄弟) 천개유(千個有) 급난지붕(急難之朋) 일개무(一個無)' '술과 밥을 함께 할 때 형제같이 친한 친구는 천 명이 있어도, 위급하고 곤란할 때 돕는 친구는 하나도 없느니라.'

밥 먹고사는 문제 해결하고 나면, 낙(樂)이 있어야 한다.

　먹고사는 문제는 생계와 생존을 의미한다. 태어났으니 생존해야 한다. 생존은 인간의 가장 기본적인 욕구이다. 그러나 생존의 문제를 해결하고 나면 인간은 그보다 상위의 욕구를 실현하고자 한다. 그것은 다양한 형태지만, 한마디로 표현하면 낙(樂)이다. 낙을 실현하는 방법은 여러 가지다. 우선은 취미생활을 꼽을 수 있다. 취미는 삶의 질을 높여주고 즐거움을 준다. 다양한 친교 활동도 인생의 낙이다. 먹고사는 문제를 해결한 대한민국은 국민의 취미 활동이 급증하고 있다. 다행스러운 일이다. 문화생활을 누리고자 한다면 문명을 발전시켜야 한다.

먹고 즐기기 위해 직업을 갖고 일을 한다.

　일은 단순히 생계를 위해 하는 것만은 아니다. 일하는 것 자체가 즐거움을 주기도 한다. 또한, 일을 통해 소득을 얻으면 생계에 투입하고 여유가 생기면 인생을 즐길 거리를 찾는다. 그러나 즐기는 것에 관심이 없거나, 습관이 안 돼 즐길 줄 모르는 사람은 오로지 일만 한다. 일 중독에 빠지면 즐기는 것 자체를 두려워한다. 한국 사회는 이제 즐기는 단계로 갈 여건을 갖췄지만, 나이 든 세대는 마음의 준비가 안 돼 있다. 그들은 일하면 행복하고, 즐기면 불안한 독특한 병에 걸려있다. 세계인이 한국인에 관해 가장 이해 못 하는 부분이다.

남에게 베푼 것은 그 자리에서 잊고, 남에게 입은 은덕은 평생을 기억하라. 베풀면 반드시 돌아오는 것은 진리다.

　베푸는 게 손해라고 생각한다면 소인이다. 그러나 내가 베푼 것이 당장 손해이더라도 훗날 이익이 돼 돌아올 거로 생각하고 기꺼이 베푼다면 대인이다. 누군가에게 입은 은덕은 절대 잊어선 안 된다. 평생 간직하고 갚기 위해 노력해야 한다. 그러나 내가 베푼 것은 잊어야 한다. 그걸 돌려받기 위해 고심할 필요가 없다. 내가 잊고 있어도 어느 날 되돌아온다. 그러니 베푼 것은 바로 잊고, 은혜를 입은 것은 평생 간직하며 사는 게 맞다. 그 반대가 되면 곤란하다. 괴로움과 아쉬움만 커진다. 베푸는 것을 경제 논리로 보면 투자다.

법고창신(法古昌新)은 옛것을 받아들여 새로운 것을 창조하는 거다.

옛것은 낡고 불편하고 쓸모없는 거란 생각은 위험하다. 오늘날에 우리가 유용하게 쓰는 모든 게 옛것을 기반으로 만든 것들이다. 옛것을 통해 얻을 수 있는 새로운 걸 찾아야 한다. 옛것의 바탕 없이 전혀 새롭게 창조한다는 것은 불가능하다. 모방을 통해 새로운 창조가 가능해지듯, 옛것을 살피고 그걸 기반으로 새로운 창작을 이루어낼 수 있다. 옛사람이 우리보다 지혜롭지 못했을 거란 생각은 오만이고 착각이다. 우리는 문명사회를 살고 있지만, 그들보다 치열하게 사유하고 고민한 적이 없다.

운전자는 멀미하지 않는다.

동승자는 멀미할 수 있지만, 운전자는 멀미하는 일이 없다. 심야버스를 타면 모든 승객이 다 잠들지만, 운전자는 홀로 운전을 한다. 다수 승객의 안전을 책임지고 있다는 책임감 때문이다. 모든 일을 할 때 운전자의 자세를 가져야 한다. 내가 책임져야 한다는 생각이 바로 운전자의 자세다. 운전자가 멀미하지 않는 이유는 안전에 관한 책임감을 느끼고, 정신을 집중하기 때문이다. 졸지 않고 심야 운전을 하는 것도, 승객의 안전을 위해 충분한 휴식을 취하고 일에 임하며, 최고의 집중력을 동원하기 때문이다. 운전자 본인은 잘 못 느끼지만, 집중하고 긴장하니 멀미하지 않는 거다.

집착은 사람을 점점 좁게 만든다.

집착은 미련을 두고 잊지 못하는 거다. 잊을 건 잊어야 한다. 그래야 내게 이롭다. 집착한다는 건 뒤끝이 있다는 거다. 우리는 흔히 '뒤끝이 없다.'란 표현을 쓰는 데 이건 집착하지 않고, 미련을 두지 않는다는 것을 뜻한다. 잊어야 한다면 잊으려고 노력해야 한다. 놓아야 할 순간이 되면 놓아주어야 한다. 이미 끝난 일에 미련을 갖고 집착하는 건 에너지 소모일 뿐이다. 자녀가 결혼한 후에도 집착하고 간섭하는 부모가 있다. 이는 잘못된 일이다. 이별한 연인도 미련 없이 떠나보내는 게 맞다. 집착은 모두를 힘들게 할 뿐이다.

같이 다니는 사람은 상호 작용이 되어야 한다. 안 되면 의미 없다.

상호 작용이란 주고받는다는 걸 의미한다. 같이 다니려면 상호 간의 작용이 있어야 한다. 서로의 이익을 챙기기 위해 표면적 관계로 접촉하면 의미가 없고, 관계 유지가 안 된다. 내면을 주고받으며 진솔한 관계로 성장해야 한다. 상호 작용은 서로에게 이익을 주고 보탬을 주는 관계를 지속하는 상태다. 오랜 관계에도 불구하고 상호 작용이 발생하지 않는다면 무의미하다. 같이 다니면 서로에게 보탬을 주는 상호 작용이 있어야 한다. 상호 작용이 없으면 관계를 유지하기 어렵다. 억지로 유지해도 의미는 없다.

황토물도 오래 두면 맑아진다.

　현대인은 성질이 급해 기다릴 줄 모른다. 세계적으로 급하다고 소문이 난 한국인은 더욱 그러하다. 당장 상황은 잠시 후 벌어질 상황을 예단하지 못한다. 지금의 모습으로 남을 대하면 안 된다. 누구라도 훗날 어떤 사람이 될지는 아무도 모른다. 지금 뿌연 황토물이라 해서 계속 그렇게 남지 않는다. 시간이 지나면 황토가 차츰 가라앉아 맑은 물이 된다. 오히려 황토가 가라앉고 난 후의 맑은 물은 지장수(地獎水)라 하여 해독제로 쓸 수 있는 귀한 물이 된다. 황토물을 쓸모없는 뿌연 물로 봐서는 안 된다. 지장수와 황토의 오묘한 조합으로 보는 혜안(慧眼)이 필요하다. 기다릴 줄 아는 지혜를 배워야 한다.

행복은 현재 즐거운 것을 즐기는 거다.

　한국인의 행복을 바라보는 시각은 독특하다. 그건 현재의 행복보다 미래의 행복에 집중한다는 점이다. 미래에 행복하기 위해 현재는 행복을 멀리한 채 고난을 이겨내야 한다는 게 일반적인 한국인의 행복관이다. 지금 행복하면 훗날 불행하니, 미래의 행복을 위해 지금은 노력하고 고생해야 한다는 거다. 그래서 지금 행복하면 훗날 불행할까 걱정하고 두려워한다. 늘 훗날의 행복만 준비하기 때문에 지금은 늘 고통스러운 삶을 살게 된다. 그래서 무지개를 좇듯 먼 행복만 고대한다. 하루하루가 행복할 수 없는 이유다. 현재가 행복하면 행복한 삶을 이어갈 수 있다. 생각을 바꿔야 한다.

화려하게 산 사람에게 외로움은 고통이지만, 풍상 속에 산 사람은 외로움을 즐길 줄 안다.

　대중의 사랑을 한몸에 받는 인기 연예인이나 스포츠 스타는 눈에 보이는 만큼 화려하고 즐겁기만 할까. 대중에게 휩싸여 환호받고 칭송받는 일과를 보내고 집에 돌아가면 얼마나 허탈할지 생각해볼 일이다. 정상의 인기에서 내려와 평범한 인간으로 되돌아올 때 그들이 느끼는 허탈함은 얼마나 클지 생각해볼 일이다. 그들도 우리와 같은 말 못 할 근심과 걱정이 있다. 그러나 그걸 표현하지 못할 때가 많다. 인간은 누구랄 것 없이 고독할 때가 있다. 반면, 고독을 즐길 줄 아는 인생도 있다. 풍상 속에 살아가는 이들은 외로움을 즐길 줄 안다. 고독을 즐기기 위해 산에 들어가 혼자 사는 사람도 얼마든지 있다.

공인의 언행 실수는 타인에게 간접 피해가 된다. 공인의 잘못된 언행은 주변 관계인까지 욕되게 한다.

　좁은 의미의 공인은 공적인 일을 하는 사람이지만, 넓은 의미의 공인은 대중에게 알려져 막대한 영향력을 행사하는 사람을 포함한다. 공인의 말 한마디는 대중에 지대한 영향을 끼친다. 언행에 실수하면 상처받는 사람이 많다. 큰 나무가 쓰러지면 주변의 초목까지 피해다. 공인의 자살은 연쇄 자살을 일으키는 원인이 되기도 한다. 그만큼 공인의 영향력은 크다. 공인은 매사 말 한마디 행동거지 하나를 조심해야 한다. 공인이라면 이를 명심하고 언행에 특히 조심해야 한다. 공인으로 살기란 쉽지 않다. 공인으로 살기를 원한다면 언행을 삼가는 습관부터 길러야 한다.

여행은 살아있는 교과서다.
그래서 '글자 없는 책'이라고도 이야기한다.
여행은 언제나 깨우침과 가르침을 준다.
아무것도 깨닫지 못하고 돌아왔다면, 여행한 게 아니다.

제2장

智慧德談
지혜덕담

인생은 체험하고 아파 본 만큼 성숙하고, 지혜가 생긴다.
골짜기 없는 산은 아무도 찾지 않는다.

경험은 사람을 지혜롭게 해준다. 아파 본 사람이 성숙한다는 말을 이해 못 할 사람은 없다. 아픔을 겪어본 사람은 그만큼 강인해지고, 다른 고통을 이겨낼 면역이 생긴다. 경험 중에 가장 좋은 경험은 아파 본 경험이다. 평생을 순탄하게 사는 사람은 없다. 누구나 풍파를 겪는다. 큰 아픔을 경험하지 못하고 밋밋한 인생을 산 사람도 더러 있다. 그러나 그런 사람을 따르는 세력은 없다. 그에게는 기대할 것이 없기 때문이다. 아파봐야 성숙할 수 있다. 부딪쳐봐야 극복할 지혜를 깨닫게 된다. 그래서 경험 많은 사람을 당할 수 없다.

강한 이는 부서져도 부드러운 혀는 영구적이다.
혀는 병도 안 난다.

'유능제강(柔能制剛)'. 인류의 스승이신 노자의 말씀이다. 부드러움이 강함을 이긴다. 실제로 이는 신체 중 가장 강한 부위고, 혀는 신체 중 가장 약한 부위다. 둘은 서로 가까이 자리하고 있지만, 특성이 대조적이다. 강한 이는 부러지기도 하고 뽑히기도 하지만, 가장 부드러운 혀는 절대 부러지지 않는다. 이가 모두 뽑혀도 끝까지 남아있는 게 혀다. 혀는 여간해 병이 생기지도 않는다. 신체 부위 중 병의 발생이 가장 적은 곳 중 하나가 혀다. 그러니 부드러움이 강함을 이긴다는 말은 맞다. 부드러운 혀는 맛있는 걸 먹지만, 억센 이는 거친 것만 처리한다. 다투기 좋아하는 자는 평생 다툰다.

남자는 직업을 잘 선택해야 편히 살고, 여자는 남자를 잘 선택해야 편히 살고, 기업은 업종을 잘 선택해야 성공한다.

현대를 살아가면서 이런 말을 한다는 것은 시대정신에 맞지 않는다. 특히 여자가 남자를 잘 만나야 편히 산다는 말은 거부감이 생기기에 충분하다. 하지만 사실인 걸 어쩌나. 여기서 남자를 잘 만나야 한다는 것은 물질적으로 풍요롭고, 재능이 많은 사람을 지목하는 것은 아니다. 정의롭고 사랑을 베풀 줄 아는 남자를 만나야 여자는 행복할 수 있다. 직업 선택의 중요성 또한, 아무리 강조해도 지나침이 없다. 기업이 업종을 잘 선택해야 한다는 점도 마찬가지다. 시대에 뒤떨어진 업종을 선택한 기업은 절대 성공할 수 없다.

이론에 치우치면 모나기 쉽고, 정(情)에 치우치면 쓸려가기 쉽다.

살다 보면 지나치게 이성적인 사람을 만나게 된다. 그들은 건조하고 인간미가 없다. 실수가 적고 냉철하지만, 왠지 가까이하기에 거리낌이 생긴다. 반대로 지나치게 정이 많은 사람도 문제다. 매사 냉정하지 못해 늘 손해를 보고, 정에 이끌려 합리적인 선택을 하기 어렵다. 그러니 항상 중심을 잡는 게 중요하다. 그러나 중심 잡기란 그리 쉬운 일이 아니다. 치우치지 않고 자기중심이 강한 것을 중용(中庸)이라 한다. 어렵지만 중용의 도를 지키며 사는 게 가장 바람직한 삶의 모습이다.

> 욕심 버리고, 힘 빼고 사는 것이 만고의 진리다. 평범 속에
> 비범이 있다. 잘나나 못나나 한 판의 인생이다.

　모든 운동을 배울 때 힘을 뺄 줄 알면 절반 이상을 배운 거라고 말한다. 골프를 배울 때도 늘 힘을 빼라고 주문받는다. 수영이나 테니스 등을 배울 때도 마찬가지다. 그러나 힘을 빼는 일이 절대 쉽지 않다. 그건 욕심을 버리지 못하기 때문이다. 힘이 들어간다는 것은, 욕심이 남아있음을 뜻한다. 욕심을 내려놓고 순리대로 일 처리를 하는 것은 대인으로 살아가는 방식이다. 지식이 있고 돈이 있는 사람은 없는 척하고 살기가 쉽지 않다. 이래도 저래도 한평생이다. 힘 빼고 편하게 사는 것도 의미 있게 살아가는 방법이다.

> 과학이 아무리 발달해도 손은 못 만든다.

　과학기술의 시대다. 과학기술을 이용하면 못 하는 게 없고, 못 만드는 게 없다. 그렇지만 사람의 손만큼 유용한 것이 없다. 모든 물질과 문명은 사람의 손끝에서 창조되었다. 사람의 손은 모든 물질과 문명의 출발점이다. 두뇌가 그걸 만들었다고 생각할 수도 있지만, 손이 없었다면 소용없는 짓이다. 아무리 뛰어난 생각도 손을 거쳐야 의미 있는 산물(産物)의 탄생에 이를 수 있다. 손은 과학을 만들 수 있지만, 과학은 손을 만들 수 없다. 그래서 사람의 손은 위대하다. 사람이 만물의 영장이 될 수 있던 많은 이유 중 정교한 손을 가졌다는 점도 빼놓을 수 없다.

경험이 없으면 지혜가 생기지 않는다.

　경험은 지혜의 원천이다. 이론만으로 한계가 있다. 직접 경험하고 체득해야 실효적인 지혜가 생겨난다. 그래서 경험을 통해 얻은 지식은 그 앞에 살아있다는 의미의 '산'을 넣어 산지식이라고 한다. 온실 속 화초는 나약하다. 풍파를 겪은 자연의 초목이 건강하고 생명력 있다. 사람도 풍파를 겪어야 크게 성장할 수 있다. 무탈하게 성장한 사람은 나약할 수밖에 없다. 경험은 돈으로 살 수 없다. 직접 많은 경험을 한 사람이라야 진정한 지도자가 될 수 있다. 젊어서 고생은 사서도 한다는 말은 새겨들을 만하다. 과연 옳은 말이다.

명예와 재산이 있으면 의무도 있다.

　누릴 것은 다 누리면서 사회적 의무를 다하지 않으면 존경받지 못한다. 불법을 저지르면서도 자신의 잘못을 모르고 남을 탓하는 이들이 세상엔 넘쳐난다. 정치인들이 세상 사람들에게 욕을 먹는 이유가 이 때문이다. 명예나 재산을 가졌으면 그것을 세상에 베풀고 나눌 줄 알아야 한다. 명예와 재산을 얻은 사람은 그걸 혼자의 힘으로 얻었다고 생각할지 몰라도 누군가의 도움이 없었다면 불가능한 일이다. 그러므로 모두에게 고루 돌려주어야 한다. 혼자 누리고자 한다면 그 명예와 재산은 오래갈 수 없다.

희생 없는 사랑은 하나 마나다.

　희생하면 해결될 일이 많다. 그러나 희생할 생각이 없다면 좀처럼 해결되지 않는다. 경제적 이익이든 사람의 마음이든 얻으려고만 할 뿐, 좀처럼 베풀려 하지 않는 사람이 많다. 서로 얻으려고만 하면 답이 없다. 희생하고 나누어야 진정한 값어치가 있다. 눈물로 사귄 정은 오래가지만, 돈으로 사귄 정은 잠시일 뿐이다. 희생은 삶에 있어 숭고한 가치이다. 희생 없이 얻은 부귀와 명예를 베풀지 않고 자랑만 하는 것은, 소용없는 짓이다. 희생, 나눔, 베풂은 성공한 자들이 꼭 가져야 할 덕목이다. 남녀 사랑도 마찬가지다.

누군가는 삶의 밧줄을 붙잡고 버티지만,
　　　누군가는 밧줄을 가지고 의도적으로 삶을 마감한다.

　같은 밧줄이라도 생을 마감하기 위해 목을 맬 때 쓰는 밧줄이 있고, 사람의 목숨을 구하기 위해 쓰는 구조용 밧줄이 있다. 같은 밧줄이지만 어떤 건 사람을 죽이고, 어떤 건 사람을 살린다. 같은 물건이라도 어떤 쓰임새로 사용하느냐에 따라 정반대로 활용된다. 의사의 칼은 사람을 살리는 데 쓰지만, 강도의 칼은 사람을 죽이는 데 쓴다. 불은 생활에 대단히 유용하지만, 생활의 터전을 한순간에 잿더미로 만들기도 한다. 세상 만물은 어떻게 사용하는가가 중요하다. 만물은 유용하게 써야 한다.

나이 들면 지혜와 혜안도 생기지만, 아집과 어리석음도 생긴다.

젊어서 생각하길 나이 들면 너그러워지고 여유가 생길 거로 봤는데, 막상 나이 들어 보니 쉽지 않았다. 물론 익은 벼가 고개를 숙이듯 지혜로 가득한 사람도 있지만, 주위를 살펴보면 오히려 아집과 어리석음이 강해지는 사람도 다수 목격한다. 나도 그러하거니와 주변인 상당수가 그렇더라. 자기의 생각과 태도를 바꾸지 않으려는 태도 때문에 세대 간 갈등이 발생한다. 식자나 특권층이 오히려 자기의 주장을 굽히지 않으려는 태도가 더 강하다. 고쳐야 한다. 고치지 않으면 더 고독해질 뿐이다. 나이 들수록 조심해야 한다.

철학자의 말대로 살면 신선같이 살지는 몰라도, 누리고는 못 산다.

신선은 자기를 비우고 사는 사람이다. 두루 생각하고 널리 생각하며 세상의 이치를 제대로 깨달아야 신선이 된다. 옳은 자기 철학을 갖는다는 것은 이런 과정을 거쳐 완성된다. 두루 생각하고 널리 생각하면 누리지 못하는 게 당연하다. 나만 생각하면 편하게 살지는 몰라도 누리고는 살지 못한다. 반대로 두루 헤아리고 살면 철학자답게 신선처럼 살 수 있다. 대개의 사람은 누리고 살기를 원한다. 그래서 철학자가 드물다. 돈이 지배하는 세상이 된 후 깨달으며 살려는 사람보다 누리고 살려는 사람이 훨씬 많아졌다.

과거를 기억하지 못하는 자는 반드시 과거를 되풀이한다.

　역사를 공부하는 이유는 세상사가 되풀이되기 때문이다. 역사를 통해 인류가 살아가는 길을 배우면 실수를 반복하지 않는다. 역사는 다 변화하는 것처럼 보여도 같은 패턴이 반복된다. 그 법칙을 알면 실수에서 멀어질 수 있다. 하지만 알면서도 실수를 되풀이한다. 혹은 과거를 기억하지 못하기 때문에, 같은 실수를 반복한다. 역사를 배우는 것은 후회할 일을 줄이고자 함이다. 과거의 실수를 또렷이 기억한다면 같은 실수를 반복해선 안 된다. 과거의 나를 알면 미래의 내가 보인다. 그래서 역사는 가치 있다. 그래서 역사를 배운다.

여행은 돌아오기 위해 떠난다.

　떠나고 돌아오지 않을 때는 여행이란 말을 쓰지 않는다. 여행은 반드시 제자리로 돌아온다는 전제가 있을 때 쓰는 말이다. 여행은 돌아온다는 안도감이 있어서 즐겁다. 돌아올 기약 없이 떠난다면 불안감에 휩싸이게 된다. 여행은 살아있는 교과서다. 그래서 '글자 없는 책'이라고도 이야기한다. 여행은 언제나 깨우침과 가르침을 준다. 아무것도 깨닫지 못하고 돌아왔다면, 여행한 게 아니다. 여행은 이별을 전제로 하지 않아서 기쁨이 되고, 무언가를 배울 수 있어 도움이 된다. 굳이 책상머리에서 공부하지 않고, 여행만 자주 다녀도 생각이 바뀌고, 지식이 쌓인다.

> **행복은 개인의 철학이다.**
> **지지고 볶아 맛을 내고, 멋을 내는 인문학과 같다.**

자기 기준이 명확하고 철학과 소신이 뚜렷한 사람은 행복하다. 남 따라가기 바쁜 사람은 참된 행복을 알지 못한다. 인문학은 인간을 이해하는 학문이다. 그러니 자신에 대한 이해가 우선이다. 자신도 모르면서 남을 이해할 수 없기 때문이다. 사람은 저마다의 철학이 있고, 그 방식대로 살아간다. 그래서 충돌하기도 하고, 조화를 이뤄가며 산다. 저마다의 방식대로 살되, 조화를 이루며 살아가는 게 중요하다. 인문학이 필요한 이유이다. 인문학은 인생을 멋스럽고 행복하게 사는 길을 안내해 준다.

> **수학은 삶을 발전시켰고, 문학은 삶을 이해시켰다.**

숫자와 문자 중 어느 것이 인간 삶에 더 중요할까? 문자라고 생각하는 이가 많겠지만, 사실상 숫자가 더 중요하다. 숫자가 없었다면 인류는 발전하지 못했을 거다. 수를 통해 개념을 잡고, 과학을 발전시켰다. 대개 문자의 역할을 강조하고, 문자의 위대함에 대해 말하지만, 숫자에 대해서는 별 가치를 두지 않는다. 문자도 중요하지만, 숫자의 중요성을 생각해 볼 일이다. 수의 개념이 생기면서 인간은 다른 동물과 비교할 수 없는 발전을 시작했다. 문자는 더욱 정교하게 생각을 전달하는 데 이용했다. 문자는 희로애락을 표현하고 전달했다.

사나운 말이 주인 말 잘 듣는다.

어느 식당에서 주인 할아버지와 할머니가 다투는데 할머니가 한 말이다. 할머니는 "농장에서 가장 사나운 말을 골라야만 제대로 명마로 조련할 수 있다."라고 했다. 할머니는 할아버지가 자기의 성격을 나무라자 자기는 '성질이 거칠지만, 그 성질값을 제대로 하는 사람'이라며 이같이 말했다. 실제로 유순한 사람은 상대하기 편할지 몰라도 행동이 굼뜨고 생산성이 떨어지는 건 맞다. 다소 거칠게 느껴지는 사람이 일 잘하고, 사교성도 좋은 편이다. '성질 값하는 사람'이란 표현도 이와 무관하지 않다. 여기서 말하는 성질은 포악함을 의미하지 않는다.

책을 읽고 배우지 않으면, 남에게 부림을 당하는 일만 하게 된다.

누군가로부터 지배받지 않고 자기 일을 하려면 지식과 지혜가 풍부해야 한다. 지식과 지혜가 없으면 남에게 부림을 당할 수밖에 없다. 부모는 자녀가 대기업에 입사하거나, 공무원이 되길 원하지만, 이는 결국 조직 속에서 남의 부하가 되는 일이다. 남을 부리고 살려면 늘 책을 가까이해야 한다. 책 속에는 석학의 다양한 생각과 지식이 담겨있으니 그걸 배워야 한다. 자기 역량 계발을 위해 노력하지 않으면 평생 남의 종으로 살아야 한다. 남에게 부림을 당하는 일을 갖게 되면 축하해 주는 사회니 남을 제대로 부리는 사람이 적다. 남에게 부림을 당하기 위해 책을 읽고 공부하는 이들이 많다는 건 시대의 아이러니다.

구시대 생각을 버려라. 바꾸자. 세상은 변했고, 변하고 있다.

한 번 굳어진 생각을 바꾸기란 쉽지 않다. 21세기가 시작된 지 20년 하고도 수년이 흘렀지만, 여전히 60년대 70년대 사고로 살아가는 이들이 세상엔 참으로 많다. 바꾸려는 의지가 없기 때문이다. 한 번 익히고 배운 지식이나 가치관이 옳다는 신념을 갖고 고치려 하지 않는 거다. 생각을 바꾸려 하지 않는 사람의 특징은 설득이 안 된다는 점이다. 자신이 바뀌지 않는다면 답은 없다. 이렇게 생각을 바꾸지 않는 사람을 만나게 되면 피하는 게 상책이다. 어차피 대화가 통하지 않기 때문이다. 세대 차이는 생각을 바꾸려 하지 않아서 생겨난다.

지식보다 어떠한 가치관을 가졌는지가 중요하다.

지식은 넘쳐나지만, 가치관이 제대로 정립되지 않은 사람을 종종 만나게 된다. 이들은 위험하다. 올바른 국가관이나 사회관을 가진 사람이라야 사회구성원으로 올바르게 살아갈 수 있다. 지식의 많고 적음을 따지는 세상이지만, 실상은 올바른 가치관을 가졌는지가 더 중요하다. 지식을 쌓아가는 것은 결국 올바른 가치관을 갖기 위함이다. 지식은 넘쳐나지만, 올바른 가치관을 정립하지 못했다면, 궁극적 목표에 도달하지 못한 거로 봐야 한다. 국민을 개·돼지라고 칭해 파문을 일으켰던 고위공무원은 지식만 넘쳤지, 올바른 가치관이 정립돼있지 않는 인물의 대표적 사례이다.

정보 지식 없으면 상상력 동원해서 오판한다.

　새로운 지식과 정보에 대한 갈구가 없으면, 한 번 머리에 박힌 생각으로 모든 현상을 바라보고, 평생을 그렇게 살아가려 한다. 지식과 정보의 편향성이 심하면 자신이 보고 싶은 것만 보고, 듣고 싶은 것만 들으려 한다. 그런 과정에서 자기만의 세계에 계속 빠져든다. 자기만의 세계에 빠진 사람의 특징은 구체적 근거가 없는 주장을 하고, 논리가 부족한 만큼 목소리가 크다. 객관적 사실에 근거하지 못한 채 목소리만 높이는 사람은 냉철하게 판단해야 할 때, 오판하게 된다. 개방적 자세로 학습하고 지식을 쌓아야 하는 이유다.

가난이 대문으로 들어오면, 사랑은 창문으로 나간다.

　사랑이 가난 앞에 무너지기도 한다. 가정을 안정적으로 끌고 가기 어려운 지경의 가난이 이어지면 예상치 못한 별일이 다 생기게 마련이다. 사랑조차도 가난을 지속하면 무너지고 달아나기에 십상이다. 최소한 불편하지 않을 정도의 생활을 유지해야 한다. 극심한 가난은 모든 것을 앗아갈 수 있다. 맹자도 이에 대해 자신의 견해를 밝혔다. 맹자는 '유항산 유항심(有恒産 有恒心)'이라며, 항상 안정된 생산이 있어야, 한결같은 마음을 유지할 수 있다고 했다. 기본 생활 재화가 필요한 건 동서고금의 진리이다.

남자는 철들 때가 죽을 때다.

과거에 '남자는 환갑 지나야 철이 든다.'라는 말이 있었다. 그러나 실상 생활 속에서 환갑이 지나도 철이 들지 않아 죽을 때까지 이기적으로 살다 가는 사람을 여럿 봤다. 여성은 모성애란 각별한 심성을 갖고 있지만, 이에 반해 남성은 그런 게 없다. 이와 관련해 '열 남자 길들여도, 한 여자를 길들이지 못한다.'라는 말이 있다. 철없는 남자는 길들이기 쉬워도, 모성애로 가득한 여자를 길들이기란 쉽지 않다는 얘기다. 철든다는 건 이기심을 내려놓고 남을 배려할 줄 아는 걸 의미한다. 개인적 차이가 존재하지만, 남녀의 차이도 존재한다.

천재란 인류의 삶을 바꾸는데 공헌한 사람이다.

천재에 관한 정의는 각양각색이다. 일반적으로는 뛰어나게 머리가 좋은 사람을 칭한다. 그러나 단순히 머리 좋은 사람을 천재라고 칭할 수는 없다. 인류의 삶을 바꾸는 데 지대한 공헌을 한 사람이라야 천재라고 칭할 수 있다. 이 기준을 적용하면 천재는 그리 흔하지 않다. 개인적인 기준으로 한국인 중에 천재라고 칭하고 싶은 사람은 기업인 정주영과 이병철, 비디오 아티스트 백남준, 시인 백석 등이다. 정치인 중에는 딱히 넣고 싶은 사람이 없다. 다만, 천재를 선정하는 기준은 저마다 다를 수 있으므로, 선정하는 인물도 저마다 다를 수 있다.

> **마음을 활짝 열어라. 대문을 열면 도둑이 들고,
> 마음을 열면 행운이 온다.**

무엇이든 받아들이려는 개방적 자세가 중요하다. 개방적 자세는 수용적 자세를 뜻한다. 받아들이기를 꺼리는 수구적인 자세로는 할 수 있는 게 없다. 새로운 것을 배우고 받아들여야 한다. 마음을 닫으면 바늘 하나 꽂을 자리가 없다. 마음을 열면 천하를 모두 받아들일 수 있다. 받아들일 자세가 돼 있을 때 행운도 찾아온다. 받아들일 자세가 돼 있는 사람에게 기회가 찾아온다. 이는 가정이나 사무실 벽면에 걸린 그림 속 주인공으로 자주 접하는 선종(禪宗)의 창시자인 인도 승려 달마대사가 강조한 말이기도 하다.

> **길은 어디든 통한다. 사립문 밖으로 난 길은
> 서울로 세계로 안 통하는 곳이 없다.**

시골집 앞의 작은 길도 세상으로 연결하는 통로가 된다. 세상의 모든 길은 연결돼 있고, 그 길로 어디라도 갈 수 있다. 길을 나서면 어디라도 못 갈 곳이 없다. 길은 한없이 길고, 모든 길은 연결돼 있다. 길은 누구에게나 허락된 공간이다. 나서지 않고 찾지 않으면 어디도 갈 수 없다. 길은 나선 자의 몫이다. 과감하게 나서 길을 찾고, 세상으로 뻗어 나가야 한다. 길을 찾지 않는 자는 어디도 갈 수 없다. 그러나 길은 나서는 자에게 관대하다. 사람들은 벼랑 끝을 가지 않으려 한다. 그러나 벼랑 끝에도 서봐야 다른 길이 보인다.

봉두치백(峰頭稚栢) 충천기(冲天氣)
암하세류(巖下細流) 입해심(入海心)

'높은 산 어린 잣나무는 하늘을 찌를 기상이요, 바위 아래 가늘게 흐르는 물은 바다로 들어갈 마음이더라.' 출처를 알기 어려운 7언시의 한 구절이다. 작은 잣나무도 가는 시냇물도 보잘것없는 존재로 보이지만, 결국 세상을 향해 뻗어 나간다. 모든 시작은 미약하다. 그러나 끝은 창대할 수 있다. 어리고 보잘것없다고 얕보면 안 된다. 처음부터 창대한 존재는 없다. 작은 게 힘을 키워 대업을 이루게 된다. 작은 것은 결코 작은 것에 머물지 않는다. 작은 봉기가 혁명으로 발전해 세상을 바꾼 사례는 무수히 많다.

모든 일은 원칙을 무시하면,
후일 더 큰 사태가 와서 수습이 어렵다.

원칙은 지켜야 할 대상이다. 원칙을 지키지 않으면 훗날 수습하기 어려운 일이 닥쳐올 수 있다. 원칙을 무시하면 사고로 연결된다. 터지기 전에 지키고 관리하는 게 중요하다. 우리가 겪는 큰 사고는 대개 원칙을 무시하면서 발생했다. 작은 일부터 원칙을 철저하게 지키면 훗날 감당 못 할 사고로 연결되는 일이 없다. 원칙을 무시한 대가는 생각보다 크게 다가온다. 원칙을 지키는 걸 생활화해야 한다. 큰 사고를 겪은 후 원칙을 강조하고 있지만, 이 사회는 여전히 원칙을 지키는 데 소홀함이 많다.

누구하고 살까, 어디서 살까, 무얼하고 살까를 생각해 두는 게 노후준비다.

누구나 노후의 삶을 두려워한다. 노후를 두려워하는 건 준비가 미흡하기 때문이다. 노후를 준비해야 후회 없고, 고통 없는 노년을 보낼 수 있다. 노년에 누구하고 어디서 무얼 할까를 차근차근 준비해 두어야 한다. 구체적 계획 없이 시골로 떠나거나 할 일 없이 무료하게 지내다가 노년을 망친 사례는 많다. 노년의 기간은 점차 길어지고 있다. 섣불리 생각하지 말고 차근차근 노년을 준비해야 한다. 그래야 긴 노년을 알차고 고독하지 않게 보낼 수 있다. 자녀에 집착하지 말고, 자기의 노후를 착실히 준비해야 한다.

직업이 교수·교육자이지, 인성이 교수·교육자인 건 아니다.

교수나 교사 등 교육자에게 각별한 도덕성을 요구하는 사회다. 그들이 후세를 가르치는 일을 맡았으니 그들에게 본보기가 돼 달라는 주문이다. 그러나, 교사도 교수도 따지고 보면 직업일 뿐이다. 그들에게 남다른 인성과 도덕성을 요구하는 건 무리다. 보통의 직업으로 봐주고 지나치게 큰 부담을 주어선 안 된다. 그들도 보통 사람과 다르지 않은 인간임을 인정해야 한다. 자신에게는 한없이 관대하면서, 교육자에게만 높은 도덕성을 주문하는 것 자체가 모순이다. 교육자가 함부로 행동해도 된다는 얘기는 아니다. 너무 가혹한 올가미를 씌우면 안 된다는 얘기일 뿐이다.

> 교육은 지식, 교양, 전문성을 가르쳐 인간을 변화시키는 것이다. 성현의
> 가르침을 교육해 성인을 만드는 것이 교육의 으뜸이다.

현대인은 교육의 목표를 출세나 성공에서 찾으려 한다. 경쟁에서 이기고, 좋은 직업을 가지려는 게 교육의 목표라고 생각한다. 그러나 그건 대단히 잘못된 생각이다. 교육은 인간을 인격적 완성도가 높은 존재로 만드는 걸 목표로 한다. 인격적 완성도가 높은 인간으로 만드는 데는 성현의 가르침이 으뜸이다. 그래서 동서고금에 성현의 말씀을 가르친다. 교육이 출세와 성공을 위한 수단이라는 생각은 위험하다. 인격적 완성도 높은 사람으로 길러내는 게 교육의 목적이다. 교육의 목적을 벗어나니 세상이 경쟁 지상주의로 치닫는 거다.

> 말에 풍자와 해학이 넉넉하고, 비유법, 은유법을 잘 구사하여
> 크게 튀기고, 작게 축소해 말끝을 살짝 비틀어
> 대를 잘 맞추어 구사하면 유머가 된다.

유머가 넘치는 사람은 인기 만점이다. 어딜 가서 누굴 만나든 유머가 있는 말로 설득하면 환영받는다. 인간은 누구나 재미있는 사람으로 인정받고 싶어 한다. 유머는 그저 웃기는 데서 그치면 안 된다. 웃기는 가운데 묵직한 메시지를 던져주어야 한다. 메시지를 담아 주어야 진정한 유머의 고수다. 유머를 잘하기 위해서는 마무리가 중요하다. 마무리에는 반전이 숨어있어야 한다. 반전이 주는 통쾌함이 유머의 진정한 멋이다. 반전은 유머의 기본이자, 완성이다. 반전의 재치를 발휘해야 유머 넘치는 사람이다.

> **학자나 전공자 강의는 듣는 사람이 졸고 집중 못 한다.
> 평범한 일상의 대화는 참여하고 끼어들 수 있어
> 흥미로우니 집중하고 졸지 않는다.**

대개 학자의 강의는 재미가 없다. 반면 전문 강사의 강의는 재미가 있다. 양자 간의 차이는 여러 가지에서 비롯되지만, 피 교육생과 주고받는 교감의 차이가 크다. 클래식 공연은 일방적이어서 무료하기에 십상이다. 그러나 판소리 공연은 지루할 틈을 주지 않는다. 관객과 끊임없이 교감하기 때문이다. 교감 속에 관객은 소리꾼에 호응하며 공연의 주체가 된다. 참여하고 교감하는 가운데 판소리는 재미를 더한다. 클래식 연주는 정숙한 감상을 요구하지만, 판소리 공연은 관객과 주고받는 교감을 요구한다. 재미의 차이가 여기서 생긴다.

> **현대사회는 자기 분야에 해박한 전문인은 있어도,
> 폭넓게 아는 지식인은 없다.**

과거의 학습은 경전을 익히고 외우는 것이 전부였다. 경전만 읽어도 세상만사를 섭렵하는 지식인 반열에 오를 수 있었다. 이에 반해 현대의 학습은 여러 과목을 배우지만, 폭넓은 지식이 부족하다. 전문성을 강조하기 때문이다. 전문인을 요구하는 교육을 하다 보니, 특정 분야의 전문가는 배출하지만 폭넓은 지식을 두루 갖춘 지식인을 기르는 데는 부족하다. 현대사회에는 전문인은 많이 눈에 띄지만, 폭넓은 지식인이 눈에 띄지 않는다. 또한, 지식과 경험을 통해 지혜를 축적한 사람도 여간해 눈에 띄지 않는다.

거짓말 안 하면 살 수 없다. 거짓말할 짓을 마라.

살다 보면 선의든 악의든 거짓말을 하게 된다. 거짓말을 피할 수 없는 상황에 이르게 되는 때가 있다. 거짓말을 하는 이유는 첫째 말을 많이 하기 때문이다. 말을 많이 하다 보면 그만큼 거짓말을 하는 일도 잦아진다. 반대로 말을 줄이면 거짓말도 줄어든다. 또 한 가지는 남의 말 전하기를 줄여야 한다. 남의 말을 전하다 보면 거짓말이 늘어난다. 불필요하게 남의 말을 전할 필요가 없다. 말을 줄이고, 남의 말을 전하지 않으면 거짓말할 일이 줄어든다. 남의 말을 전하지 않으면 거짓말할 기회가 그만큼 줄어든다.

생활지식 많아 지혜 있는 사람이 있지만,
　　학술지식만 있고 지혜가 없는 사람도 많다.

고학력자이고, 높은 사회적 지위를 가졌지만, 일상을 살아가는데 턱없이 부족한 생활지식을 가진 사람을 만나게 된다. 세상과 부딪히면 직접 터득한 산지식이 없으니 세상 물정을 모르는 건 당연하다. 대개의 사람은 학벌이 좋고, 사회적 지위가 높은 사람은 현명하고 똑똑할 거로 생각하지만, 꼭 그렇지는 않다. 겪어보면 삶 속에서 터득한 생활지식이 얼마나 소중하고 값어치 있는지 느끼게 된다. 어쩌면 생활지식이 학술지식보다 더 긴요하고 소중할 수 있다. 생활지식은 늘 필요하지만, 학술지식은 학교 담벼락 밖에서 크게 쓰지 못한다.

경쟁 사회는 이기는 것만 가르친다.
도덕 불감증이 만연해 죄의식이 없다.

한국 교육의 가장 큰 병폐는 경쟁을 강요하고 이기는 것만 가르친다는 점이다. 경쟁에서 이기고, 1등 하면 모든 걸 용서받는 시스템이다. 모든 걸 가질 수 있고, 누릴 수 있는 구조다. 이긴 자에게 한없이 관대하다. 그러니 경쟁에서 이긴 자는 세상을 향한 죄의식이 없다. 도덕 불감증은 잘못된 교육의 결과다. 그렇지만, 경쟁을 강요하는 교육을 여전히 지속하고 있다. 자본주의의 문제점은 인간에 대한 애정이 사라지고, 경쟁만 남게 된다는 점이다. 신자유주의의 등장 이후 인류사회는 냉혹한 경쟁을 당연하게 받아들이고 있다. 한국이 아주 심하다.

미래 세대는 물질, 문명, 학문, 과학의 힘으로
더 좋은 세상을 이룰 수 있다.

미래 사회를 걱정하는 이들이 참으로 많다. 미래가 불확실하니 미래를 살아갈 사람들의 삶도 불안할 수밖에 없다는 주장을 한다. 그러나 이는 기우에 불과하다. 현재의 기술력으로 해결할 수 없는 문제도 결국 훗날에는 해결할 것이다. 물론 그때 가서는 새로운 문제점이 생겨날 것이다. 지금과 같은 속도로 과학과 문명이 발달한다면 인간이 풀어내지 못할 문제는 없을 거다. 지나친 걱정할 필요는 없어 보인다. 다만 과학기술로 풀 수 없는 도덕의 상실은 답이 없다. 그렇지만 도덕의 상실을 걱정하는 목소리는 작다. 세월이 흐르면 해소될 문제만 걱정하고 있다.

진리는 깊이를 알 수 없고 너비를 알 수 없다.

　세상에서 가장 크고 넓은 것이 진리의 세계다. 진리의 세계는 끝이 없다. 인간은 진리를 추구하고 그것을 찾아 끝없이 도전한다. 인간은 진리를 추구하기 때문에 끝없이 질문을 던진다. 인간의 궁금증은 진리에 다가서고자 하는 욕구의 표현이다. 진리를 찾고자 하는 많은 사람이 학문에 열중하고 득도에 도전했지만, 누구도 진리를 찾아내지 못했다. 그렇다고 진리를 찾으려는 인간의 노력은 중단하지 않을 것이다. 인간은 계속 도전할 것이다. 흔히 학문의 목적을 진리의 탐구라고 말한다. 인류는 역사 이후 계속 진리를 좇고 있다.

너그러울 땐 세상을 다 받아들이지만,
　　옹졸해지면 마음에 바늘 꽂을 자리도 없다.

　동아시아인에게 유명한 달마대사가 한 말이다. 같은 사람이라도 처한 상황에 따라 마음가짐이 달라진다. 그것은 마음의 여유가 있고 없고의 차이다. 그러니 모든 게 마음먹기 달렸다는 원효의 사상 '일체유심조(一切唯心造)'란 말과 일맥상통한다. 세상엔 이해 못 할 일이 없다. 내 생각만 하면 풀릴 일이 없다. 너그러운 마음으로 세상을 바라봐야 한다. 마음을 너그럽게 열 때 세상을 이해하고 받아들일 마음의 여유가 생긴다. 너그러운 마음을 갖는 건 말처럼 쉽지 않다. 어떤 마음으로 살 것인가는 전적으로 본인이 결정한다.

마음의 갑옷을 벗어야 편히 살 수 있다.
건조한 분위기는 농담으로 위로받는다.

　권위는 갖되 권위주의는 버리라는 말이 있다. 권위는 사회적으로 인정받고 영향을 끼칠 수 있는 위신이다. 권위주의는 권위를 내세우거나 권위에 순종하는 태도를 의미한다. 그러니 자신의 나이나 지위에 걸맞은 권위는 지키는 게 맞다. 권위는 남이 인정하는 것이지 내가 내세우는 게 아니다. 스스로 권위를 내려놓아야 주변에 사람이 따르고, 어울릴 수 있다. 권위를 내려놓은 가장 좋은 방법의 하나는 농담이다. 농담이 섞인 가벼운 얘기를 즐기다가 마지막 중요한 때에 하고 싶은 말을 하면 그 말이 잘 먹힌다. 그래서 농담이 중요하다.

한 가지 일을 천 번하면 박사 된다.

　누구든 각기 잘하는 일이 있다. 대개 잘하는 일은 많이 해보고, 오래 해본 일이다. 누구든 특정한 일을 무한 반복하다 보면 잘하게 된다. 몸으로 하는 기능적인 일 뿐 아니라, 아이디어가 요구되는 정신노동도 오래 그리고 자주 해보면 잘하게 된다. 타고난 소질이 있어 남보다 잘하는 사람도 있지만, 한계가 있다. 일정 수준 이상이 되면 많이 해보고 노력한 사람만큼의 수준에 도달하기 어렵다. '1만 시간의 법칙'은 이를 뒷받침한다. 누구든 1만 시간을 투입해 반복하면 무슨 일이든 성과를 낼 수 있고, 달인이 될 수 있다.

부족해야 소중함을 안다.

'목마른 사람이 우물을 판다.'는 속담이 있다. 부족해 봐야 절실함을 안다. 모든 물자가 부족했던 시절을 살아온 기성세대는 아끼고 절약하는 게 습관이 됐다. 평생 몸에 익은 습관이어서 쉽게 바뀌지 않는다. 반면 태어나서부터 풍족하게 생활한 세대는 절약이란 용어가 낯설다. 소중함을 모르니 절약을 모르는 거다. 그러나 절약의 이유가 달라졌다. 없어서 아껴야 하는 시대가 아니다. 지구 환경을 위해 아껴야 한다. 모든 소비는 자연 파괴를 동반하기 때문이다. 절약 교육은 부족한 자원의 분배 차원에서 벗어나 지구 환경 보호를 위한 목적으로 변화해야 한다.

평소에 누구에게든 아부하는 마음으로 대하라. 이기심을 버려라.

아부를 유난히 잘하는 사람이 있다. 아부하는 사람은 목적을 가지고 한다. 내가 이루고자 하는 목적을 위해 아부한다. 아부는 나쁘지만, 아부하듯 누군가를 대하는 건 나쁜 일이 아니다. 아부하듯 누군가를 대하는 건 이기심을 내려놓고 상대를 배려하는 자세다. 모든 일에 정성을 다하는 일이다. 그러니 상대를 대할 때는 아부는 하지 않되, 아부하듯 대하는 게 맞다. 성심껏 마음을 다해 상대를 대하면 상대도 나를 함부로 대하지 않는다. 서로 존중하는 자세로 상대를 대해야 한다.

> 코드 맞는 사람끼리 만나니 사고가 변하지 않는다.
> 같은 생각하는 사람을 찾지 말고, 생각이
> 다른 사람도 만나야 자기 생각이 바뀔 수 있다.

코드가 맞는 사람은 생각하는 방향과 수준이 비슷한 사람이다. 생각의 방향이 같고 수준이 비슷한 사람이 같이 일하면 의견 충돌이 적고 목표에 빠르게 도달할 수 있다. 그러나 반대의 경우, 어색하고 불편하며 의견일치에 다다르기가 어렵다. 비슷한 사람끼리 어울리는 걸 유유상종(類類相從)이라 한다. 그러나 같은 부류끼리만 어울리면 당장은 편하고 쉽지만, 발전이 없다. 불편하고 어렵더라도 생각이 다른 사람과 어울리는 습관을 길러야 한다. 발전하고 변화하기를 원한다면 넓은 마음으로 사람을 만나야 한다.

> 내 맘 내 뜻을 모르거든, 남을 보고 깨우쳐라.

때로는 자신도 자신의 마음을 모를 때가 있다. 그러면 어떤 일에 관해 판단이 늦어진다. 늦어지기만 하는 게 아니라 잘못 판단하게 된다. 이럴 땐 남을 지켜보면서 거기에 나를 대입해 보면 비교적 현명한 판단을 할 수 있다. 남의 행동을 자세히 관찰하며 그가 왜 그런 행동을 했을지 생각해보면, 의외로 쉽게 답을 찾을 수 있다. 남의 행동을 통해 내가 가야 할 길을 찾는 건 내가 나를 모를 때 가장 효과적인 대처 방법이다. 남이 나를 어떻게 보고 있을지도 생각해보면 여기서도 답을 찾을 수 있다. 내가 항상 옳다는 생각을 버려야 한다.

세상에는 다양한 의견이 존재한다. 다른 의견을 제시하는 건 청자(聽者)와 독자(讀者)의 몫이다.

내가 어떤 생각을 하고 말을 하거나 글을 썼을 때 그걸 접하는 청자와 독자가 내 생각을 정확히 이해했을 거로 생각하면 오산이다. 청자와 독자는 나와 다른 생각을 하고 내 말이나 글을 받아들일 수 있다. 그러니 내가 하는 말, 내가 쓴 글을 모든 사람이 내가 원하는 방향으로 이해했을 거로 봐선 안 된다. 해석은 청자와 독자의 몫이라고 생각해야 한다. 문학작품도 마찬가지다. 독자는 저자의 의도를 액면 그대로 받아들이지 않는다. 자기의 처지에서 해석하고 이해한다. 그게 당연하다.

바쁜 사람 모아놓고 하는 학습은 각자 소중한 시간 투자다.

각종 강연 현장을 찾아가 보면 실망스러울 때가 있다. 내용이 너무 쉽거나 어려울 때 흥미를 느끼지 못하고 참석한 걸 후회한다. 난이도를 떠나 객관적인 내용이 아니라 지나치게 편향적인 강연을 들을 때도 실망하고, 참석한 걸 후회한다. 소중한 시간을 투자해 학습에 참여했는데, 소득은 없고 불편한 마음만 갖고 돌아오는 일이 허다하다. 강연자는 이런 점을 고려해 수강자 수준에 맞는 강연을 하기 위해 노력해야 한다. 수준도 안 맞고 내용도 허술하면 많은 사람의 시간 낭비다. 비용을 지급하는 강연은 더욱 그러하다. 한두 사람의 지각으로 여러 사람이 기다리는 일도 있어선 안 된다.

> **좋은 약은 입에 쓰고, 충언은 귀에 거슬린다.**

　입에 쓰고 귀에 거슬리는 말을 새겨들을 줄 알면 훌륭한 사람이다. 그런 사람은 많지 않다. 특히 지도자라면 더욱 그러하다. 지도자는 많은 사람의 다양한 의견을 들어야 하고, 소중하게 받아들여야 한다. 대개의 지도자는 한두 번의 쓴소리는 받아들이지만, 반복되면 불편해한다. 이런 이유로 충언을 지속적이고 반복적으로 하는 사람이 드물다. 불이익을 당한다는 사실을 알기 때문이다. 훌륭한 지도자라면 충언에 귀 기울여야 한다. 특히 계속되는 충언에 불편해하면 안 된다. 충언을 듣는 지도자는 많지 않다. 처음에는 듣다가 나중에는 감언 듣기를 더 좋아하기 때문이다.

> **배움도 중요하지만, 즐기고 웃으며 재미있는
> 　　시간이 돼야 한다. 그게 최선의 공부다.**

　역사상 우리의 교육방식은 대단히 권위적이고, 강압적인 면이 강하다. 학습을 위해 매를 맞는 일도 허용됐다. 일제 강점기 일본 교사에 의한 학습은 폭력이 난무했고, 자유로운 행동과 토론이 무시되었다. 군사 정권기에도 학교는 군대의 연장처럼 폭력적이고, 억압적이었다. 그래서 학습에 대한 이미지가 많이 실추된 게 사실이다. 학업은 자유롭고 진지하게 이루어져야 한다. 배우고 익히는 게 즐겁게 느끼도록 해줘야 한다. 현대교육은 입시와 경쟁에만 몰두하니 이 또한 재미있는 학습과 거리가 멀다. 그래도 잘못됐다는 생각을 안 한다. 그게 더 큰 문제다.

지식을 통해 지혜를 터득하고, 경험과 실무를 통해 지혜를 터득한다.

　지식은 지혜로 가는 통로이다. 우리가 지식을 쌓고자 하는 근본적인 이유는 지혜로워지기 위해서다. 지식을 쌓는 일이 힘들고 고달파도 견디는 건 훗날 지혜가 생길 것이라 믿기 때문이다. 또한, 현업에 종사하며 실무를 익히고, 경험을 쌓다 보면, 이를 통해서도 지혜가 생긴다. 지혜는 삶을 슬기롭게 대처하게 해준다. 슬기롭게 일을 대처하게 되면, 생활이 원활해진다. 현명한 판단을 하게 되고, 남과의 관계에서도 불필요한 오해를 사지 않게 처신한다. 지식과 지혜는 모두 필요하지만, 특히 지혜가 더 필요하다.

마음을 비우고 욕심을 덜어내면 안 보일 것도 보인다.

　욕심을 앞세우면 보아야 할 것이 제대로 보이지 않는다. 욕심이 혜안(慧眼)을 가로막기 때문이다. 욕심을 걷어 낼 때 객관적이고 올바른 시각으로 세상을 바라볼 수 있다. 욕심은 내 중심으로 생각하게 하고, 내 이익을 위하는 마음이다. 어떤 일을 처리할 때 내게 이익이 될지를 먼저 생각하면 타인의 보편적인 생각이 보이지 않는다. 타인을 배려하지 않고, 내 생각만 앞세우다 보면 타인은 내 생각을 따르지 않는다. 결국, 낭패의 결과를 보게 된다. 비우고 내려놓은 습관이 필요하다. 억지로라도 내려놓기를 연습하면 나중엔 자연스러워진다.

원리를 깨달으면 안 배워도 알게 된다.

　남에게 배우지 않아도 혼자 깨치는 일이 있다. 혼자 깨친다는 건 원리를 터득했다는 거다. 누군가에게 배우는 게 빠르고 쉬울 수 있지만, 혼자 깨치는 것만큼 깊이 이해할 수 없다. 혼자 깨치는 건 어렵고 오래 걸렸지만, 원리를 제대로 이해했기 때문이다. 원리를 알면 그 분야를 통시적으로 보는 눈이 생긴다. 누구보다 넓게 보고 멀리 보는 능력이 생긴다. 돌아가면 멀리 가지만, 가는 동안 많이 경험하게 된다. 그 경험은 새로운 깨침에 도움이 된다. 실패는 성공의 어머니요, 고생은 사서도 한다는 말은 이 같은 상황을 설명하는 말이다.

지식의 눈으로 보면 안 보여도,
　　　지혜와 지성의 눈으로 보면 보인다.

　지식 자랑하는 사람은 많지만, 지혜 자랑하는 사람은 없다. 지혜는 지식보다 갖기 어렵다. 지식은 배우면 얻을 수 있지만, 지혜는 배운다고 바로 생기는 게 아니다. 많은 시행착오를 겪고 생각하며 깨달아야 비로소 생긴다. 옛 어머니들은 배움이 부족해 지식이 없었지만, 하나같이 지혜로웠다. 삶의 역경을 하나씩 지혜를 습득해서 그렇다. 지식은 머리에 저장하는 것이지만, 지혜는 마음의 눈으로 세상을 볼 수 있게 하는 능력이다. 지혜는 직접 경험하고 터득하지 않으면 생기지 않는다.

제3장

人倫正言
인륜정언

> 법은 어겨도 윤리 도덕은 지켜야 한다. 윤리 도덕을 어기면
> 용서받을 곳도 없다. 하늘에 죄 지으면 빌 곳이 없다.

법은 인간끼리 서로 편하기 위해 만든 약속이다. 강제해서 지키게 하며 지키지 않으면 제재가 따른다. 인간은 이기적이기 때문에 법이 없으면 질서를 유지하기 어렵다. 그래서 인간끼리 약속하고 지켜가며 사는 것이다. 이에 반해 윤리와 도덕은 나와의 약속이면서 동시에 나와 하늘이 한 약속이다. 인간끼리의 약속을 어기면 인간이 제재하지만, 자신과의 약속, 하늘과의 약속을 어기면 용서받을 방법이 없다. 종교는 윤리와 도덕을 지키기 위해 생겨났다. 그래서 종교가 타락하면 세상은 구제할 방법이 없다. 그러나 야속하게도 종교조차 돈에 무너지는 경우가 있다.

> 어른에게 예의와 경륜, 젊은 사람에게 재치와 용기를 배운다.

어른이 되면 생각하는 게 많아져 용기가 무뎌진다. 순발력이 떨어져 재치도 무뎌진다. 반면 젊은이들은 어른과 비교해 앞뒤 가리는 것이 많지 않아 용기가 넘친다. 순발력이 뛰어나 재치도 넘친다. 한마디로 젊은이가 과감하고 민첩하다. 어른은 젊은이가 갖지 못한 장점이 있다. 상대를 배려하는 마음이 크다. 오랜 세월 많은 경험을 통해 터득한 지혜가 있어 남의 마음을 상하지 않게 하고자 노력한다. 남에게 상처를 주지 않고자 생겨난 것이 예의다. 예의는 경륜에서 나온다. 서로에게 배울 것이 있다.

현대인은 물질만 추구할 뿐 도덕을 무시하고 산다.

　자본주의가 탄생한 이후 돈이 모든 것을 좌우하는 세상이 됐다. 그러나 나서 자라는 동안 자본주의 논리에 빠진 현대인들은 그 폐해의 심각성을 잘 모른다. 인간의 소중함과 인륜의 중요성을 잘 모른다. 그저 돈이 최고라고만 생각하고 돈이 모든 걸 해결해 줄 거로 생각한다. 물질이 주는 풍요와 편의에 빠지면 인간성과 도덕성을 잃게 된다. 그러나 살아가는 데 있어 물질보다 소중한 것이 인간성이고 도덕성이란 사실을 깨닫기까지는 오랜 시간이 필요하다. 일찍 깨닫지 못하기 때문에 인간은 어리석은 거다.

내가 남에게 잘하는 게 대우받으며 잘사는 길이다.
벼슬도 생기고 돈도 생긴다.

　남에게 잘하면 재물도 생기고 명예도 생기고, 기회도 생긴다. 남과의 관계 속에서 세상 모든 게 이루어진다. 남과의 관계를 잘하라는 건 아부하라는 얘기가 아니다. 누굴 대하든 친절하고 성실하게 대해야 한다는 뜻이다. 우선 가장 가까운 집단인 가족 구성원에게 따뜻하고 사랑스럽게 대해야 하는 건 물론이다. 가족에게 잘하고 남에게 그 범위를 확대해 나가야 한다. 자기 자신에게 잘하는 사람이 남에게도 잘할 수 있는 건 당연하다. 남에게 잘해야 가정이 평화롭고, 잘살 수 있다.

세상에서 가장 어려운 일은 사람의 마음을 얻는 것이다.

사람의 마음을 얻으면 천하를 얻을 수 있다. 천하를 얻는다는 것은 못 할 일이 없어진다는 것이다. 사람의 마음을 얻을 자신이 없으면 남 앞에 나서지 말아야 한다. 마음을 얻는다는 건 신뢰를 얻는 거다. 나를 믿어주는 사람은 나를 위해 무슨 일이라도 해준다. 그러니 남의 마음을 얻을 수 있다면 두려울 게 없다. 특히 정치를 위해 세상에 나설 사람이라면 타인의 마음을 얻을 자세가 돼 있는지부터 점검해 보아야 한다. 사람의 마음을 얻으면 못 할 게 없다. 선출직을 준비하는 자들도 표를 얻으려 하지 말고, 마음을 얻으려 해야 한다.

집착하면 판단 부재의 상태가 된다.

집착은 올바른 판단을 하는 데 방해가 된다. 즉, 집착은 오판의 원인이 된다. 버릴 것을 과감하게 버리고, 내려놓을 것도 과감하게 내려놓을 줄 알아야 한다. 어떤 일이 생겼을 때 밤새 고민을 했다고 해도 집착에서 벗어나지 못했다면 제자리인 결과뿐이다. 집착에서 벗어나는 길은 마음의 도를 닦는 일이다. 그걸 자기 수양이라고 한다. 그러나 자기 수양은 말처럼 쉬운 일이 아니다. 집착은 욕심이다. 욕심을 버려야 세상을 바르게 보는 눈이 생긴다. 그때 판단해야 올바른 판단을 할 수 있다.

> **싸워서 원한이 생기면 용서가 안 되고 복수심만 남는다.
> 억울하게 하고 분노하게 하고 싸우면 불통이 된다.**

누군가와 관계에서 뭉쳐있는 오해를 풀고 화해하는 건 쉽지 않다. 표면적으로만 화해할 뿐 마음속으로는 상대를 용서하지 못하고 이해하지 못하는 일이 다반사다. 억울하다고 생각해 원한이 생기면 복수심이 생긴다. 하지만 부질없는 짓이다. 싸움은 피하는 게 상책이다. 싸움하면 상처 난 마음을 추스르기 어렵다. 싸울 일을 만들지 않아야 한다. 싸움에서 패하면 슬픔에 잠긴다. 슬픔을 초월해야 마음 편하게 살 수 있다. 싸울 일을 만들지 않고 사는 게 가장 잘사는 방법이다.

> **자식을 사육하는 세상이다. 교육해야지 사육하면 안 된다.
> 이기는 것, 돈 모으는 것만 가르치고 배운다.**

대한민국 사회는 교육에 미쳐있다. 하지만 엄밀히 말하면 지금 대한민국에서 하는 교육은 이름만 교육일 뿐 실상 사육이라 할 수 있다. 사람됨을 가르치기보다는 경쟁만 가르친다. 오직 머릿속에 약육강식의 논리만 주입했다. 상대를 동료나 동지로 보지 않고 적으로만 대하려 한다. 현대사회가 안고 있는 문제점 대부분은 바로 이런 교육의 문제에서 비롯된다. 대한민국이 점차 살벌한 세상으로 변해가는 것은 기성세대가 자식을 사육했기 때문이다. 교육을 바꾸지 않으면 이 나라의 미래는 절망적이다.

거짓말하면 거짓말로 덮을 수밖에 없다.

거짓말을 해본 사람은 안다. 작은 거짓말에서 시작해 그 거짓말을 해명하려다 보면 다른 거짓말을 해야 한다. 그래서 작게 시작한 거짓말을 점차 규모가 커진다. 그러니 처음부터 거짓말을 하지 않는 게 최상책이다. 살다 보면 거짓말을 하게 되는 일이 있다. 하지만, 선의를 위해 피할 수 없는 거짓말이 아니라면 하지 않는 게 맞다. 거짓말을 할 상황을 만들지 않는 게 중요하다. 거짓말은 거짓말을 낳는다. 그러니 스스로 경계심을 갖고 작은 거짓말이라도 하지 않으려고 노력해야 한다.

고소와 고발은 자기 이익을 위해 타인의 피해는 외면하는 일이다.

살다 보면 억울한 일을 당하게 된다. 그러면 그걸 법에 호소해 옳고 그름을 판단해 달라고 한다. 특히 정치나 사업 등 남을 상대할 일이 많은 직종에 종사하다 보면 고소나 고발을 피하기 어렵다. 그러나 깊이 생각해보면 고소나 고발은 내가 조금이라도 손해 보고 싶지 않다는 데서 출발한다. 양보할 뜻이 없다는 걸 의미한다. 남이 아픈 건 용납해도 내가 아픈 건 용납할 수 없다는 마음에서 고소와 고발은 시작한다. 고소나 고발을 안 하고 살 수 있다면 그게 최고다. 경험자는 그게 얼마나 힘들고 소모적인지 잘 안다.

교만, 욕심, 습관은 사람이 죽고 난 후 3시간 뒤에 죽는다.

사람이 죽고 3시간 뒤에 죽는다는 건 평생 버리지 못한다는 걸 에둘러 표현한 말이다. 모든 인간이 나쁜 것인지 알면서도 평생 버리지 못하는 게 많은데 교만, 욕심, 습관이 거기에 속한다. 교만, 욕심, 습관은 버려야 할 것이지만 버리기 어렵다. 그러나 버릴 수 없다고 체념하기보다는 버리려고 계속 노력해야 한다. 버리려는 노력조차 하지 않는다면 평생 그 3종 세트의 노예로 살게 된다. 노예로 살지 않기를 원한다면 버리려는 노력을 이어가야 한다. 비우면 그만큼 가볍고 편해진다.

소유욕에서 벗어날 수 없으면, 괴롭고 부족하니 만족을 모른다. 채울 욕심만 생긴다.

소유욕은 모든 현대인이 공통으로 앓고 있는 병이다. 소유욕은 만족이란 게 없다. 가질수록 더 갖고 싶어 하고, 누릴수록 더 누리고자 하는 마음이 생긴다. 소유욕을 멈출 수 없는 것은, 나보다 더 갖고, 더 누리고 사는 사람들에게서 느끼는 상대적 빈곤 때문이다. 기본 생활을 이어가기 어려운 절대 빈곤을 퇴치한 시대에 살고 있다. 그러면서도 늘 빈곤을 느끼는 것은 상대적 빈곤이다. 그러나 알아 두어야 할 것이 있다. 욕망은 끝이 없어 아무리 채우려 해도 채워지지 않는다는 사실이다.

경 여자 흥, 천 여자 망(敬 女子 興, 賤 女子 亡)

여자를 공경하면 흥하고, 여자를 천대하면 망한다. 여자를 무시하던 시절이 있었다. 힘없고 무지한 존재로 낙인하고 제대로 인격적 대우를 해주지 않았다. 그러나 그들이 힘없고 무지한 존재로 머물러야 했던 이유는 가르치지 않고, 기회를 주지 않았기 때문이다. 그러나 시대가 바뀌어 여성에게도 배움의 기회를 주고, 세상에 나설 기회를 주니 여성의 능력은 제대로 발휘되기 시작했다. 여성은 대한민국을 이끌어가는 주체로 자리 잡았다. 남녀의 공존과 상생이 중요하다. 과거처럼 여성을 무시하는 일은 없어야 한다.

폐수는 다시 자기에게 안 돌아올 것 같지만, 곡식이 먹고 가축이 먹고 다시 본인에게 온다.

세상 만물은 순환한다. 내가 무심코 버린 것이 어떤 경로를 통해서든 내게 돌아온다. 물이 대표 사례이다. 내가 오염시켜 버린 물은 돌아 돌아 내게로 온다. 폐수가 순환하여 논밭으로 흘러가고 그 폐수를 먹고 자란 곡식과 채소가 내 입으로 다시 들어온다. 가축이 그 물을 먹고, 그 가축을 내가 먹기도 한다. 그러니 세상은 돌고 돌아 결국 내게로 돌아온다는 사실을 잊어선 안 된다. 물 뿐 아니라 세상 모든 만물은 순환한다는 점을 명심해야 한다. 그러니 함부로 오염시키면 안 된다.

> **봉사란 나도 남도 즐겁다. 때가 되면 연령대별로 할 일이 있다.**

　봉사해본 사람은 봉사의 즐거움을 안다. 봉사가 그저 희생일뿐이라면 그토록 많은 사람이 봉사에 나서지 않을지도 모른다. 봉사의 유형은 시대에 따라 변한다. 몸으로 하는 봉사만이 봉사가 아니다. 마음으로 남을 위로해주는 것도 봉사다. 몸이 건강할 때는 몸으로 봉사하고, 돈이 생기면 돈으로 봉사할 수도 있다. 봉사하는 이유는 내가 즐겁기 때문이다. 봉사에 참여해보고, 누군가를 도와준 경험이 있다면 봉사의 참맛을 알게 된다. 봉사는 하고 나면 그 즐거움에 빠져 중독되기도 한다.

> **개똥철학 같지만, 시대와 환경과 분수에
> 　　맞게 사는 것도 잘사는 길이다.**

　자기 분수를 알고 살면 잘사는 거라 할 수 있다. 하지만 자기 분수를 알고 사는 게 말처럼 쉽지는 않다. 분수에 맞지 않게 욕심을 부리면 번민이 많아 괴로울 수밖에 없다. 한 번 살다 가는 건데 욕심만 부리며 사는 건 불행의 연속일 뿐이다. 강한 자기 주관과 신념을 앞세워 자기주도적으로 살아야 후회가 없다. 그것이야말로 확고한 자기 철학이다. 분수를 모른 채 남 따라가기 급급한 삶을 살다가는 건 불행하다. 분수에 맞지 않는 삶은 늘 무겁고 불편하다. 무겁고 괴로운 것보다 가볍고 행복한 게 낫다.

새가 겉이 검든 희든 속과 피는 같은 새이다.
겉 보고 평가하지 마라.

겉만 보고 사람을 평가하는 세상이다. 겉은 겉일 뿐인데 겉을 보고 사람을 평가하려 한다. 사람은 내면이 중요하다. 얼마나 올바른 생각을 하고 그 생각을 바탕으로 올바르게 행동하며 사는지가 중요하다. 얼마나 알찬 생각을 하는가에 따라 그 사람에 대한 평가는 바뀌어야 한다. 겉은 초라해 보여도 속이 꽉 찬 사람은 얼마든지 있다. 물론 그 반대인 경우의 사람도 많다. 사람의 내면을 바르게 볼 줄 알아야 한다. 대한민국은 겉으로 드러나는 외모와 지위 등으로 사람을 평가하는 경향이 아주 강하다. 당장 고쳐야 한다. 서로를 피곤하게 하기 때문이다.

싸워서 승리하면 원한을 낳고, 패배하면 슬픔에 산다.
승패를 초월해야 마음 편히 살 수 있다.

해인사 법당 앞에서 발견한 문구다. 우리는 자본주의 체제에서 태어났고 성장했다. 그래서 무의식 속에 경쟁하고 이겨야 한다고 집착한다. 승리와 패배의 속성에 대해 깊이 생각하지 않는다. 이기면 그만이라는 생각에 사로잡혔기 때문이다. 그러나 경쟁에서 이기면 패한 자에게 원한을 산다는 생각을 해야 한다. 또 내가 패했을 때 억울하고 분통한 감정에 사로잡힌다는 점도 염두에 두어야 한다. 이길 수도 있고, 질 수도 있다는 초연한 마음을 가져야 진정한 승자가 된다. 이기라고만 가르치는 교육이 문제다. 양보하고 타협하라고 가르쳐야 한다.

> **도둑도 효자·열녀 집에 안 들어가고, 고아·과부 집에
> 안 들어가고, 절간·신당에 안 들어간다.**

　과거 빈곤의 시대에 먹고사는 게 힘들어 자진해 도적 떼에 가입한 사람이 많았다. 그들은 한 마을을 습격해 곡식과 물품을 강탈하고 도주하는 형태의 노략질을 일삼았다. 하지만 그들은 도도삼강(盜道三剛)이라는 나름의 원칙을 정해 절대로 침입하지 않는 대상을 두었다고 한다. 자신이 절박해 도적질하지만, 세상에 모범이 되는 집안, 처지가 딱한 집안, 신을 모시는 집안이 그것이다. 도도삼강을 통해 도적떼는 최소한의 양심을 지키고자 했던 거다. 최근엔 이런 최소한의 양심마저 무너지는 것 같아 아쉽다.

> **나이 들면 심상이 관상으로 변한다.**

　사람의 마음은 얼굴을 통해 드러난다. 희로애락은 물론 온갖 감정이 얼굴을 통해 밖으로 표출된다. 이 과정을 지속하다 보면 마음 깊이 묻어둔 심상이 얼굴에 드러난다. 유년기와 청년기를 거쳐 살면서 얼마나 너그럽게 살았는지, 혹은 모질게 살았는지가 얼굴에 드러난다. 그래서 얼굴만 봐도 그 사람의 성격이나 성품이 드러난다. 중년 이후의 얼굴은 자신이 책임져야 한다는 말은 바로 이런 상황을 일컫는다. 나이 먹어 추한 얼굴을 가졌다면, 그만큼 인생을 추하게 살았다는 의미다. 한번 고착되면 고치기 어려운 게 관상이다. 심상을 바로잡기가 그만큼 어렵기 때문이다.

현대인은 물질만 추구하고 도덕은 무시하고 산다.

자본주의 산업사회는 우리에게 물질적 풍요를 안겨주었다. 인류는 이전의 농경 사회에서 누려보지 못한 풍요를 경험했다. 그러나 자본주의는 풍요를 준 만큼 다른 것을 빼앗아갔다. 그것은 인륜과 도덕이다. 물질만능주의가 사람들의 머릿속을 점령한 이후 명분, 도덕, 천륜, 인정, 박애 등은 서서히 자취를 감췄다. 물질적 이익을 위해서는 안 할 일이 없고, 못 할 일이 없는 세상이 되었다. 세상의 도덕은 바닥으로 치닫고 있다. 그래서 세상은 점차 각박해지고 있다. 그 끝은 어디인지 아무도 모른다. 도덕이 바로 서면 서로 편하다.

덕(德)은 올바른 마음으로 행동하는 것이다.

덕은 곧은 마음으로 행동하는 걸 말한다. 마냥 참고 손해 보는 걸 덕이라 칭하지 않는다. 이해하고 포용하는 넓은 마음과 행동을 덕이라 한다. 마음에 그치고 행동으로 드러나지 않으면 덕이라 할 수 없다. 덕은 행동으로 이어져야 한다. 그래서 덕행이란 표현을 쓴다. 너그러운 마음이 행동으로 표출될 때 그것을 진정한 덕이라 칭한다. 그래서 덕행은 쉽지 않다. 단순히 마음에 그치지 않고, 실천을 담보할 때 덕은 완성된다. 입으로만 떠드는 덕은 덕이 아니다. 덕행이 어려운 이유다.

자의냐 타의냐의 차이가 있을뿐 예나 지금이나 남의 일하며 생계를 꾸리는 사람이 많다.

과거 신분 사회 때는 타고난 신분에 의해 부리기도 하고 부림을 당하기도 했다. 그러나 현대 산업사회는 신분이 철폐돼 고용에 따라 부리고 부림을 당하는 관계가 성립된다. 누군가를 고용해 부릴 처지가 못 되면 누군가의 부림을 당해야 한다. 그래야 산업사회에서 역할을 하며 내 삶을 지탱할 수 있다. 우리가 흔히 취직이라고 하는 게 그런 거다. 자발적으로 고용 당해 일 해주고 대가를 받는 일이다. 누군가에 고용 당하는 순간, 생계를 위해 노예가 되는 거다. 내 일이 아닌 남의 일을 하면서 생계를 유지하는 사람은 세상에 넘쳐난다.

만 가지 상(像)이 좋아도 마음가짐이 올발라야 한다.

외모가 경쟁력이라고 믿는 사회다. 더 빼어난 외모를 갖기 위해 얼굴에 칼을 대는 것은 예사고, 그보다 더한 짓도 서슴지 않는다. 날씬하고 건강해 보이는 몸을 갖기 위해 온갖 노력을 마다하지 않는다. 그러나 훌륭한 외모를 갖췄더라도, 마음 씀씀이가 바르지 못하면 존경받고, 환영받을 수 없다. 외모를 위해 시간과 돈을 투자하는 사람은 많아도, 심성을 위해 노력하는 이는 제한적이다. 내면의 성숙을 위해 노력하는 사람이 많아야 올바른 세상이다. 사람을 평가할 때는 그 내면을 바로 보아야 한다.

인간은 영혼이 있고, 짐승은 영혼이 없다.

　인간은 세상 많은 생명체 중 유일하게 영혼을 가진 존재다. 영혼이 있다는 것은 사리 분별을 할 줄 안다는 걸 의미한다. 할 일과 못 할 일, 해야 할 일과 해서는 안 되는 일을 구분할 줄 안다는 거다. 영혼이 있어서 인간은 존엄하다. 영혼이 없다면 인간이 존엄할 이유가 없다. 인간의 영혼은 관계에서 중요한 역할을 한다. 영혼을 주고받지 않는 관계는 진정한 관계라 할 수 없다. 영혼을 담아 진정성 있게 상대를 대할 때 교감이 성사된다. 영혼이 없는 관계는 껍데기에 불과하다. 금수는 영혼이 없다. 영혼이 살아있어야 진정 살아있는 거다.

밖으로는 도덕군자인 척하며,
　　속마음은 부도덕한 이중인격자가 많다.

　위선자가 많은 세상이다. 위선자는 이중인격 쓰며 겉과 속이 다른 표리부동 언행을 해도 부끄러운지 모른다. 말은 고상하게 하면서 온갖 추악한 짓을 하면 다른 사람이 그걸 모를 리 없다. 오히려 본인은 자기의 그런 행동이 표리부동하게 비친다는 사실을 알지 못한다. 표리부동한 사람은 못 배우고 가지지 못한 자보다 배우고 가진 자가 많다. 말만 번듯하게 하여 남을 현혹하는 건 철저한 자기 위장이다. 공자도 교언영색(巧言令色)을 조심하라 일렀다. 처음 접한 사람이라면 몰라도 몇 번만 겪어보면 금세 속마음을 알 수 있다.

인성만 강조하다 인권을 강조하니 교육이 혼란스럽다.

　인성교육과 인권교육은 비슷한 말 같지만, 전혀 다른 말이다. 인성교육은 바른 마음을 갖게 하는 교육이다. 그러나 한편으로는 복종하고 순종하는 인간을 만드는데 주력하는 면이 있다. 인간이 갖춰야 할 기본 품성을 가르치기보다는 약한 자로서 강한 자에게 굴복하고 고분고분하게 가르치는 측면이 있다. 인성교육은 의무를 강조하지만, 인권교육은 권리를 가르친다. 인간으로서 존엄성을 인정받으며 당당하게 살아가는 법을 가르친다. 아울러 약자와 소수자를 보호하라고 가르친다. 권력자들은 인권교육이 저항하는 인간을 만들까 염려하고 우려를 드러낸다. 인권교육의 본질은 그게 아니다. 약자를 보듬는 교육이다.

생각이 다른 사람들과 소통해야 내 생각이 바뀐다. 어울리는 사람 중에는 반골 기질을 가진 자도 있어야 한다.

　듣기 좋은 소리만 하는 사람끼리 어울리면 발전이 없다. 서로의 생각을 옳다고 추켜세우고 반대하지 않으니 다르게 생각할 틈이 없다. 그러나 나와 다르게 생각하는 사람의 얘기를 폭넓게 받아들이면 생각의 폭이 넓어진다. 반대 주장하는 사람의 말도 아량 있게 받아들이면 새겨들을 대목이 있다. 듣기 싫어도 듣는 습관을 들여야 한다. 반대 주장을 자주 하면 반골이라고 따돌리기에 십상이지만, 실상 그런 주장을 받아들이고, 그렇게 주장하는 이를 수용해야 발전이 있다. 반골의 말에서도 배울 줄 알아야 내 안목이 넓어진다.

일찍 피어 일찍 지는 꽃보다 더디게 피더라도 오래가는 꽃이 좋다.

　벚꽃은 이른 봄 화려하게 피지만 개화 기간이 아주 짧다. 반면 국화는 가장 늦게 피지만 개화 기간이 가장 길다. 초년에 출세하여 화려하게 인생에 데뷔하는 사람은 대개 말년이 불우하다. 처음 화려한 시절을 보내면 이후 화려한 삶에서 멀어졌을 때 무척 고통스러워한다. 초년에 좀 고생스럽더라도 시간이 지나며 서서히 인생의 성과를 내는 게 낫다. 대기만성(大器晩成)이란 공연히 하는 말이 아니다. 초년의 화려함은 부러워할 게 아니라 경계해야 한다.

술에 지배당하면 죄지을 일이 생긴다.

　술은 인간의 삶을 즐겁게 해주는 역할을 하지만, 적당량을 넘어서면 부작용이 많다. 술을 많이 마셨을 때 좋은 점이란 없다. 모두가 해로운 것뿐이다. 건강에 안 좋은 것은 물론이고, 남에게 해를 끼치는 행동을 하게 된다. 심하면 남에게 죄지을 일을 하게 된다. 자기에게도 해를 끼쳐 과한 음주는 몸과 마음을 피폐하게 만든다. 술을 다스리지 못하고 술에 지배당해 자기를 망치고 남에게 피해를 주는 일은 허다하다. 적당량이 넘어서지 않도록 항시 주의해야 한다. 절제할 줄 알아야 제대로 술을 즐길 수 있다. 절제하지 못할 바에는 아예 술을 입에 대지 말아야 한다.

> 한 아름의 나무도 어린나무로 시작했고, 고층 빌딩도 한 줌의
> 흙으로 시작했다. 천 리 길도 한 걸음부터 시작한다.

무슨 일이든 처음 시작은 미약하고 초라하다. 양에 안 차고 앞으로 남은 일이 까마득하다. 그러나 모든 일은 시작부터 성과를 내지 못한다. 욕심을 내려놓고 한 가지씩 차분히 하다 보면 성과가 보이기 시작한다. 시작하기가 어렵지만, 시작하고 나면 조금씩 앞으로 나갈 수 있다. 시작은 미약하지만, 끝은 창대하리라는 말은 틀림이 없다. 모든 일은 '천 리 길도 한 걸음부터'라는 마음으로 차분히 시작하면 된다. 처음부터 만족할 성과를 내는 일은 없다. 하다 보면 끝이 보이고 성과가 드러난다. 시작이 반이니 시작하는 게 중요하다.

> **바람이 강해야 연이 높이 뜬다.**

바람이 없이 잔잔한 날은 연을 알리기 어렵다. 혹독하다 싶을 정도의 거센 바람이 불어야 연이 높이 날고 날리는 재미가 있다. 바람이 거세면 연줄을 잡아당기고, 풀고 할 때 손맛이 있다. 연을 날려본 사람은 바람 부는 날 날려야 제멋이라는 사실을 안다. 바람이 고요한 날 연을 날리려 나서는 사람은 연날리기의 제멋을 모르는 사람이다. 연이 높이 날아야 날리는 맛이 난다. 세상살이도 마찬가지여서 풍파를 겪으며 험한 일을 당하고, 그것을 극복해 낼 때 인생의 참맛을 알게 된다. 고행도 받아들이면 내 인생의 일부다. 순탄한 길만 찾으면 뜻하는 바를 이룰 수 없다.

> **개와 돈, 여자는 쫓아가면 도망간다. 기다려야 돌아온다.**

　내 손을 떠난 것에 집착한다고 그것이 돌아오지 않는다. 마음만 조급해질 뿐 막상 돌아오는 것은 없다. 마음을 내려놓고 시간을 갖고 기다리면 제 발로 돌아온다. 인내심을 갖는 게 중요하다. 호들갑 떨어야 소용없다. 세상엔 내 맘대로 안 되는 대상이 있다. 그걸 욕심내서 내 맘대로 하려면 상처가 깊어진다. 내가 가진 매력을 발산하여 다시 끌려 들어오게 해야 한다. 기다리지 못하고 성급하게 애먼 짓을 해봐야 자신만 손해다. 재물도 기다리면 내가 원하는 만큼 가질 수 있는 때가 온다. 때가 왔을 때 행동하면 성과를 거둘 수 있지만, 성급하면 낭패를 보게 된다.

> **좋은 만남이 좋은 인연을 만든다. 좋은 만남을 소중히 해야 한다. 좋은 물에서 놀아야 좋은 인연을 만난다.**

　만남은 인연의 시작이다. 인연을 맺기 위해선 만남이 시작돼야 한다. 만남을 소중하게 여기고, 상대에게 충실히 대하면 인연으로 발전한다. 그러니 좋은 만남을 갖는 것은 좋은 인연을 이어가기 위한 필요조건이다. 만남에는 소홀하면서 좋은 인연을 기대하는 건 요행을 바라는 일이다. 만남을 좋은 인연으로 끌고 갈 것인가는 내가 어떻게 처신하는가에 달렸다. 만남을 소중하게 여기지 않고, 노력하지 않으면 좋은 인연을 맺기 어렵다. 좋은 사람과 성심껏 만나다 보면 좋은 인연이 생긴다. 좋은 사람이 모여있는 곳으로 발걸음을 옮겨야 한다.

원한이 쌓이면 폭발하고, 결국 위기가 온다.

원한은 작은 데서 시작한다. 작은 원한은 드러나지 않지만, 쌓이다 보면 결국, 폭발한다. 원한은 쌓이고 커지기 전에 풀어야 한다. 작은 상처가 훗날 목숨을 위태롭게 하는 큰 상처가 될 수 있듯이 원한은 작을 때 치유해야 한다. 원한을 갖기 전에 오해를 풀고 상대를 이해하며 평정심을 가져야 한다. 누군가와 원한이 쌓이면 상대도 괴롭고 나도 괴롭다. 작은 원한이라도 쌓이면 풀고, 또 쌓이면 또 풀고를 반복해 폭발하지 않도록 막아야 한다. 원한을 방치하여 키우면 큰 위기로 다가온다. 원한을 키우지 않는 건 나를 위해서다.

미역국 먹고 가시 꺼낸다. 미역국엔 가시가 없다.

체면 문화가 강한 대한민국은 남을 의식해 허세를 부리는 이들이 참으로 많다. 그래서 '찬물 마시고 이 쑤신다.' '배 먹고 이 쑤신다.' 등의 속담이 있다. 고기를 먹지 않았으니, 이에 낄 것이 없지만 남 앞에서 허세를 부리느라 이를 쑤시는 모습을 풍자한 속담이다. 같은 말로 미끈거리는 미역국 먹고 가시 꺼낸다는 말이 있다. 이 또한, 허세, 허풍, 허영심을 풍자한 말이다. 한국인 가운데는 남을 지나치게 의식하고 남 보여주기에 열중하는 허풍쟁이가 유난히 많다. 남 보여주기에 집착하는 것은 유교 문화의 산물이다. 이제 그런 문화는 바꿔나가야 한다.

> **목숨 바쳐 나라 지키는 것이 충(忠)이요,**
> **있는 힘을 다해 가족을 부양하는 것이 효(孝)다.**

충과 효는 동아시아 유교 사회의 근본 질서이다. 양자는 선후나 우열이 없이 인륜의 근본이다. 그러나 세월이 흘러 유교적 가치가 지배하는 사회를 지나 지금은 돈이 지배하는 사회다. 세계화 흐름 속에 국적을 바꾸는 일은 다반사가 되었다. 그러면서 자연히 충의 개념은 희박해졌다. 국가와 개인은 계약관계라는 의식이 팽배해졌다. 그러나 효는 다르다. 효는 부모에 대한 정성스러운 마음의 의미에서 가족에 대한 폭넓은 사랑과 부양으로 개념이 바뀌었다. 효는 여전히 이 사회 질서의 근본으로 남아있다. 그러나 가짜 효가 많다는 게 문제다.

> **부와 명예 다 누리고 물질과 문명 풍족한데, 더 갖고 더 모으려고 한다.**
> **나라 걱정한다며 남을 적대시하고 마음 상하게 한다.**

나누고 갈라서 내편 네편을 확실히 해야 편한 사람이 있다. 내 편이 아니면 무조건 적이고, 싸워야 할 대상이라고 여기는 이들이 많다. 풍요로운 세상을 살아가면서도 분노의 칼을 내려놓지 않는다. 특정 가치관에 사로잡혀 자신과 생각이 다른 사람에게 분노를 표출하는 부류가 있다. 남을 적대시하는 일에 어떤 부담도 갖지 않는다. 국론통일에 보탬이 되지 않는 부류다. 같은 민족이고, 한 나라 국민인데 굳이 그런 적대감을 가질 필요는 없다. 좌우가 어디 있고, 진보와 보수가 어디 있단 말인가. 그저 대한민국이 있을 뿐이다.

성공한 소인배의 공통점은 자기 노력과 능력으로 성공한 줄 아는 거다. 다른 사람 도움은 인정 않는다.

성공은 혼자 이룬 것 같아도 실상 주변인의 도움이 없었다면 불가능하다. 혼자 모든 걸 이루어냈다고 생각한다면 소인배다. 회사를 경영하는 사람이라면 내가 회사를 혼자 일궜다고 생각하면 착각이다. 모든 직원이 나를 도와 지금의 성공에 이르게 했다고 생각해야 옳은 판단이다. 소인배는 반대로 내가 직원들에게 급료를 주어 그들이 생활할 수 있게 도왔다고 생각한다. 현대사회를 살아가는 데 적합하지 않은 사고방식이다. 덕은 남에게 돌리고 탓은 내게 돌리는 자세가 필요하다. '네 덕 내 탓'이란 말을 새겨야 한다.

지식과 학문이 아무리 많고 높아도 올바른 의식을 갖지 못하면, 부족한 사람만 못하다.

학문이 높은 사람 중에 외톨이가 많다. 자기 지식만 믿고 상대를 무시하거나 자기 생각만 옳다고 생각하기 때문이다. 자기만 옳다고 여기고 상대의 말에 귀 기울이지 않는 사람과 소통하고 싶은 사람은 없다. 뭔가 부족한 듯해도 보편적인 사고를 하는 사람이 누구와도 잘 통한다. 학문과 지식의 높고 낮음보다 중요한 건 보편적이고 올바른 가치관의 유무이다. 보편적 의식을 확립한 가운데 자기주장을 가져야 한다. 올바른 의식을 가지면 상대를 이해하게 되고, 상대의 처지에서 생각하는 습관이 생긴다. 그래야 소통이 되고 마음을 나눌 수 있다.

인간은 속마음을 들킬 때 가장 수치스럽고 부끄럽다.

　사람은 누구나 자기만 간직하는 속마음이 있다. 그 속마음을 감추고 싶고, 타인에게 들키고 싶어 하지 않는다. 그것이 노출되는 순간 부끄럽고 수치스럽기 때문이다. 한 번의 실수로 속마음이 공개되면 주워 담을 수 없다. 그러니 속마음은 함부로 드러내지 말아야 한다. 인간이기 때문에 자신만 알고 싶은 비밀이 있는 건 당연하다. 본인만 아는 속마음이 있다고 해서 부도덕한 건 아니다. 치부가 잘 드러나지 않게 위장하는 게 자기 관리다. 한 번 드러낸 속마음은 다시 감춰지지 않는다.

스스로 높이려 하면 남이 깎아내리고, 스스로 낮추면 남이 높여준다.

　자신을 필요 이상으로 높이려는 자는 스스로 높지 않다고 생각하기 때문이다. 대중은 그걸 모를 것 같지만, 실상 잘 알고 있다. 스스로 높이려는 자는 대중에게 인정받지 못한다. 반면 자기를 낮추고 겸손함을 잃지 않으려는 자는 대중에게 인정받는다. 권위를 앞세우고 자신을 과대 포장하려는 사람은 외면받는다. 앞에서는 인정해주는 척하지만, 돌아서면 깎아내린다. 현명한 사람이라면 그걸 알아야 한다. 직위나 명예보다 겸손이 미덕이다. 겸손해야 존경받는다. 스스로 높이는 자를 존경하는 사람은 없다.

직업을 귀천으로 보면 안 된다.
직업은 생계를 위한 수단일 뿐이다.

전통적인 유교 사회는 '사농공상(士農工商)'의 위계가 있었다. 사농공상은 직업의 귀천을 가르는 기준이 되었다. 선비-농부-장인-상인의 순으로 귀천을 서열화했다. 그러나 현대사회는 다르다. 저마다 각자의 영역에서 역할을 다해야 사회가 올바르게 돌아간다는 의식이 새롭게 자리를 잡았다. 그렇지만 여전히 과거의 사농공상의 서열에 따라 직업의 귀천을 따지려는 이들이 존재한다. 잘못된 생각이다. 직업은 그저 생계를 위한 수단으로만 보아야 한다. 직업으로 사람의 귀천을 따진다면 그는 이 시대 사람이 아니다.

공명(功名)을 즐겨 마라. 영욕(榮辱)이 공존한다.
부귀(富貴)를 탐하지 마라. 위기(危機)를 맞는다.

큰 인물이 되고자 한다면 공명심(功名心)에서 벗어나야 한다. 일의 본질을 외면한 채 공을 세우고 이름을 남기는 데만 집착하는 이들이 많다. 특히 공직자는 공명심에서 벗어나야 한다. 영예와 치욕은 병립한다. 영예만 좇다가 치욕을 당한다. 욕심을 키우다 보면 위기를 맞게 된다. 마음을 비우고 순리대로 사는 방법을 택해야 한다. 욕심을 내려놓으면 모든 것이 순조롭다. 부귀에 집착하는 만큼 욕심만 커져 사태를 바로 보지 못한다. 위기를 자초하는 일이다. 순수를 지향하는 삶이 아름답다.

유능한 사람보다 믿음 있는 사람이 돼라.

　세상에 유능한 사람은 많다. 특별한 재주를 가져 유용하게 쓸 사람은 분야별로 많다. 세상은 유능한 사람을 찾아 적재적소에 배치하여 쓰임새를 배가시키려 하고, 늘 유능한 사람을 찾는 숨바꼭질이 이어진다. 그러나 더 깊이 생각해보면 유능한 사람보다 믿음이 있는 사람을 찾아야 한다. 재주가 좀 못하더라도 더 익히고 배우면 극복할 수 있지만, 믿음이 없으면 실망을 자초한다. 인간과 인간을 연결하는 고리는 믿음이다. 믿음이 있는 사람은 상대를 실망하게 하지 않는다. 신뢰가 있는 사람을 찾아야 한다. 그래야 깊고 오래 함께할 수 있다. '人人人人人人人人人人人人' 사람이 서로 믿고 의지하면 든든한 울타리가 된다.

충동이 절제되지 않는 사람은 치료가 필요하다.

　충동은 대개 중독과 연결된다. 충동이나 중독은 여성보다는 남성에게 더 극명하게 나타난다. 중독으로 인한 충동을 유발하는 대표적 사례는 술, 도박, 성편력(性編曆) 등이다. 특정 대상에 지나치게 빠져드는 건 병리현상이다. 보편적 사고로 보지 말아야 한다. 그들이 자력으로 중독과 충동을 제어하게 하는 건 사실상 불가능하다. 스스로 절제할 수 있다면 굳이 중독이란 말을 쓸 이유는 없다. 그러니 중독 증세가 있다면, 적극적으로 치료해야 한다. 대개는 심리적 치료와 더불어 약물적 치료를 병행하는 게 일반적이다. 중독과 그로 인한 충동은 병리 현상임을 인정하고 대처해야 한다. 본인 혼자는 어려우니 주위의 도움이 꼭 필요하다.

배워서 남 공격하는 데 쓰는 사람이 있다.

　남보다 월등히 다양한 지식을 갖고 있으면서도 그걸 남을 돕는 데 사용하지 않고, 오로지 자신을 위해 사용하는 사람이 많다. 특히 남과 다투는데 자신의 지식을 무기로 삼는 사람도 많다. 지식을 동원해 상대적으로 지식이 부족한 사람의 권리를 빼앗으려는 이들은 차고 넘친다. 그런 특징을 가진 사람의 특징은 송사(訟事)를 즐기고, 모든 문제를 법으로 해결하려 한다. 자신의 지식으로도 모자라 법률가를 비롯해 더 전문적인 지식을 가진 이들까지 끌어들여 상대를 공격하려 한다. 남을 대신해 싸워주는 직업인 변호사라 해도 이치에 맞지 않는 일까지 대신 싸워주는 건 심사숙고 해야 한다.

천년을 이어온 명문 가문도 2~3대 내려가면 절손가문 될 지경이다.

　대대손손 높은 벼슬을 이어오는 집안이 있고, 큰 재물을 지켜가며 부유하게 사는 집안도 있다. 과거에 자손을 많이 낳던 시대에는 자손이 점차 늘어가며 집안의 세를 키우고, 재산도 늘리는 일이 다반사였지만, 이제는 그런 일이 어렵게 됐다. 유력 가문이라도 아이를 낳지 않거나 최소한의 아이를 낳으려는 풍토는 같기 때문이다. 이런 속도로 가면 아무리 명문가라 해도 불과 2대나 3대쯤 내려가면 절손가문이 될 가능성이 크다. 대략 4가구 중 3가구 정도가 절손의 집안으로 전락할 것으로 예상한다. 출생률 하락은 심각한 문제이다.

구름이 달을 잠시 가렸다고 해서 달이 없어진 건 아니다.
진실이 그러하다. 진실은 늘 존재한다.
거짓으로 진실을 잠시 가릴 수는 있지만,
진실을 없앨 수는 없다.

제4장

處世忠談
처세충담

> **안 하려는 자 핑계 대고, 하려는 자 방법을 찾는다.**

    요즘 젊은 세대는 민첩하고 합리적이다. 그러나 도전정신은 다소 박약해 보인다. 감당하기 어려운 일이 닥치면 피하려 하고 도전하고 돌파하려는 의지가 빈약해 보인다. 편하고 안정적인 일만 하려 한다. 여러 가지 이유가 있겠지만, 기성세대가 그렇게 가르친 영향이 크다고 본다. 공무원을 비롯해 안정적인 직업만 강요하고, 큰 꿈을 위해 새롭게 도전하는 일을 막는다. 그러다 보니 현실에 안주하려는 성향이 강하고, 닥쳐오는 문제를 해결하고자 하는 의지가 약해 보인다. 인생의 반전을 경험하려면 극복하고 도전해야 한다.

> **나무가 곧으면 도끼질 당하기 쉽고,**
> **절개가 곧으면 모함하는 사람이 많다.**

    굽은 나무는 볼품이 없고 쓸모가 적어 숲에서 오래 살 수 있다. 반면 곧은 나무는 쓸모가 많다는 이유로 도끼질 당하기에 십상이다. 사람도 너무 잘나고 똑똑하면 견제를 받는다. 너무 곧으면 적이 많다. 적당히 타협하며 조화를 이루고 살아야 무탈하게 지낼 수 있다. 굽은 나무는 그늘을 제공하며 오래 살 수 있다. 세상 모든 것은 나름의 쓸모가 있다. 곧게 자라면 그만큼 도끼질을 당할 확률이 높다. 굽은 나무는 편히 오래 숲에 머물 수 있다. 옳지 않은 일이라면 당당히 맞서야 하지만, 그게 아니라면 상대에게 너무 피곤한 인상을 줄 필요는 없다.

속인(俗人)은 남을 짜게 평가하면서, 자기는 후하게 평가한다.

  속(俗)은 마을 속에 사는 삶이다. 선(仙)은 산속에 사는 삶이다. 세속에 찌들어 사는 사람은 자기에게 대단히 관대하다. 그러면서 남에게는 혹평을 가한다. 자신의 흉과 허물은 보지 못하면서 남의 허물을 살피는데 전력한다. 그러니 남에게는 혹독하고 자신에게는 관대해진다. 반면 신선은 남에게는 관대하면서 자신에게는 냉정한 잣대를 들이댄다. 남 탓하기를 즐기는 사람이 있다. 세속에 찌들어서 그렇다. 신선의 눈으로 세상을 바라봐야 한다. 속인과 신선의 차이는 남을 대하는 태도의 차이이다.

연주자가 잘못할 뿐, 피아노는 잘못 없다.

  피아노는 그대로이지만, 연주자는 늘 바뀐다. 어떤 연주자는 훌륭한 연주를 하고, 어떤 연주자는 형편없는 연주를 한다. 그러면서 자신의 연주 실력을 탓하지 않고 피아노를 탓한다. 자기 잘못을 인정하지 않기 때문이다. 피아노는 연주자가 연주하는 대로 소리를 낼 뿐이다. 자기 성찰 없이 피아노를 탓하는 연주자가 많다. 성찰이 필요한 시대다. 남을 탓하기 전에 나를 반성하고 돌아보는 자세가 필요하다. 골프 실력이 부족한 자는 자주 골프채를 바꾼다. 제 실력을 탓하지 않고, 골프채를 탓하기 때문이다.

> **새우잠을 자도 고래 꿈을 꾸어라.**

　국회의원을 지낸 지인이 자기 사무실에 걸어두었던 문구다. 큰 붓을 잡고 큰 그림을 그리려 마음먹어야 큰 그림을 그릴 수 있다. 요즘 젊은이 가운데는 지나치게 안정만 추구하려는 이들이 많다. 부모의 탓이 크다. 요즘 부모의 대부분은 자녀에게 날개를 달아주지는 못할망정 작은 꿈을 꾸라고 강요한다. 모험도 하지 말고, 도전도 하지 말고 그저 편하고 안전한 삶을 살라고 주문한다. 울타리 안에서 못 벗어나게 경계한다. 그러니 우산만 벗어나면 비를 피할 줄 모른다. 안타깝다. 요즘 젊은이들은 현명하고 똑똑한지 몰라도 기백이 부족하다.

> **밥은 식기에 있어야 소중하다. 개밥 그릇에 있으면 더러워 보인다.**
> **식기도 밥상에 있어야지 소중하다.**
> **바닥에 놓으면 값어치가 없어 보인다.**

　음식은 어디에 어떻게 담느냐가 중요하다. 좋은 그릇에 정성껏 담아내면 보잘것없는 음식도 훌륭한 요리로 보인다. 반대로 볼품없는 그릇에 담아내면 아무리 진귀한 음식도 헐해 보인다. 자기 가치는 자기가 결정한다. 함부로 말하고 거친 행동을 일삼으면 귀한 사람으로 대접받을 수 없다. 품격있는 사람과 어울리며 품격있는 언행을 배우면 자신도 모르게 품위를 갖추게 된다. 스스로 품위를 높이기 위해 삼가 언행을 조심하고 삼가야 한다. 외모도 늘 단정하게 갖춰 입는 습관을 들여야 한다. 자기 몸값을 높이는 길이다. 천박하게 행동하며 대우받으려는 이들도 많다.

말 배우는 데 3년, 말 참는 데 60년 걸린다.

　모든 불화는 말에서 시작된다. 말로 불화가 생긴다는 것은 해서는 안 될 말을 내뱉는 데서 비롯된다. 말을 참지 못하기 때문이다. 한번 말을 참으면 화를 면할 수 있는데, 그걸 참지 못해 화를 자초한다. 말 배우기보다 어려운 게 말을 참는 것이다. 주위를 둘러보면 유독 말을 참지 못하는 사람이 있다. 그 사람은 말실수로 여러 차례 화를 당한 경험이 있지만, 여전히 말을 참지 못한다. 하고 싶지만, 해서는 안 될 말을 걸러내는 습관을 길러야 한다. 말하고 싶은 걸 참고 많이 듣는 훈련이 필요하다. 말을 참는 것만으로도 큰 화에서 벗어날 수 있다.

권위적인 사람은 남의 말 안 듣고 자기 지식만 믿고 판단한다. 남의 지식과 지혜는 인정치 않는다.

　대개 권위적인 사람일수록 고집이 세다. 이는 남에게 지탄받는 이유가 된다. 자기 혼자 판단해 일을 결정할 때, 실수할 확률이 그만큼 높아진다. 군주사회나 독재사회에서 통하는 게 권위주의다. 지금은 탈권위주의 시대다. 소통하고 교류하며 상대와 의견을 나누는 시대다. 요즘 세상에 안 배웠고, 안 똑똑한 사람이 어딨나? 남의 지혜도 내 것으로 활용하려면, 여러 사람의 의견을 경청하는 태도가 필요하다. 자기 지식만 믿고 혼자 결정하면 낭패를 보기 십상이다. 권위주의는 구시대의 유물일 뿐이다. 남의 말을 경청하는 건 지도자의 첫째 조건이다.

> 세상을 보는 지혜가 없으면, 듣기 좋은 말로
> 아첨하는 사람을 유순한 사람이라 여기고,
> 바른말 하고 강직하면 과격하다며 피하려 한다.

허심탄회하게 지적하고 싶은 말을 하라고 하지만, 실상 한두 번은 몰라도 반복해 들으면 짜증을 내는 이가 많다. 계속 옳은 말을 하면 싫어하고 말하는 이를 미워한다. 그래서 세상엔 올바른 소리를 하는 사람보다 아첨하고 아부하는 말을 즐기는 사람이 많다. 그러나 듣기 좋은 말만 골라 하는 간신의 말에 귀 기울이다 보면 화를 자초한다. 듣기 싫은 말을 참고 들으며 마음에 새기는 사람이 진정한 리더다. 아첨에 익숙해졌다면, 지도자의 길을 포기해야 한다.

> 말 잘하고 실천 못 하는 사람보다 말 잘못 해도,
> 노력하고 실천하는 사람이 되라.

말은 누구나 멋있게 할 수 있다. 말을 멋있게 하는 건 쉬울 수 있지만, 그걸 실천하는 일은 쉽지 않다. 말은 번지르르하게 하고 실천하지 않는 이들이 세상에 너무 많다. 말을 화려하게 하는 건 잘난 게 아니다. 실천해야 진정 멋있는 사람이다. 실천하지 않는 사람의 말을 귀담아들을 필요가 없다. 말은 어눌하게 하더라도 자기가 한 말을 몸소 실천하는 사람이야말로 진정한 지도자가 될 자격이 있다. 자기 말을 실천하는 건 쉬운 일이 아니다. 실천하지 않을 말을 허언이라고 한다. 허언은 실없는 사람을 만든다.

닭 잡는 데 소 잡는 칼이 왜 필요한가?
범 잡는 사람은 토끼나 꿩 안 잡는다.

작은 일에 흥분하고 일을 키워 요란스럽게 하는 사람이 있다. 작은 일은 요란스럽지 않게 해결할 능력이 필요하다. 불필요하게 일을 키우는 건 옳지 못하다. 대인은 작은 일에 집착하지 않는다. 큰일을 하는 사람은 작은 일은 과감하게 그 일의 책임자에게 맡긴다. 작은 일든 큰 일이든 직접 자기가 나서려는 성향이 있는 이들도 많다. 담당자에게 과감하게 위임할 줄 아는 게 진정한 대인이다. 작은 일을 침소봉대하고 요란스럽게 할 필요가 없다. 믿고 맡길 줄 아는 사람이 큰사람이다.

서양사람 남을 도우며 살라고 가르치고,
일본사람 남에게 피해 주지 말라고 가르친다.
한국 사람은 기죽지 말라고 가르친다.

일본인은 지나칠 정도로 남에게 폐를 끼치는 것을 경계한다. 자녀를 교육할 때도 남에게 폐를 끼치지 않도록 가르치는 데 방점을 둔다. 그 결과 일본인 전체가 남에게 폐 끼치는 걸 무엇보다 꺼린다. 서양인들은 한때 타국 타민족을 가혹하게 탄압했지만, 지금은 남을 도우며 살라는 데 주력해 자녀를 교육한다. 서양인의 교육이 모범답안이 되고 있다. 반면 한국은 기죽지 말고 남을 이기라고 약육강식의 사고를 교육한다. 대한민국은 교육의 목표를 재설정할 필요가 있다. 말로는 인성교육을 강조하면서도, 실상 경쟁만 가르친다.

> **남의 촛불을 끈다고 자기 불이 더 밝아지지 않는다.**
> **더 어두워진다. 옆집 값이 올라야 내 집값도 오른다.**
> **지인이 잘돼야 나도 잘된다.**

주위 사람이 잘못되면 그걸 배 아파하고, 시기하는 이들이 많다. 남은 잘못되고 나만 잘되기를 바라는 심보다. 하지만 살아보면 남이 잘돼야 나도 덩달아 잘된다는 걸 깨닫게 된다. 주변인이 잘 돼야 더불어 나도 잘될 가능성이 커진다. 촛불은 모아야 더 밝은 빛을 낸다. 같은 음식을 파는 집이 모여있으면 손님이 분산돼 장사가 안될 것 같아도, 그 음식을 먹기 위해 멀리서 오는 손님이 많아져 오히려 장사가 잘되는 것과 같은 이치다. 힘을 모으면 더 큰 이익이 찾아온다.

> **근사한 척, 잘난 척하려면 언행도 근사해야 한다.**

돈 자랑하고 인맥 자랑하는 사람이 많다. 결국, 자기 잘난 척이다. 하지만 아무리 잘난 척을 하고 자랑을 늘어놓아도 자신의 행실이 바르지 않으면 소용없는 짓이다. 잘난 척 하는 게 웃음거리가 된다. 내 언행이 품격 있어야 나머지 모든 걸 인정받을 수 있다. 언행은 기본 중의 기본이다. 품행은 엉망이면서 온갖 잘난 척을 하는 사람이 적지 않다. 온갖 근사한 척은 다 하지만, 정작 품위라곤 없는 사람이라면 인정받지 못한다. 언행을 바르게 하는 사람이 자랑하면 받아주지만, 언행이 엉망인 사람이라면 누구도 받아주지 않는다.

남의 말 무시하고 듣지 않는 똑똑한
지식인이 어리석은 판단을 한다.

여러 사람의 다양한 의견을 충분히 듣고 종합적으로 판단하면 여간해 실수하지 않는다. 하지만 자신의 명석함만 믿고 남의 말을 새겨듣지 않은 채 스스로 결정하는 사람은 실수를 동반한다. 후회하지 않을 선택을 하려면 충분히 많은 의견을 들어야 한다. 자기보다 지식이 짧은 사람의 말이라고 무시하면 안 된다. 각자의 경험을 모으면 의외의 결론에 이를 수 있다. 아무리 똑똑하고 지식이 많은 사람이라도 분명 모르는 게 있다. 누구라도 남이 미처 생각하지 못하는 일을 생각할 때가 있다.

남의 일에 판사가 되지 말고 변호사가 돼라.

판사는 결론을 내리고 잘잘못을 평가하는 역할을 맡는다. 누군가 조언을 구할 때 판사 역할을 자처하면 안 된다. 충분히 들어주고 그의 편에서 생각해 도움이 될 말을 건네 주어야 한다. 즉, 변호사 같은 역할을 해주어야 한다. 변호사는 내 편에서 내가 가장 합리적으로 판단하게 도와주는 존재이다. 누구든 힘든 일을 당하면 조언과 도움을 원한다. 도움이 필요한 사람에게 도움을 주지 않고, 판결을 내리듯 시비를 가려주려는 태도는 옳지 못하다. 도움을 청하는 사람은 내 편이 필요한 거지 심판이 필요한 게 아니다.

만나고 싶은 사람, 사귀고 싶은 사람,
같이 있으면 지루하지 않은 사람, 편한 사람이 돼라.
끌리는 사람이 돼야지 질리는 사람이 되면 안 된다.

한 번 만나면 또 만나고 싶고, 만나면 지루하지 않은 사람이 있다. 친구가 될 자격을 갖춘 사람이다. 그런 사람은 누군가에게 끌리는 사람이다. 대화가 잘 통하고, 행동이 예의 바르고, 상대의 입장을 잘 이해해 주는 사람이다. 상대의 말을 듣지 않으며 자기 말만 하고, 상대의 처지는 고려하지 않은 채 자기 고집대로만 결정하는 사람은 기피의 대상이다. 상대를 피곤하게 하고 지치게 만드는 사람 역시 기피의 대상이다. 또 만나고 싶은 마음이 생기지 않는다. 누군가의 친구가 되려면 친구감이 되어야 한다.

웃을 줄 모르면 장사하지 마라.

식당이나 카페를 비롯해 서비스업종에 종사하려면 생활 속에서 미소를 잃지 말아야 한다. 식당에 들어갔는데 주인도 종업원도 무표정하고 묻는 말에 대꾸도 잘 안 하는 곳이 있다. 음식 맛이 아무리 좋아도 다시 가고 싶지 않다. 그러나 정작 자기들은 뭐가 잘못인지 모른다. 식당이 음식만 맛있으면 된다고 생각한다. 음식 맛이 다소 떨어지고 가격이 만만치 않아도 주인과 종업원이 생글생글 웃으면 그곳은 다시 찾게 된다. 서비스업이란 상품과 함께 친절을 팔아야 한다. 장사하기 싫은 표정으로 손님을 맞는 식당에는 역시나 손님이 없다. 다 이유가 있는 거다.

손 주머니에 넣고 사다리 오를 수 없다.

　요행은 없다. 자기가 하는 대로 상대는 반응하게 돼 있다. 요행은 불행의 안내자일 뿐이다. 세상을 쉽게만 살려는 사람을 자주 목격한다. 무슨 일이 닥쳐도 '어떻게 잘 되겠지'라며 요행을 바란다. 그러나 세상은 절대 만만치 않다. 노력하지 않고, 고민하지 않는데 저절로 해결되는 일은 없다. 세상은 노력하는 자의 몫이다. 요행을 바라는 것은 불행을 자초하는 일이다. 요행은 없다는 신념을 갖고 무슨 일이든 노력하고 적극적인 자세로 해결하려고 나서야 한다. 사다리에 오를 때는 양손으로 안전하게 지지대를 붙잡고 올라가야 한다.

진정성 없이 작은 이익에 친구와 지인 이용하는 건 망하는 길이다.

　자신의 작은 이익을 위해 남에게 큰 손해가 닥칠 걸 알면서도 감행한다면 망하는 길로 들어서는 거다. 당장 이익을 위해 남을 끌어들여 손해를 입히면 분명 화가 되어 돌아온다. 나중에 닥칠 일을 생각해야 한다. 금전의 이익은 당장이지만, 사람을 잃는 것은 멀리 볼 때 큰 손해다. 근래 가상화폐나 다단계 마케팅 등으로 주위 사람을 현혹해 자기 이익을 챙기려는 사람이 많다. 결국, 사람을 잃을 수 있다는 사실을 명심해야 한다. 사람을 잃고 나면 회복할 수 없음을 명심해야 한다.

> 재목이 크면 쓰임새가 적다. 함부로 쓸 수 없다.

　큰 나무는 크게 쓸 수 있지만, 쓸 일이 제한돼 있다. 반면 작은 나무는 크게 쓸 수는 없어도 쓰임새가 많다. 재주가 아주 탁월한 사람보다 보편적인 사람이 세상에는 더 쓸모 있다. 보편적인 사람은 어울리기도 편하다. 평범한 사람이 더 행복할 수 있다. 큰 나무는 대들보로 쓸 수 있지만, 작은 나무는 서까래로 쓴다. 해체했을 때 서까래를 대들보보다 유용하게 쓸 수 있다. 그러니 자신의 됨됨이가 크지 않다고 실망할 이유는 없다. 작은 곳에서라도 쓸모있는 위치에 서는 게 중요하다.

> 나이 든 세대가 사회적 문제를 제시하지만, 해결책을 제시하지는 못한다. 의식을 먼저 개혁해야 한다.

　나이 든 사람은 사회에 관심이 많고, 다양하게 문제를 제기하지만, 정작 올바른 해법을 제시하지는 못한다. 과거의 생각으로 현재를 바라보는 이들이 그만큼 많기 때문이다. 그들이 올바른 해법을 제시하고자 한다면 현대에 맞게 의식을 바꿔야 한다. 과거의 사고방식으로 현대의 문제를 풀 수 없다. 현대에 맞게 사고하고, 젊은 세대의 생각을 이해하고 공감할 수 있는 사고를 갖추는 일이 선행돼야 한다. 스스로 깨닫지 못하고 낡은 해법만 제시한다면 잔소리꾼으로만 인식될 뿐이다.

세상은 난세일 뿐 치세는 없다.

어느 시절이고 치세라는 평가는 없다. 언제나 난세란다. 불경기란 하소연은 많아도 호황기라고 콧노래 부르는 사람은 없다. 지금의 세상을 어지럽히는 부패한 지도자가 물러나면 새 세상이 열릴 거 같아도 다시 난세가 시작된다. 세상은 난세의 연속일지 모른다. 역사를 돌이켜보면 누구나 태평성대라고 인식하는 세월은 지극히 드물다. 그러니 치세에 대한 기대감은 두지 않는 게 맞다. 세상은 어차피 난세라고 생각하고 스스로 살길을 찾는 게 맞다. 혹여 치세가 온다 해도 대부분 사람은 난세로 받아들인다.

여행은 시간 내어 떠나면 그만이다. 앉아서 온갖 계산만 하다가 끝내는 찾아온 기회도 없애고 끝내 못 떠나는 건 중병이다.

여행은 사람을 가르치는 가장 훌륭한 스승이다. 그 소중한 여행을 하는데 가리는 게 많다면 끝내 떠날 수 없다. 마음먹었을 때 나서야지 미루기만 하면 끝내 떠날 수 없다. 심지어는 찾아온 기회마저 놓치게 된다. 결단이 필요하다. 모든 걸 갖추었을 때 떠난다고 생각하면, 아마 영원히 떠날 수 없을지도 모른다. 세상 모든 일은 완벽하게 준비되는 때가 오지 않는다. 출발하면 절반은 성공한 거다. 수시로 여행에 나서야 깨달음이 커진다. 내면을 살찌우는 데 여행만 한 스승이 없다. 다녀 보면 느끼게 된다.

부정적인 뉴스 보지 마라. 밝은 세상이 회색으로 보인다.

편향적인 뉴스가 판을 치는 세상이다. 편향적인 뉴스에 익숙해지면 균형감 있는 뉴스에 신뢰를 잃는다. 자기 입맛에 맞는 뉴스만 올바른 뉴스로 판단하게 된다. 이렇게 되면 세상을 옳게 바라보는 중심을 잃게 된다. 유튜브 시대가 열린 이후 편향된 시각의 고착화가 심각해지고 있다. 세상을 바라보는 올바른 시각, 다채로운 사고를 하려고 부단히 노력해야 한다. 편향성에 빠진 사람과는 정상적인 대화와 소통이 어려워진다. 편향적 사고는 스스로 자기를 고립으로 몰고 간다.

대개의 사람은 들으려 하지 않고 말하려고 만 한다.

말하기보다 듣기가 더 어렵다. 그래서 들을 줄 아는 사람이 훌륭하다. 남의 말을 들어줄 줄 모르고 오로지 자기 말만 하려는 사람이 많다. 그런 사람은 남과 대화할 때도 거리낌 없이 상대의 말을 끊는다. 서로 들어주고 말하기가 자연스럽게 이루어지면 서너 시간도 지루하지 않고 대화를 이어갈 수 있다. 일방적 강의식 수업은 두세 시간도 지겹지만, 토론식으로 언로를 터주는 방식의 수업은 그보다 오랜 시간을 해도 지겹지 않다. 남의 말을 들어줄 줄 아는 자가 진정한 대화의 달인이다.

> 적의 적은 동지다. 동지 속의 적이 가장 무서운 적이니 경계하라.

　한때 등지고 싸우는 관계라도 같은 적을 두었다는 이유로 동지가 된다. 적을 향한 적개심이 동질감을 만들기 때문이다. 중국은 국민당과 공산당이 치열하게 국공내전을 펼치던 시기에 일본 제국주의자들의 침략을 받았다. 이때 장개석과 모택동은 내전을 중단하고 힘을 합해 일제와 싸웠다. 국민당도 공산당도 일제를 같은 적으로 간주했기 때문이다. 그러나 외적과 싸움을 끝내고 국공내전은 다시 시작됐다. 한때 동지였지만, 다시 적으로 돌아선 거다. 다시 적이 된 국민당과 공산당은 처절하게 싸웠고, 공산당이 최종 승자가 됐다.

> 창공은 넓고 넓건만, 불나방은 불 속으로만 날아든다.
> 집착하면 오판한다.

　세상은 넓고 넓은데 유독 부나방은 그 넓은 세상 중에 유독 불 속으로 뛰어든다. 불 속으로 뛰어드는 건 죽음이다. 죽음을 알면서도 빛을 향해 돌진하는 건 본능에 충실하기 때문이다. 인간도 하나의 신념에 깊이 빠진 극렬주의자는 죽음을 두려워하지 않는다. 죽을 줄 알면서도 뛰어든다. 전체주의, 군국주의에 사로잡혔던 가미카제 특공대원은 죽는 줄 알면서도 전투기를 몰고 적군의 항공모함으로 뛰어들었다. 사람은 무언가에 홀리면 이성을 잃고 극단적 선택을 하게 된다. 이성을 잃으면 안 된다. 집착에서 벗어나야 한다.

가진 것이 죄악이 아니고, 인색하고 과욕하면 지탄의 대상이 된다.

　가진 사람이 나누고 베풀며 살면 욕먹을 일이 없다. 가진 자가 비난받는 것은 움켜쥐고 혼자만 가지려 하기 때문이다. 많이 가진 자가 인색하게 조금만 나누면 그 또한 욕먹는 일이다. 가진 만큼 넉넉하게 나눠야 지탄받지 않는다. 넉넉하게 나누면 오히려 칭송받는다. 기부문화가 실종된 한국 사회는 지탄받는 사람이 많다. 가진 걸 대물림하려는 욕심 때문이다. 가끔은 제 것 아닌 남의 것으로 베풀고 나누어 물의를 일으키는 사람도 있다. 자기 것을 나눌 때 진정한 나눔의 실천이 된다.

언행을 천박하게 하면 누가 그를 존경할까.
모든 대상에는 격(格)이 있다.

　사람에게는 인격이란 게 있다. 인간으로서 갖는 품격이다. 국가도 품격이 있어 국격이라 부른다. 국격에 맞지 않는 판단을 하면 온 세계로부터 비난을 받는다. 상품에도 품격이 있다. 누구나 품격 있는 제품을 사고 싶어 하고 갖고 싶어 한다. 많이 배우고, 많이 가진 자라 해도 언행에 품위가 없으면 천박하다고 무시당한다. 존경받고 싶다면 품격을 갖춰야 한다. 품격은 값어치다. 품격을 갖추면 고상하고 매력 있다. 품위를 지키지 못하는 자는 그걸 모른다. 품위는 스스로 지켜내는 거다.

> **구름 끼어 안 보인다고 그 달이 어디 가나. 잘못을 거짓으로 가린다고 없어지나. 거짓은 거짓으로 덮는다.**

  달은 늘 그 자리에 존재한다. 그러나 사람의 눈에 달은 보였다 안 보이기를 반복한다. 달은 분명 제자리에 존재하는데 구름이 달을 덮기 때문에 보였다가 안 보였다가를 반복하는 거다. 구름이 달을 잠시 가렸다고 해서 달이 없어진 건 아니다. 진실이 그러하다. 진실은 늘 존재한다. 거짓으로 진실을 잠시 가릴 수는 있지만, 진실을 없앨 수는 없다. 거짓은 거짓일 뿐이다. 거짓은 잠시일 수 있지만, 진실은 영원하다. 인간은 본능적으로 진실을 추구하다. 인문학은 진실을 추구하는 인간이 만든 학문이다. 그래서 인문학의 가치가 숭고하다.

> **오만한 마음을 키우면 화가 된다. 부메랑 되어 돌아온다.**

  사람은 누구랄 것 없이 겸손한 사람을 좋아한다. 자신이 오만한 사람이라도 상대가 겸손하면 좋아한다. 오만한 사람조차 오만한 사람을 싫어한다. 오만한 사람은 남에게 상처 주는 일을 서슴지 않는다. 오만하기 때문에 자신이 하는 언행이 상대에게 상처가 될 것이란 걸 모른다. 또한, 남에게 준 상처가 언젠가 자기에게 부메랑이 돼 되돌아올 것이란 사실도 모른다. 언행을 삼가 조심하는 버릇을 길러야 한다. 자신은 오만하면서 상대가 겸손하기를 바라는 것 자체가 욕심이다.

> 한 잔 술은 건강을 위하여, 두 잔 술은 즐기기 위하여 마시지만
> 석 잔 술은 방종하게 하고, 네 잔 술은 광란을 보인다.

술은 적당량까지가 좋다. 몸에도 좋고, 기분전환에도 좋다. 분위기를 살려주기도 하고, 사람을 사귀는데도 촉매제로서 술만 한 게 없다. 그러나 술은 적당량을 넘어서면 문제투성이가 된다. 건강을 해치기도 하고, 주변인을 힘들게 한다. 적당량을 넘어서는 술은, 개인은 물론 사회적으로도 해악성이 크다. 그러나 적당량을 지키기 어렵다. 절제력이 부족한 사람은 과음하고, 실수해서 남에게 피해를 준다. 적당량까지 조절이 안 되는 사람이라면 술과의 인연을 끊는 게 맞다. 술중독자는 중독 사실을 자신만 모른다.

> **조선시대에는 배신자만 가두는 감옥이 따로 있었다.**

성리학이 국가이념이던 조선시대는 의리와 명분을 중요시했다. 그래서 의리와 명분을 벗어나는 짓에 대해 관용이 없었다. 그 예가 배신자를 따로 가두는 감옥이 있었다는 점이다. 여러 흉악범죄가 있지만, 배신에 대해서는 특별히 엄중히 처벌했다고 한다. 그래서 배신자는 독방에 따로 가두어 더 엄격하고 가혹하게 관리했다. 이는 조선시대 사람들이 보편적으로 갖고 있던 신념과 당시의 사회상을 간접적으로 알 수 있는 방증이다. 사기죄도 유별나게 엄하게 다스렸다고 한다. 오늘날과 비교해 더 엄격한 의리와 명분의 기준을 제시했던 사회다.

주관도 없고, 이기적인 데다, 우유부단하고, 기회주의자라면 인간불량품이다.

 불량인간은 사회에서 쓸모가 없다. 사회적 동물인 인간은 어울려 협조하며 살아야 하는데 남에게 도움이 되기는커녕 해악만 일삼는다면 인간불량품이다. 불량인간의 품행으로 나열한 여러 가지 중 한 가지만 해당해도 사회생활에 큰 문제가 된다. 주관이 없고, 우유부단한 건 개인적 문제가 크지만, 이기적이고 기회주의자라면 타인에게 직접 해를 끼칠 수 있다. 남에게 도움을 주지는 못할망정 적어도 남에게 해를 끼치며 살아선 안 된다. 한번 살다 가는 인생인데 인간불량품 취급받아선 곤란하다.

만나고 싶은 사람 돼야지 피하고 싶은 사람이 되면 안 된다.

 한 번 만나 교류해본 후 다시 만나고 싶은 사람이 있다. 반면 다시는 만나고 싶지 않은 사람도 있다. 그 차이는 뭘까? 정감이 가고 도움이 될만한 사람은 또 만나고 싶지만, 상대를 배려하지 않는 언행을 일삼고 피해를 안기는 사람이라면 다시 만나고 싶지 않다. 누군가를 만나고 난 후에 '그 사람이 나를 다시 만나고 싶어 할까? 피하고 싶어 할까?'를 냉정하게 생각해볼 필요가 있다. 누굴 만나든 이 점을 생각하면서 만나면 좋은 만남을 이어갈 수 있다. 같이 있으면 지루하지 않은 사람이 돼야 한다.

지식이 많고 직위가 높을수록 남의 말을 무시하고 듣지 않으려 한다. 옳은 말 하면 싫어하고 노여워한다.

아는 것이 많아지고, 높은 지위에 올라가면 타락하기 쉽다. 그만큼 유혹이 많아지기 때문이다. 옳은 말을 하는 사람보다 아부하는 자가 많아지고, 대부분 비위를 맞춰주려 한다. 거기에 익숙해지면 헤어나지 못한다. 습관이 되면 남의 말을 들으려 하지 않는다. 모두가 듣기 좋은 말만 하는 가운데 누군가 듣기 싫은 소리를 하면 그걸 받아들이지 못한다. 심지어는 분노의 감정을 드러낸다. 그럴수록 외로워지고 자기모순에 빠지게 된다. 아부하는 자는 한 인간을 타락의 길로 몰고 가는 거다.

평범한 사람이라면 아부하는 자, 뇌물 주는 자를 미워할 수 없다.

아부하는 말과 뇌물을 물리쳐야 한다는 사실을 대개 잘 알고 있다. 그러나 아는 것과 실천은 별개다. 알면서도 실천하지 못하는 사례가 많다. 어쩌면 거의 모든 사람이 그렇다고 해도 과언이 아니다. 아부하는 자는 나를 망치는 사람이란 굳은 신념을 가져야 한다. 뇌물을 주는 자는 부정한 자이고, 훗날 어떤 부정한 부탁을 할 수 있는 인물이란 사실을 각인해야 한다. 아부와 뇌물을 멀리해야 당당한 삶을 살 수 있다. 떳떳해야 모든 일을 공정하게 처리할 수 있다. 특히 공인이라면 금과옥조로 삼고 실천해야 한다.

나보다 나은 참모와 친구를 가까이해야 한다.
나만 못한 사람 쓰면 실패한다.

일반적인 사람은 자기보다 나은 사람을 잘 쓰려 하지 않는다. 나보다 나은 사람의 언행에 심기가 불편해지고, 시기하는 마음이 생길 걸 알기 때문이다. 그러나 그게 싫어서 자기만 못한 사람만 골라 쓴다면 발전을 기대하기 어렵다. 나보다 나은 사람은 내게 아부하지도 않고, 쉽게 지배당하려 하지 않는다. 그래서 마음껏 지배하고 싶고, 굴복시키고 싶은 욕심이 앞서 나보다 나은 사람을 쓰려 하지 않는 마음이 생긴다. 그 마음을 극복해야 성공할 수 있다. 나보다 나은 사람과 어울려야 내가 발전한다.

아는 척, 가진 척, 잘난 척, 있는 척, 지식인인 척이 5척이다.
5척 버려야 새로운 곳에서 적응할 수 있다.

'아가잘있지' 5척이라고 한다. 새로운 조직에 들어가 적응하고자 할 때 가장 경계해야 할 5가지이다. 예를 들어 도시 생활을 정리하고 시골에 터를 잡고 새로운 인생을 살고자 하는 사람이 기존 마을 사람들 앞에서 절대 하면 안 될 것들이다. 그 마을의 문화에 적응하려면 기존의 모든 걸 내려놓고 처음 시작하는 자세를 가져야 한다. 그렇지 않으면 따돌림을 당하고 외톨이가 될 뿐이다. '아가잘있지'는 귀촌자가 꼭 새겨야 할 강령이다. 어기는 순간 외톨이가 된다. 귀촌자들이 가장 많이 실패하는 원인이다.

현재를 잘못 살면 미래까지 연결된다.

　현재의 삶은 미래와 맞닿아 있다. 현재의 모습은 늘 미래를 반영한다. 현재를 열심히 사는 건, 더 나은 미래를 위해서다. 현재의 삶에 충실하지 않은 자는 더 나은 미래를 보장받을 수 없다. 오늘보다 나은 미래를 살고 싶다면 오늘을 허투루 보내면 안 된다. 오늘 준비하고 노력한 결과를 내일 얻을 수 있다. 오늘을 무의미하게 보내는 건 내일을 보장받을 수 없다는 거다. 내일이 없고, 미래가 없다면 오늘을 열심히 살 사람은 없다. 사람은 내일을 향해 살아야 한다. 과거의 삶은 미래를 좌우한다.

아는 사람 많고 추종자가 있다고 인맥 자랑하는 자는
남을 통해 자기를 포장하려는 의도가 있다.

　한국인이 많이 하는 자랑 가운데 하나가 인맥 자랑이다. 특히 한국인이 심하고 남성이 여성보다 심하다. 이런 심리는 타인을 통해 자기의 부족함을 채우려는 시도로 볼 수 있다. 나를 알아달라는 구걸 행위다. 남을 통해 나를 포장하려는 얄팍한 의도로 보아야 한다. 넓은 인맥을 자랑하는 건 스스로 느끼는 빈자리가 그만큼 크기 때문이다. 인맥 자랑은 한국사회의 오랜 병폐다. 폭넓은 인맥을 갖는 것은 좋은 일이지만, 자랑하고 떠벌리는 일은 꼴불견이다. 조심하고 또 조심해야 할 일이다.

걸림돌이 되지 말고 디딤돌 돼라.
피하고 싶은 사람 되지 말고, 만나고 싶은 사람 돼라.

어떤 일에, 또는 누군가에게 도움이 되지 못할망정 방해되면 안 된다. 걸림돌은 인생을 힘들게 한다. 그러나 도움을 줄 수 있는 사람을 만나면 가고자 하는 길이 순탄해진다. 인생에서 누굴 만나느냐는 참으로 중요하다. 그러나 운명일 때가 많다. 좋은 환경에서 태어난 사람과, 불우한 환경에서 태어난 사람의 차이가 그런 거다. 누군가의 인생에 걸림돌이 되면 안 된다. 걸림돌이 되는 사람끼리 얽히고설키면 피차 인생이 고달파진다. 인연은 운이 따르기도 하고, 악연을 만나면 인생이 삐뚤어지기도 한다.

아무리 많이 배워 잘나고 똑똑해도
남을 기만하고 속이려 한다면, 공적(公敵)이다.

무지하고 무능한 사람보다 잘나고 똑똑한 사람이 남을 속일 확률이 높다. 무지하고 둔한 사람은 남을 속일 줄 모른다. 남을 속이고 사회에 물의를 일으켜 국민적 공분을 사는 이들은 대개 많이 배우고 역량이 뛰어난 사람이다. 이 사회는 고학력자에 대한 기대가 크고, 믿음이 강하지만, 실상 사기범이나 지능범은 고학력자가 많다. 단기간에 엄청난 수익을 낼 수 있다고 남을 속여 자기 이익을 챙기는 게 기만이고 사기다. 공적에 의한 피해는 넓고 크다. 지위가 높은 사람일수록 피해의 범위와 크기는 커진다.

> **건배사는 행사의 주인이 인사와 덕담으로 시음을 알리는 절차였지만, 현대에 와 자기를 알리는 수단으로 변질한 면이 있다.**

어딜 가나 모임이 열리면 건배사가 오간다. 건배사는 과거에 식사의 시작을 알리는 인사말의 의미가 있었지만, 근래 들어 억지로 돌아가며 하는 잘못된 습관이 생겼다. 그래서 모임에 건배사 스트레스를 느끼는 이들의 수가 늘어가고 있다. 더욱이 본인의 의사와 무관하게 강요하는 문화가 점차 심해지고 있다. 표면적으로는 덕담을 주고받자고 하지만, 실상 누가 더 세련되고 새로운 말을 건네는지 경합의 성격으로 변질하고 있다. 건배사는 주최자가 한 번 하면 족하다. 강요해서 본질을 흔들 이유가 없다. 관료주의 문화의 일면이라고 할 수 있다.

> **친구는 또 하나의 가족이다.**

과거에는 한 마을에서 같이 나고 평생을 교류하는 친구가 있었다. 평생을 함께 교류하니 서로에 관해 모르는 게 없는 사이가 된다. 그러나 산업사회 이후 도시 생활이 보편화하면서 수시로 이사하며 거처를 옮기는 일이 다반사가 됐다. 마을공동체라는 개념이 사라졌고, 더불어 평생을 같이하는 친구도 사라졌다. 과거의 친구는 가족과 같았다. 동고동락하며 서로 돕고 사는 사이였다. 오늘날의 친구는 이해관계에 따라 만나고 헤어지기를 반복한다. 친구가 많으면 친구가 없는 거란 말을 새겨봐야 한다.

올바른 사고 가치관을 가져야 진정한 지식인이다. 사고를 현실에 맞게 전환하지 않으면, 아집에서 벗어날 수 없다.

지식인의 범주는 생각하기 나름이다. 많이 알고 아는 걸 말로 잘 표현하는 사람이 보편적으로 지식인 대접을 받는다. 그러나 실상 말만 화려하게 잘한다고 지식인은 아니다. 말 잘하는 건 누구나 흉내 낼 수 있다. 진정으로 어떤 사고를 하느냐가 중요하다. 현실적인 사고를 하되, 누구나 공감할 수 있는 지식을 갖춰야 한다. 말은 번듯하게 하지만 막상 사고가 편협하고 비루한 사람이 많다. 그들은 진정한 지식인이라고 말할 수 없다. 풍부한 지식을 바탕으로 세련되고 공감되는 사고를 할 줄 알아야 한다. 진정한 지식인이 되기 어려운 이유다.

여론에 휘둘리지 말고 자기중심 사고로 올바른 가치관을 세워야 한다.

언론이 중심이 돼 이끌어가는 여론은 언론에 의해 호도되는 사례가 많다. 대중은 언론을 신뢰하기 때문에 호도된 여론을 진실로 받아들이려 한다. 이때 중요한 건 올바른 가치관을 갖고 자기중심적 사고로 상황을 정확하게 파악하는 거다. 언론이 사실을 왜곡해 여론을 호도하더라도 자기중심적 사고가 뚜렷한 사람은 휘둘리지 않는다. 지식과 지혜로 언론이 호도하는 여론몰이에 대처해야 한다. 가짜뉴스, 편파뉴스에 휘둘리면 안 된다. 올바른 가치관을 지키려면 진실을 알려고 노력해야 한다.

현대인은 자신과 정치 성향이 다른 집단과 개인을 적으로 대한다.

　이념의 양극화가 점차 심해지고 있다. 역사 이래 지금처럼 극단적으로 사고하는 사람끼리 적대적인 관계를 보인 적은 없다. 이념의 편향화는 해결 방법이 없다. 오히려 점차 극심해지는 특성을 갖는다. 한국사회는 중도를 인정하지 않으려 한다. 회색분자라고 멍에를 뒤집어씌워 발붙이지 못하게 한다. 그러면서 자신과 다른 성향을 보이는 이들을 무차별 공격한다. 심각한 사회문제다. 군소 언론의 난립은 이를 더 심화시키는 요인이 된다. 한국사회의 갈등은 날로 심해지고 있다.

잘난 사람이 사회에 해악 끼치는 일이 많다.
　　최소한 남에게 피해 주지 않는 사람이 돼야 한다.

　못난 사람이 끼치는 사회에 대한 해악은 제한적이다. 하지만 잘난 사람이 끼치는 해악은 크고 무겁다. 갑질이 습관화된 이들은 권세를 부리며 자기보다 못한 사람을 마구 짓밟으려 한다. 많은 사람을 거느리는 기업인이나, 따르는 사람이 많은 정치인은 평범한 사람과 비교할 수 없을 정도의 사회적 영향력을 갖는다. 그들이 올바르지 못한 생각을 가지고 해악을 일삼으면 여럿이 고통스럽다. 남에게 피해는 주지 말아야 한다는 생각으로 살아야 한다. 자신이 누리는 권세가 당연하다고 생각하는 순간 위험한 지경에 빠지게 된다.

> **나이 들면 분위기 파악부터 해야 한다.
> 머무를 자리, 말할 자리를 구분해야 한다.**

　노인이 되면 나타나는 특징 중 하나가 상황 파악을 잘 못 한다는 거다. 자신이 머물 자리인지, 피할 자리인지 파악하지 못하는 이들이 있다. 말할 자리인지, 말을 삼가야 할 자리인지 제대로 파악하지 못하는 이가 있다. 짧게 요점만 얘기해야 할 상황에도 장황하게 말하는 이들이 많다. 상대가 새겨듣지 않는 말을 장황하게 하는 건 피해를 주는 일이다. 매사 할 말은 간결하게 하고, 적당한 시점이 되면 자리를 피해 주는 게 나이 든 사람의 현명한 처신이다. 그걸 잘 못 하는 이가 많아 노인 전체가 잔소리꾼으로 오해받기도 한다. 나이가 벼슬이란 생각을 바꿔야 한다.

> **조언이나 직언을 할 때는 때와 장소를 가려야 한다.
> 상대가 받아들일 뜻이 있는지, 확인해야 한다.
> 섣불리 하면 가까운 친구도 소원해질 수 있다.**

　조언이나 직언은 필요하지만, 때와 장소가 적절치 않을 때 하면 효과가 없고, 오히려 나쁜 결과만 초래한다. 같은 말이라도 때와 장소에 따라 받아들여질 수도 있지만, 반대로 받아들이기는커녕 화만 불러일으키는 수도 있다. 같은 말이라도 때와 장소를 잘 선택하는 게 중요하다. 그 말이 조언이나 직언일 때는 더욱 그러하다. 상대가 절대 권력을 가진 자라면 더욱 때와 장소를 가려야 한다. 역사상 그 선택을 잘못해 화를 입은 사람이 넘쳐난다. 상황판단을 잘하는 것도 중요한 처세다. 역사를 살펴보면 왕에게 직언하다 화를 당한 관료가 참으로 많다. 때와 장소를 가리지 못해서다.

부정적 말은 자신의 처지가 편치 않음을 표현하는 거다.

　가능하면 긍정적으로 생각하고 말하는 게 이롭다. 부정적으로 생각하고 말하는 게 습관인 사람도 있다. 부정적인 생각을 한다는 건 마음이 불편하다는 거다. 마음이 불편하다는 건 그 사람을 둘러싼 처지가 불편하다는 거다. 그러니 부정적인 말을 하는 건 처지가 불편하고 마음이 편치 않아서 그러는 거로 생각하면 된다. 만약 자기가 그런 습관이 있다면, 주변을 정리해서 처지를 편하게 하고, 나아가 마음을 편하게 할 필요가 있다. 내 마음이 편해지면 굳이 세상을 부정적으로 보려 하지 않고, 말도 그렇게 하지 않게 된다.

말이 너무 화려하고 길면 듣는 사람이 거부한다. 지루한 말, 유치한 말, 전달 능력 없는 말은 안 하는 게 낫다.

　말을 요점 없이 오래 하는 사람이 있다. 듣는 사람은 아주 지루하고 힘겹다. 그러나 정작 말하는 이는 자신의 그런 화법에 관해 문제점을 알지 못한다. 말은 간략하고 요점이 정확하게 하는 기술이 필요하다. 사람이 소통하는 데 가장 많이 사용하는 게 말이다. 말을 지루하게 하면 상대가 외면하고 상대하기 힘들어한다. 이런 사람이라면 전문가의 조언을 얻어 간결하고 임팩트 있게 말하는 법을 배워야 한다. 특히 나이가 들수록 지루하게 말하는 이가 많다. 신경 써 고치도록 노력해야 한다.

제5장

愛情小考
애정소고

생명체는 성(性)이 없으면 생명이 존재하지 않는다.

성(性)은 자연을 유지하는 법칙이다. 동물이든 식물이든 생식을 하지 않으면 종족을 유지할 수 없다. 생식의 방법은 종(種)에 따라 다양하다. 하지만, 생명을 잉태하는 법칙은 같다. 세상에 존재하는 수많은 생명체 중에서 인간과 극소수의 유인원만 생식 이외에 유희를 목적으로 성행위를 한다. 그래서 인간은 성에 대해 다소 불편한 마음을 갖는다. 특히 돈과 권력으로 성을 사고파는 유일한 존재이기 때문에, 인간은 성에 대해 다른 생명체와 구분되는 독특한 식견을 갖고 있다. 성에 관해 폭넓은 이해가 필요하다.

글로 아무리 덮어씌워도 한계가 있다. 사랑의 표현은 몸으로 한다. 행동으로 하는 것만큼 강한 것은 없다.

인간의 감정을 글로 표현하는 건 한계가 있다. 특히 사랑은 더욱 그러하다. 사랑의 완성은 몸으로 한다. 열 번 만나는 것보다 한 번 만나서 서로를 만지는 정이 더 깊다. 사랑은 행동으로 하는 거다. 행동으로 하는 사랑이 가장 완성도가 높다. 어줍은 글로는 사랑의 애틋함을 오롯이 표현할 수 없다. 인간은 사랑할 때 가장 행복하고 삶의 의욕이 넘쳐난다. 정신적 사랑을 강조하기도 하지만, 어림없는 소리다. 몸으로 하는 사랑이 진짜 사랑이다. 그걸 부정할 필요도 없고, 천박하게 생각해서도 안 된다.

사랑을 주고받고 싶은 심리는 같다.

 아무리 모질고 독한 사람도 정 주고 싶은 상대가 있다. 성인군자라 해도 그가 싫어하는 상대는 있게 마련이다. 사랑을 주고 싶고, 받고 싶은 욕망은 어느 인간이든 갖고 있다. 흉악하고 파렴치한 인간도 사랑의 감정이 있다. 그들도 사랑받고 싶어 한다. 인간은 사랑하며 최고의 행복감을 느낀다. 사랑을 줄 때도, 사랑을 받을 때도 인간은 행복해한다. 사랑을 많이 받고 자란 사람이 남을 사랑할 줄 안다. 받은 사랑이 부족하면 남을 사랑할 줄 모른다. 사랑이 넘쳐나면 세상은 걱정거리가 사라진다.

미운 놈 고운 데 없고, 고운 놈 미운 데 없다.

 누군가에게 한 번 실망하고 마음이 상하면 이후 상대가 아무리 예쁜 짓을 해도 받아들이기가 쉽지 않다. 한 번 생긴 상처는 쉽게 아물지 않는다. 사과하고 화해하는 과정을 거쳐도 상처와 앙금이 남는다. 그러니 사과할 일을 만들지 말아야 한다. 사랑하는 마음이 있으면 무엇이든 용서할 수 있지만, 사랑하는 마음이 없다면 용서가 어렵다. 더욱이 미워하는 마음이 싹 튼 상태라면 사과나 화해는 드러나는 행위에 불과하다. 상대로부터 사랑하는 마음을 얻어야 미움을 사지 않게 된다.

성(性)을 지저분하고 더럽다고 여기며 금기시하고,
기피하는 것이나 발설 자체를 추악한 것으로
여기는 건 성에 대한 체계적 지식이 없어서다.

성은 사랑의 극치이며, 예술의 극치이다. 오랜 유교문화의 영향 속에 살아온 우리는 성을 감추고 숨겼다. 이야기 꺼내는 것조차 금기하는 문화가 지배적이었다. 성을 저질스럽고 추악한 거로 표현하는 건 성에 대한 체계적 지식이 없기 때문이다. 제대로 교육을 받지도 못했다. 성은 하늘로부터 물려받은 근본이자 본능이다. 성에 관해 공연한 발설을 했다가 오해받을 수 있고, 손해 볼 수 있어 조심하는 게 요즘 시대의 분위기다. 폭력이 동반되지 않는다면, 자연스럽게 이야기하는 분위기가 조성돼야 한다.

사랑은 식지만, 조건은 안 식는다. 사랑은 없고 조건만 있다.

사랑에 눈이 멀면 보이는 게 없어야 한다. 그러나 요새는 눈멀기 전에 조건을 앞세우는 사례가 많다. 세상이 사람을 영악하게 만들다 보니 사랑은 변할 수 있지만, 상대가 가진 조건은 변할 수 없다는 사실을 아는 사람이 많다. 그런 사람은 여지없이 조건이 나빠지면 사랑도 식는다. 사랑이 식으면 조건만 남게 된다. 근래 혼인율이 떨어지는 것도 이런 현상과 무관하지 않다. 젊은이에게 무리한 조건을 거는 건, 그의 능력보다 부모의 능력을 보는 것일 뿐이다. 눈이 멀 정도로 사랑의 열병을 앓아야 제대로 세상 보는 눈을 뜨게 된다.

성(性)호르몬은 충동적이고 판단이 없다.

 충동은 급발진한다. 그래서 강한 충동을 억제하지 못하는 사례가 있다. 충동이 몰려오면 순간적으로 판단을 잃는다. 충동이 밀려오면 그 순간에 충실할 뿐 다음 벌어질 일에 대해 생각하지 못한다. 충동은 혼란을 불러일으키고 혼란은 오판을 이끈다. 그러니 충동이 생겨날 환경을 만들지 않는 게 중요하다. 여성은 남성의 충동을 잘 이해하지 못한다. 명예와 권력을 누리던 사람도 순간의 충동을 제어하지 못해 인생이 나락에 빠지기도 한다. 충동이 생길 환경을 만들지 말아야 한다. 성욕은 모든 생명체의 가장 기본적 욕구이다.

정(情)을 품으면 한없이 너그럽고, 한(恨)을 품으면 한없이 옹졸하다.

 정을 품으면 무슨 짓이라도 용서하고 이해한다. 마음이 변해 정이 식으면 사소한 일조차 용서가 안 된다. 그래서 극도로 사랑하던 남녀 사이도 돌아서면 남보다 못한 관계가 된다. 부부 사이는 내 것 네 것이 없지만, 갈라서고 나면 남보다 더 가혹하게 내 것 네 것을 따진다. 정이 메말라 버렸기 때문이다. 이 상황에 이르면 돌이키기 어렵다. 요즘 부부는 내 것 네 것을 정확하게 따지고, 소득과 재산도 각자 관리한다고 한다. 애초에 정으로 만난 관계가 아니라서 그렇다. 그래서 이별하는 부부가 많은 거다.

> 순종 앞에는 지식도 지혜도 잘난 것도 적수가 못 된다.
> 순종을 이기는 것은 사랑이다. 결합체는 행복이다.

 순종은 굴종과 다른 개념이다. 순종은 내가 좋아서 상대를 따르는 것이고, 굴종은 상대의 힘에 굴복해 마음에도 없이 따르는 것이다. 비굴하지 않은 관계로 상대에게 순종하는 게 가장 아름다운 형태다. 서로에게 순종하면 행복하다. 굴종을 강요하면 안 된다. 순종은 어느 한 방향으로만 흘러도 안 된다. 서로에게 순종하려는 마음이 필요하다. 사랑하는 마음이 없으면, 순종할 수 없다. 사랑하는 마음이 순종의 절대 조건이다. 이에 반해 굴종은 대단히 위험하다. 굴종은 원한의 불씨가 되기 때문이다.

> 남자는 성 충동 욕구가 강하지만, 이성으로 절제할 뿐이다. 성호르몬
> 지배받는 강도가 20~30배 강한 것으로 알려졌다.

 남성의 성적 욕구는 여성보다 대략 20~30배 강하다고 한다. 남성은 성욕은 대단히 충동적이어서 순간적으로 들끓는다. 충동적 성욕이 발동하면 감당 못 한다. 그러니 충동이 생길 환경을 만들지 말아야 한다. 이성으로 충동을 억누르는 자기 수양이 필요하다. 여성은 남성이 성욕에 들끓지만, 이성으로 제어하고 있음을 알아야 한다. 한국의 사생활 보호가 허술한 가옥 구조 속에서 여성의 성욕은 상당히 많이 퇴화했다고 주장하는 이들도 있다. 물론 여성 가운데도 남성 못지않은 성욕을 가진 사람이 있다.

사랑은 깊으면 유치하다. 남녀 연결은 성(性)이다.

 사랑은 고상하기보다 유치해야 한다. 그래야 한다. 사랑에 깊이 빠지면 유치해진다. 유치한 게 나쁜 건 절대 아니다. 유치해지면 허물이 없고, 가릴 게 없어진다. 사랑에 빠져 유치해졌다고 자책할 이유가 없다. 사랑은 유치하게 하는 거다. 남녀는 깊은 사랑에 빠지면 서로에게 관대해진다. 관대한 마음속에 성이 시작된다. 성은 사랑의 가장 완벽한 모습이다. 몸으로 하는 사랑보다 더 깊고 진한 사랑은 없다. 성은 사랑의 결정체다. 이성적으로 하는 고상한 사랑은 진정한 사랑이 아니다.

공자 부인도 밤에는 공자 아니라 했다.

 문헌에 남긴 공식적인 기록이 아니고 민간 사이에 전해 내려오는 이야기다. 공자의 부인이 마을 빨래터에 나가 아낙들과 이야기를 나누는데 아낙들이 "그토록 근엄하고 고고한 공자와 어떻게 사랑을 나누느냐?"고 물었다. 이에 대해 공자 부인은 "근엄하고 고고한 분도 밤에 사랑을 나눌 때는 공자가 아니다."라고 답했다고 한다. 전해 내려오는 믿을 수 없는 말이지만, 문답의 내용은 정확하고 솔직하다. 성인군자라 해도 사랑을 나눌 때는 근엄한 스승이 아니라 인간의 모습으로 돌아간다.

> 여자가 아름다워지고자 하는 욕망은 인류 탄생과 역사가 같다. 남자가
> 예쁜 여자를 갖고 싶은 욕망도 인류 탄생과 역사가 같다.

첫 만남에서 기억에 남는 것은 인상이다. 마음이 고운지 미운 지는 다음 이야기다. 처음 만나면 상대의 외모에 호감 또는 비호감을 느끼게 된다. 만나는 횟수가 늘면 심상이 보이기 시작하지만, 나중의 이야기다. 남자는 본능적으로 미모가 뛰어난 2세를 만들고 싶은 마음을 갖고 있어 외모가 아름다운 여자에게 마음이 끌린다. 과거의 전쟁은 재물을 빼앗고 사람을 뺏는 쟁탈이었다. 전쟁에서 패하면 남성은 노비가 되고, 여성은 성 노예가 된다. 전쟁을 일으키는 원인 중에 여성을 뺏고자 하는 이유가 컸다.

> 여자는 목적이 있어 타산적 이익을 추구한다.
> 남자는 맹목적이고 흥미 위주이며 욕구 해소에 집착한다.

남녀는 물리적 힘의 차이가 존재한다. 현대사회를 기준으로 남녀 관계를 생각하면 인정할 수 없는 일도 오랜 역사를 되짚어 생각하면 인정해야 할 부분이 있다. 현대사회는 남녀가 평등하게 존중받지만, 선사나 고대의 사회에서는 여성이 남성에 의존하는 관계였다고 본다. 여성은 자신의 생계를 위해 힘있고 능력있는 남성을 차지하려는 본능이 강했다. 남성은 여성을 선택할 때 대단히 즉흥적이고 본능적이지만, 여성은 누굴 선택해야 이익이 될지를 계산하고 선택하는 버릇이 있다. 남녀평등의 사회에서도 이런 모습은 남아있다.

남자는 몸 사랑을 바라고, 여자는 머리 사랑을 바란다.

　남성는 본능적이고 충동적이어서 몸이 원하는 바대로 사랑하고자 한다. 그러나 여성은 그렇지 않다. 여성은 앞뒤를 생각해가면서 사랑한다. 무모하게 함부로 발길을 내디디지 않는다. 어떤 선택이 이익이 될지를 항상 생각하며 행동하는 버릇이 있다. 여성이 남성보다 한결 더 이성적이다. 이성적이란 계산적이란 말과도 상통한다. 사랑을 놓고 볼 때 여성은 공급자 입장이 되지만, 남성은 수요자 입장이 된다. 대체로 수요자와 비교할 때 공급자가 적은 편이다. 그러니 남성이 여성을 얻기 위해 수고로움을 감내하는 건 당연하다.

여자는 친절을 원한다. 군림하는 한량보다 받드는 종이 좋다.

　기생들이 인기투표를 했다. 투표할 대상은 요정을 둘러싼 안팎의 모든 사내였다. 돈 많고 권세가 있는 수많은 사내가 군림하며 기생을 대했다. 하지만 요정 집에서 심부름하고 뒷바라지하는 종업원은 기생들에게 인간적으로 대접했고, 틈나는 대로 도와주었다. 인기투표 결과 종업원이 1등을 했다고 한다. 자신들의 처지를 이해해 주고 잘 대해주었기 때문이다. 여성은 잘난 사내에게 관심을 보이지만, 결국 자신에게 성심껏 잘 대해주는 남성을 좋아한다. 모든 여성이 돈과 권력을 따른다는 생각은 옳지 않다.

한 번도 안 한 남자 있어도, 한 번밖에 안 한 여자는 없다.

여성의 마음과 몸은 열리기가 어렵지만, 한 번 열린 후에는 개방적으로 변한다. 그래서 뭇 남성들은 여성의 문을 열기 위해 온갖 수단과 방법을 동원한다. 여성의 문을 열기 위해 남성은 비굴한 모습을 보이기도 하고, 아양을 떨기도 한다. 그러나 한 번 열린 문은 출입이 자유로워진다는 사실을 아는 남성은 이후 처음 문을 두드릴 때처럼 정성을 쏟지 않는다. 남성이 여성의 문을 열고자 마음먹으면 못 할 짓이 없다. 그래서 연애 초기의 주도권은 전적으로 여성이 갖는다.

부부간에 정 있으면 빈천도 즐겁지만, 정 없으면 부귀도 쓸데없다.

정이 돈독한 부부는 함께 있다는 사실만으로 행복하다. 가난을 비롯해 무엇도 둘 사이의 방해요소가 못 된다. 서로 정을 나누며 사는 부부의 모습은 가장 이상적이다. 그러나 정이 없으면 하루가 1년처럼 길고, 모든 게 고통스럽다. 현대사회는 절대 빈곤에서 해방됐지만, 부부의 돈독한 정을 나누며 사는 가정이 많지 않다. 무늬만 부부로 살 뿐 정이 없이 사는 말 그대로 쇼윈도 부부가 넘쳐난다. 정이 사라져서 그렇다. 부부로 한 가정을 이루며 살면서도 이해관계를 따지고, 능력으로 상대를 평가해서 그렇다.

좋은 인연이라 여기고 사랑할 때는 이별, 불신, 증오, 원수가 없다.

누군가를 사랑할 때는 나쁜 감정이 없다. 오로지 사랑하는 마음만 있다. 그러나 그 감정이 계속 이어지지 않는다. 언젠가는 마음이 변한다. 사랑하는 사이가 변하면 오히려 남보다 못한 사이가 되기도 한다. 평생 사랑하는 사이도 있겠지만, 지극히 제한적이다. 사랑은 식는다. 사랑하다가 돌아서면서 극한의 분노를 품는 사례도 많다. 사랑할 때는 이별을 생각하지 않지만, 증오의 감정을 안고 돌아서는 이들이 많다. 마음이 변하지 않고, 평생 살아간다면 가장 행복한 관계라 할 수 있다.

남녀 이어주는 성(性), 만물의 중심 성(性), 함부로 말하면 더러운 게 성이다.

세상 만물은 암수의 결합을 통해 탄생한다. 그래서 성은 만물의 중심이고 생명의 근원이다. 그런데도 세상에 존재하는 욕설 대부분은 성과 성기를 소재로 한다. 또한, 유머 역시 성을 소재로 하는 게 가장 많다. 욕설이나 유머는 성이라는 소재를 빼면 성립되기 어렵다. 욕설 대부분이 성을 소재로 한다는 건 대중이 성을 추악한 짓으로 생각하고 있음을 간접 증명하는 거다. 그러나 성은 성스러운 자연의 행위이며, 생명 탄생을 위한 신비로운 행위이다. 성을 아름답게 여기고 존중하는 문화가 필요하다.

사랑의 표현은 각기 다르지만, 본질은 같다.

　사랑은 에로스와 아가페로 나뉜다. 에로스는 이성을 향한 사랑이고, 아가페는 가족이나 지인을 향한 사랑이다. 정신적 사랑과 육체적 사랑의 본질은 같다. 사랑하면 아낌없이 주면서 대가를 바라지 않는다. 사랑에 대해 저마다 다른 정의를 내리지만, 본질은 같다. 김수환 추기경은 '관심 가져주는 것'이라 했고, 법정 스님은 '베푸는 것'이라고 했다. 두 말을 합하면 관심 가져주고 베푸는 게 사랑이다. 관심 가져주는 것이나 베푸는 것이나, 본질은 같다. 사랑에는 죄가 없다고 했다. 사랑은 인간이 지닌 많은 감정 중 가장 숭고한 감정이다.

성(性)은 인간 감정의 극치지만, 지저분하고 더럽다고 여겨 금기시하고 기피한다. 발설 자체를 꺼린다. 체계적인 관련 지식이 없기 때문이다.

　성을 표현하는 걸 금기시했던 문화 탓에 이 나라에는 올바른 성교육이 정립되지 못했다. 그래서 성은 늘 음지에서 이야기하는 대상이 됐다. 몰래 배우고, 감추는 대상으로 전락했다. 제대로 된 성교육의 부재로 상당수 사람이 성에 대해 왜곡된 지식을 갖고 있다. 그래서 성에 대해 자유롭게 말하는 문화가 없다. 대한민국을 비롯해 중국, 베트남 등 유교문화권 국가가 대개 그렇다. 다만 일본은 성에 관해 대단히 개방적 자세를 보여 대조를 보인다. 이제 우리도 성에 대해 개방적인 자세를 가질 때가 됐다.

인권운동가는 약자 편에 서서 사익을 취하지 않고, 도와주는 사람이다.

　세상엔 강자와 약자가 있다. 또 다수자가 있고, 소수자가 있다. 인권은 약자와 소수자의 시각으로 세상을 바라보는 거다. 그들도 똑같은 권리 주체로 평등한 대접을 받으며 살아야 한다는 생각이 인권의 출발이다. 그러나 일부 기득권자는 인권 문제를 이념적 시각으로 바라보고 있다. 그래서 인권운동가들을 미워하고 위선자라며 몰아붙인다. 인권운동가는 약자의 처지에서 세상을 보며, 그들의 권리 신장을 위해 일하는 사람이다. 이해하고 도와주어야 할 사람이다. 인권운동가들의 도움을 받는 사회적 약자도 그들을 혹평하는 건 이해하기 어렵다.

사랑하기 전에 마음의 평온함부터 찾아야 한다.

　사랑은 사람이 하는 아주 좋은 감정이다. 마음이 따듯하고 평온한 상태에서 사랑할 수 있다. 내 마음이 불편하고 원한이나 복수 등 부정적 감정으로 가득한데 사랑을 나누기란 어렵다. 분노가 없어야 사랑할 수 있는 상태가 된다. 사랑하고 싶다면 마음을 따듯하게 하고 평화로운 상태를 먼저 만들어야 한다. 사랑할 준비가 돼 있어야 사랑할 수 있다는 말이다. 사랑은 불쑥 찾아오는 감정인 것 같아도 마음이 평온하지 않으면 오지 않는다. 그러니 사랑하고 싶다면 마음의 평정심을 먼저 찾아야 한다.

> **남을 도와주는 기쁨이 가장 큰 기쁨이다. 사랑은 에너지다.**

　봉사활동에 참여해본 사람은 한 번에 그치는 일이 거의 없다. 대개 참여를 반복한다. 그건 봉사를 통해 얻는 마음의 기쁨이 크기 때문이다. 그 기쁨을 맛본 사람은 봉사에 중독된다. 남을 돕는다는 사실에 넘치는 에너지를 경험한다. 남을 도와주는 사람이 느끼는 기쁨은 도움을 받는 사람이 느끼는 기쁨보다 몇 곱절 크다. 그래서 봉사활동에 몸담은 사람은 여간해 멈추지 않는다. 봉사 중독자가 나타나는 이유도 그러하다. 봉사에 참여해보지 않은 사람은 봉사자가 왜 그토록 반복해서 어려운 활동에 참여하는지 이해하지 못한다.

> **돈 때문에 사랑한다. 가짜로 사랑하는 거다. "고객님! 사랑합니다."는 가장 흔하게 쓰는 말이 됐다. 사랑이란 말의 남용이다.**

　사랑이란 말은 아주 소중하고 조심스러운 말인데 근래 남발하는 사례가 많다. 사랑이란 말은 보편적인 말이기도 하지만, 어쩌면 함부로 사용할 말이 아니다. 대단히 숭고한 가치이기 때문이다. 그렇지만 현대 사회에서는 "사랑한다."라는 말이 지나치게 남용되고 있다. 마케팅 차원에서 별 의미 없이 사용하는 말이 되고 있다. 남발을 걱정하는 건 숭고한 가치가 퇴색할 걸 우려하기 때문이다. 소중한 가치를 지닌 말이 싸구려 취급을 당하는 건 염려스럽다. 고급스러운 말도 너무 자주 하면 천박해질 수 있다.

청년기는 성 에너지가 넘치는 시기인데 법과 윤리로 성욕을 억제한다.

사회구조가 복잡해지면서 사회에 투신하기 전에 배우고 갖춰야 할 것이 점점 많아진다. 이 때문에 청년기에 학업 부담이 가중되고 할 일이 많아진다. 덧붙여 인간의 수명이 계속 늘어나고 있다. 이런 이유로 결혼 적령기가 계속 늦어지고 있고, 이로 인해 청년들은 성욕을 자제해야 할 기간이 늘어나고 있다. 더불어 법과 제도, 윤리 등으로 청년들의 성욕을 억제하려는 사회적 요구도 거세지고 있다. 이는 개인적으로 불행한 일이다. 성욕은 억제할수록 반대급부가 커지기 때문이다. 사회 문제를 해결하려면 사회적 관점뿐 아니라, 여러 측면이 고려돼야 한다. 생리적 관점에서도 바라볼 필요가 있다.

20대~30대 집 없는 게 당연하다. 가정을 이루고 살면서 하나씩 이루는 게 순리다.

사회 초년생인 20대와 30대가 축적한 재산이 없으니 집이 없는 건 당연하다. 차가 없는 것도 당연하다. 그러나 당연하게 받아들여지지 않고 있다. 부모의 도움을 받아 젊은 나이에 재산을 가진 자들이 늘어나고 있다. 그래서 부모의 도움을 받지 못하는 이들이 느끼는 절망감이나 상실감이 커지고 있다. 이 절망감과 상실감은 결혼과 출산을 꺼리게 만드는 작용을 한다. 부모의 잘못된 자녀 사랑이 다른 자녀의 상실감으로 연결된다. 집이든 재산이든 결혼 후 차근차근 자신이 준비하는 게 맞다. 독립심과 자립심을 갖고 자기가 가지 문제를 해결해 가야 한다.

성은 사람의 긴장을 완화해 주고, 너그러워지게 하고, 거칠고 급한 마음이 안정되게 한다.

국내 프로 스포츠엔 외국인 용병 선수가 많다. 이들은 대개 혼자 한국에 와있는데 아내나 애인이 위문차 다녀가면 해당 선수가 한동안 펄펄 나는 기량을 보인다. 그건 성욕을 해소했기 때문으로 보인다. 인간의 기본욕구인 성욕을 해소하고 나면 스트레스가 풀리고, 긴장이 완화되며, 마음이 너그러워진다. 또한, 안정을 찾는다. 성욕은 나쁜 감정이 아니고 자연스러운 생리이다. 배고플 때 밥을 먹으면 힘이 나듯이 성욕을 느낄 때 성행위를 통해 해소하면 정신 건강과 신체 건강에 이롭다.

인연은 맺기보다 유지가 어렵다. 유지할 능력과 확신이 없으면 인연을 만들지 말라. 악연이 될 수 있다.

인연을 맺는 데만 열중하고 유지하는데 소극적인 부류가 있다. 인연은 맺기보다 유지하기가 훨씬 어렵다. 인연을 유지하는 것은, 그만큼 정성을 쏟아붓는다는 거다. 정성이 없는 인연은 끊어지기 마련이다. 섣불리 인연을 맺고 정성을 다해 유지하고자 노력하지 않으면, 그 인연은 악연이 될 수도 있다. 그러니 인연을 잘 유지할 능력이 없으면, 섣불리 인연을 만들지 않는 게 좋다. 공연히 악연을 만들 필요는 없다. 유지하고자 하는 확고한 마음이 있을 때 인연을 만들어야 한다.

이성 간의 부족은 동성으로 채울 수 없고, 음양의 조화를 유지하려면 희생이 필요하다.

남녀 간은 서로의 부족함을 채워줄 수 있다. 동성을 통해 채울 수 없는 그 무엇이 이성을 통해 채워진다. 친구는 친구일 뿐 배우자나 애인의 역할을 대신할 수는 없다. 음양의 조화를 통해 세상이 돌아가는 건 자연의 이치다. 음양의 조화는 세상에 활력을 안긴다. 부족함을 채워주는 관계를 유지하려면 희생이 필요하다. 사랑은 서로의 부족함을 채워준다. 이성은 보완적인 관계이면서 양보하고 타협해야 하는 존재이기도 하다. 가장 쉬운 관계인 듯해도 가장 어려운 관계가 이성 관계이다. 현대사회는 남성이 가정 친화적으로 옮겨가고, 여성은 사회 친화적으로 옮겨가고 있다.

인간은 나 같은 남을 찾아 평생 헤매지만, 나 같은 남은 없다.

지금껏 나와 같은 생각을 하는 사람은 만나보지 못했다. 내가 남에게 맞춰보려고 노력했지만, 맞춰지지 않았다. 그러니 남을 나에게 맞추려는 것은 무리다. 내가 바뀌지 않듯, 남도 바뀌지 않는다는 점을 이해해야 한다. 배우자가 됐든, 자식이 됐든 가까운 사이라도 마찬가지다. 나는 변하지 않으면서 남을 바꾸려 하면 번민만 늘어날 뿐이다. 내가 바뀌지 않으면서 상대를 쉽게 바꿀 수 있을 거란 생각은 위험하다. 내가 남에게 맞추는 게 훨씬 빠르고 확실하다. 남은 쉽게 변하지 않는다.

남자는 돈 있으면 딴짓하고, 여자는 돈 없으면 딴짓한다.

　자칫하면 남성 또는 여성 비하로 낙인될 수 있는 조심스러운 내용이다. 하지만 굳이 적는 건 옳은 말이기 때문이다. 남자는 돈을 가지면 영웅심이 생겨 그걸 과시하고 싶어 하고, 그 결과 불필요한 짓을 하는 경우가 많다. 돈이 있으면 외도를 꿈꾸기도 하고, 돈으로 권력을 사고 싶어 한다. 그런 욕망이 아주 강한 존재가 남자다. 반면 여자는 돈이 없으면 그 타개책으로 안 해도 될 일을 한다. 남자와 비교하면 여자의 의타심이 강한 건 사실이다. 그래서 떳떳하지 못한 일에 휘말리기 쉽다. 허영심과 사치심이 이런 심리를 부추기기도 한다.

행복은 현재 만족을 느끼는 것이고, 사랑은 마음을 다하는 것이다.

　행복은 아주 멀고 큰 게 아니다. 큰돈을 벌고, 높은 지위에 올라야 행복하다고 생각한다면 그건 잘못이다. 행복은 순간순간 만족스럽다고 느끼면 된다. 작은 행복이 이어지면 행복하게 사는 게 된다. 미래에 행복이 있다고 생각하고 현실을 참고 견디기만 하는 건 바보짓이다. 사랑도 멀고 큰 것이라기보다는 진심으로 위해주는 마음이다. 누군가를 사랑하는 마음만 계속 가져도 행복감이 밀려온다. 사랑하는 마음이 얼마나 행복감을 주는지 경험해보면 안다. 내가 행복하기 위해 남을 사랑하는 거다. 경험해본 사람은 안다. 누군가를 사랑할 때 얼마나 행복한지.

> 정으로 사랑하지 않고, 돈으로 사랑하는 시대다.

　돈에 대한 숭배가 지나치다. 돈이 무엇이든 해결해 줄 거란 생각이 점점 강해지고 있다. 그래서 사랑도, 결혼도 돈으로 하려 한다. 결혼율이 크게 떨어지는 건 배금주의 문화와 연결돼 있다. 남만큼 가지지 못한 사람은 결혼할 생각을 안 한다. 20대와 30대에 돈이 없는 건 당연하다. 그렇지만 모든 걸 다 가져야 결혼할 수 있다고 생각한다. 집도 있고, 차도 있어야 결혼한다고 생각한다. 머릿속에 사랑은 없고, 돈만 있어서 그런다. 이런 생각이 확산하며 결혼도 미루고, 출산도 포기하는 나라가 됐다. 사랑은 마음으로 하는 거다. 진심이 통하면 사랑이다. 돈으로 하는 사랑이 영원히 행복할까?

> 여성 경제활동이 보편화 되니 출산율이 떨어지는 건 당연하다.
> 국가의 적극적인 대책 마련이 필요하다.

　여성의 교육 수준이 올라가고 사회활동이 확대되면서 많은 변화가 동반되고 있다. 그 중 대표적인 것은 출산율의 하락이다. 여성의 사회진출 확대가 출산율 저하로 연결되는 사례는 선진국에서 이미 확인되었다. 그러나 우리나라는 그에 대한 대비책이 미흡했다. 정책적으로 사전에 대처하지 못해 순식간에 세계 최저수준의 출생률이란 대란을 맞았다. 출산율 하락은 개인의 문제로 치부해선 안 된다. 국가적 문제, 사회적 문제로 받아들이고 정책이 할 수 있는 모든 범위 내에서 해법을 찾아야 한다.

만남은 인연이지만, 관계는 노력이다. 소중한 인연 이어가려면 관계를 위해 노력해야 한다.

만나기는 쉬워도 관계가 유지되는 것은 어렵다. 관계가 유지되려면 반드시 노력이 따라야 한다. 노력하지 않고 이어지는 관계는 없다. 한쪽만의 노력으로 안 된다. 서로 노력해서 상대의 마음을 얻어야 한다. 친구는 많을지라도 오래 사귄 친구는 적다. 그만큼 관계를 지속하기란 쉽지 않다. 사람을 만나는 데만 관심을 두고 관계를 오래 유지하려는 마음이 없는 이들이 적지 않다. 관계를 유지하려면 그만큼 성심껏 노력해야 한다. 양(量)으로 사람을 만나는 이는 많아도 질(質)로 사람을 만나는 이는 많지 않다.

나누면 반드시 행복이 온다는 지극히 평범한 사실을 알고도 실천 못 하는 건 불치병이다.

나눠 본 사람은 나눔이 행복이란 사실을 안다. 나눠보지 않은 사람도 나누면 행복하다는 사실을 안다. 그러나 막상 나누라면 "다음에"라고 말한다. 나눔에는 "다음에"가 통하지 않는다. 나눔이 생활인 사람은 늘 나눔을 실천하지만, 그렇지 않은 사람은 숙제로만 남겨 놓는다. 둘의 차이는 크다. 나눔은 당장 실천하는 게 중요하다. 미루면 실행하기 어렵다. 알면서 실천하지 못하는 건 불치병이다. 실천이 뒤따르지 않는 선행은 선행이 아니다. 누군가 도움이 필요할 때가 나누어야 하는 최적의 시각이다.

사랑할 수 있는 시간이 얼마 남지 않은 사실을 알고도 사랑하지 못하는 건 바보 같은 삶이다.

죽는 날까지 용서하지 못하고 화해하지 못하는 건 바보짓이다. 삶은 사랑하고 살기에도 부족한 시간이다. 그렇지만 많은 사람은 용서하고 화해하는 일을 미루기만 하고, 조건을 단다. 조건 없는 화해와 용서가 진정한 화해와 용서이다. 조건을 배제해야 당장 실천할 수 있다. 진정한 사랑은 용서이고 화해이다. 사람이 죽을 때 가장 후회하는 것이 용서하지 못하고 화해하지 못하는 것이라고 한다. 그렇지만 어리석은 사람은 용서와 화해를 미루기만 한다. 하루라도 서두를수록 좋은 게 용서와 화해다.

몸이 멀어지면 마음도 멀어진다.

서양인들도 "Out Of Sight, Out Of Mind."라 하여 시야에서 떠나면 마음도 떠난다는 말을 한다. 가족, 친구, 연인 등 모두에게 해당하는 말이다. 사람은 붙어 있어야 정들고 친숙해진다. 그러나 세상은 점점 가까운 사람을 떨어져 살게 만든다. 주말부부가 늘어나고, 군 복무를 위해 멀리 떠나고, 해외로 이민 가고, 직장을 찾아 멀리 떠나고 하는 일이 다반사로 일어난다. 이런 모든 상황이 사람 사이를 멀어지게 하는 요인이 된다. 과거 농경사회, 씨족사회와 비교되는 현대사회의 차이점이다. 고향을 떠나 조상 묘에서 멀어지고 친인척과도 멀리 떨어져 살게 되니 서로의 마음이 멀어지는 거다.

**여자와 꽃은 아무리 예뻐도 가꾸지 않고, 물 안 주면
잡초나 다름없다. 자기 모습은 자기가 만들어간다.**

　가꾸는 여자는 이목을 사로잡는다. 그래서 시기와 질투의 대상이 되기도 한다. 자기 몸을 가꾸는 것은 자기만족에서 시작한다. 나아가 남을 위한 배려이기도 하다. 가꾸는 데는 많은 시간과 비용이 든다. 그런 관점에서 볼 때 가꾸는 사람은 부지런한 사람이다. 꽃은 자체가 아름답지만, 누군가 물을 주고 잡초를 뽑아주어야 제대로 아름다움을 뽐낼 수 있다. 보살피지 않고 방치하면 꽃은 아름다운 모습을 간직할 수 없다. 자기의 몸과 마음을 꾸미는 건 자기의 몫이다. 자기 몸값을 올리는 일이니 나무랄 거 없다.

**배고픈 건 참지만, 정 고픈 건 못 참는다.
본능적으로 정 주고 싶은 사람이 있어야 한다.**

　사람은 정을 나누고 사랑을 나눌 때 행복함에 빠져든다. 정과 사랑은 주는 것도 행복하고, 받는 것도 행복하다. 인간은 정을 주고받을 때 가장 강한 존재감을 느낀다. 그래서 사람은 늘 정 줄 대상을 찾는다. 정 줄 대상은 사람일 수도 있고, 동물일 수도 있고, 사물일 수도 있다. 그러나 그 대상이 사람일 때 가장 큰 만족감을 느낀다. 특히 이성일 때 만족감은 더 커진다. 가난하고 힘든 생활은 이겨낼 수 있지만, 짝이 없으면 고달프다. 반대로 깊은 정을 나누는 짝이 곁에 있으면 고달픔도 이겨내며 살아갈 수 있다.

제6장

宗教後談
종교후담

종교는 무조건적이어서 반론이 없지만, 정치는 반론을 수반한다.

종교는 절대적이고 보수적 특성을 갖는다. 종교 교리에 반론을 드는 것 자체가 금기시 돼 있다. 종교 교리에 반론을 제기하는 순간 믿음이 부족한 사람으로 낙인된다. 무조건적이고 맹목적이라야 종교 집단에서 인정받고 살아남을 수 있다. 종교는 이성적으로 설명이 부족한 부분을 많이 갖고 있다. 하지만 정치는 다르다. 정치는 반론을 인정해야 하는 구조다. 그래서 맹렬하게 싸운다. 생각이 같은 사람들이 모여 이룬 집단이 정당이다. 다른 정당은 다른 생각을 하는 이들의 집단이다. 그러니 서로 싸워가며 그 속에서 조화를 이루고 살아가는 게 당연하다.

종교에서 신의 존재 여부를 말하는 것은 금기다.

종교는 내세를 다룬다. 내세를 말하는 건 신의 존재와 연결된다. 신이 존재하지 않는다고 생각하는 순간 내세는 없다. 더불어 종교 자체가 무의미해진다. 여러 신을 인정하는 다신교보다 단 하나의 신만 인정하는 유일신교에서 신의 존재는 더욱 절대적이다. 신의 존재를 부정하면 종교는 설 자리를 잃는다. 그러나 신의 존재를 확신하지 못하는 종교인도 많다. 그래서 종교는 신의 존재에 관해 말하는 자체를 금기한다. 신을 믿는 게 종교지만, 신의 존재에 대해 말하는 건 금기다. 종교가 갖는 아이러니다.

> **너의 몸이 괴로운 것이 아니고, 너의 마음이 괴로운 것이다.**

문화체육관광부 장관을 역임한 배우 김명곤이 영화 서편제에서 아들에게 한 말이다. 아버지의 강한 권고에 이끌려 마음에도 없는 소리꾼 수업을 받던 아들은 하루하루가 고역이었다. 넉넉지 못한 형편에 팔도를 유랑하며 소리꾼으로 살아가는 신세에 불평이 많았던 아들은 늘 힘이 없고, 다리가 아파 못 걷겠다고 한다. 이에 대해 아버지는 몸이 괴로운 게 아니라, 하고자 하는 마음이 없어 괴로운 것이라고 질책한다. 소리 하는 자체가 즐거운 아버지는 다리 아플 틈이 없다. 일체유심조(一切唯心造)를 말하는 거다.

> **사람이 산에 들어가면 신선이 되고, 산에서 내려오면 속인이 된다.**

고 김수환 추기경이 사복을 입고 산행을 하며 깨달은 바라고 한다. 사복 차림에 모자를 눌러 쓰고 산행에 나서는 동안 평지에서는 아무도 인사를 나누지 않았는데 산에 오르자 오가는 사람이 자연스럽게 인사를 나누는 모습을 보았다. 산행을 마치고 다시 평지로 내려오자 인사하는 사람이 없었다. 그래서 김 추기경은 산에 올라가면 신선이 되고, 산에서 내려오면 다시 속인으로 변한다는 사실을 깨달았다고 한다. 실제로 산에서 만나면 누구라도 인사하지만, 산 아래서는 그렇게 안 한다.

> 절에 있는 것은 인간이 만든 가짜 부처요,
> 올바른 마음으로 살고 행동하면 그가 부처이다.
> 모든 욕망에서 벗어나면 마음 편히 살 수 있다.

법정 스님이 한 유명한 말이다. 불자라면 가장 먼저 깨달아야 할 가르침이기도 하다. 절 법당에 만들어 놓은 불상은 부처가 아니다. 그저 불상일 뿐이다. 진정한 부처는 불자의 마음속에 자리 잡은 마음이다. 생로병사의 고통에서 벗어나려면 깨달음을 얻어야 한다. 깨달음을 얻어야 진정한 부처가 될 수 있다. 일상의 번뇌를 벗어던지지 못하면 불가에서 말하는 해탈이 아니다. 불상 앞에서 아무리 빌고 기도해도 부처의 가르침을 깨닫지 못하면 마음으로 부처를 받아들일 수 없다. 깨달음이 부처보다 먼저다.

> 과학논리로 보면 종교지도자가 가장 정직한 것 같지만,
> 가장 거짓말을 많이 한다.

종교지도자는 검증되지 않은 사실을 진실처럼 말한다. 종교라는 관점을 떠나 액면 그대로 받아들이자면 믿을 수 없는 말투성이다. 그러나 신자라면 그 말에 의문을 가지면 곤란하다. 과학적으로 검증되지 않은 말은 믿지 못하겠다면 종교를 종교로 받아들이기 어렵다. 가장 정직해야 할 종교지도자는 거리낌 없이 검증되지 않은 말을 한다. 그렇지만 사람들은 종교인이 가장 정직한 부류라고 믿고 있다. 종교지도자가 하는 검증 안 된 말을 선의로 받아들이기 때문이다. 종교는 마음을 열어야 보인다.

> **복종하고 순종하면 이루어진다며 기도하라는 것은,
> 종교적 관점이다. 오직 신을 위해 살라는
> 가르침은 신과 사람 사이를 이간질하는 거짓말이다.**

논리적인 사람은 종교를 받아들이기 어렵다. 종교 자체가 비논리적인 면이 많기 때문이다. 종교는 선행보다 믿음이 우선해야 한다고 가르친다. 이런 이유로 종교는 맹목적이라는 비난을 받는다. 종교를 맹목적이라고 비난하는 건 믿음이 부족하고, 기도가 부족하고, 정성이 부족하다고 한다. 그러니 논리적인 사람은 기도로 모든 문제를 해결하라는 가르침을 이해할 수 없다. 비종교인은 선행보다 믿음이 우선이라는 교리에 수긍하지 못한다. 종교는 이성이 아닌 믿음이다.

> **종교의 이름으로 개인이나 전체를 해롭게 하는 것은 죄악이다.**

막강한 영향력을 가진 종교인이 자신의 종교 권력을 이용해 정치적 발언을 서슴지 않는 사례가 많다. 노골적으로 특정 정당을 지지하거나, 이념적 성향을 드러내기도 한다. 이러한 행위는 종교의 이름을 더럽히는 것이다. 종교가 정치와 결탁하면 이성적이어야 할 정치가 맹목적 성격을 띠게 된다. 종교는 종교다워야 하고, 정치는 정치다워야 한다. 종교지도자는 신도의 마음을 움직일 수 있는 절대적 힘을 가졌다. 종교를 등에 업고 정치하는 일은 없어야 한다. 정치가 종교를 흉내 내선 안 된다.

> 믿음이란 신이 지배한다고 믿는 데서 출발한다.
> 이를 부정하면 무신론자다. 종교는 죽음을
> 위로받고 삶을 행복하게 하기 위한 것이다.

인간은 누구나 죽는다. 인간이 죽지 않는다면 종교는 없다. 인간은 종교를 통해 장차 자신에게 다가올 죽음의 공포에 대해 위로받는다. 죽음의 공포로부터 해방돼 사는 동안 평온을 누리는 게 종교의 궁극적 목표다. 종교적으로 위안받기 위해서는 신의 존재에 대한 믿음이 선행돼야 한다. 그 신이 인간의 생애와 사후세계까지 지배한다고 믿어야 종교는 성립된다. 그래서 종교의 성립 첫째 조건이 사후세계의 제시이다. 즉, 죽음의 공포에서 벗어나는 길을 안내하는 것이다. 내세가 없으면 종교라 할 수 없다.

> 양이 되라며 기복을 주입하는 것은 선동적 포교 방법이다.
> 현대 종교는 믿음만 강요한다.

과학의 힘이 빈약하던 시절, 인간은 나약할 수밖에 없었고, 그 나약함을 위로받고 보호받기 위해 종교를 찾았다. 그러나 현대사회는 과학을 통해 많은 것이 검증되고 첨단의 생활이 가능하다. 그러나 종교는 지금도 과거 1000년 전, 2000년 전에 포교하던 방식을 그대로 고수하고 있다. 조건을 두지 말고 복종하라고 가르친다. 이에 파생하여 갖가지 선동적인 포교법을 동원하는 사이비 종교가 득세하고 있다. 과학적으로 설명 가능하다면, 이미 종교가 아니어서 종교의 이 같은 포교법은 여전히 유효하다.

고대 아랍과 유럽은 부족 생활하며 다신(多神)을 믿었다.
예수가 혼잡한 종교를 유일신교로 통합했다.

예수가 탄생하기 이전 유럽과 아랍세계는 다신교가 지배했다. 유대교가 유일신교로 존재하고 있었지만, 세력은 미약했고, 대상도 유대인에 한정돼 있었다. 예수는 모든 다신교를 잠재우고 기독교라는 유일신교를 세워 유럽 전역에 퍼뜨렸다. 다신교가 갖던 다양성은 유일신교의 맹목적이고 헌신적인 교리에 무릎을 꿇었다. 이후 500년이 지나 무함마드가 이슬람교라는 유일신교를 창시했다. 지금 세계의 종교는 기독교와 이슬람교라는 두 개의 유일신교가 각축을 벌이는 형국이다. 다양성을 인정하는 다신교는 세계의 종교로 확산하지 못했다.

사람을 진심으로 존중하라. 모두가 하느님, 부처님이다.

신과 사람을 엄격히 구분해 상하 구조로 인식하는 서양의 종교사상과 달리 동양은 신과 인간을 동일 선상에서 바라본다. 그래서 동양사상은 특히나 사람을 존중하고 사람이 곧 하늘이라고 가르친다. 이런 사상은 동학사상(천도교사상)에서 완성을 이룬다. 사람이 곧 하늘이라는 인내천(人乃天) 사상은 동학사상의 핵심이다. 동양사상은 인간을 기본으로 삼는다. 사람의 마음 속에 신이 존재한다고 믿었다. 동양사상에서 신과 사람은 하나다. 그래서 서양에서는 민주주의가 발달했지만 동양에서는 민본주의가 발달했다.

불가에서는 만신 중 석가 신은 없고, 오직 인간이 신이며, 자연이 신이라 했다. 기독교는 하나님만이 유일신이다.

　동양사상인 불교사상은 인간이 곧 신이라고 강조한다. 신은 인간의 마음 속에 존재한다고 믿었다. 동양사상은 신과 인간을 동일시하면서 동시에 자연과 인간을 동일시한다. 신과 자연과 인간은 동일 선상에 자리하고 있다. 이에 반해 기독교로 대변하는 서양사상은 신과 인간을 수직적 관계로 바라본다. 서양도 신과 인간, 자연을 수평적으로 바라보는 사고가 지배적이었지만, 기독교 이후 유일신교 사상이 자리 잡으면서 신과 인간을 상하 구조로 바라보는 사고가 보편화하였다.

자본주의의 타락으로 자기 수양 없어졌다. 종교 교과서 바꿀 시기다.

　물질문명과 돈을 중시하는 자본주의 사고는 수양을 부정한다. 오로지 물질적 풍요를 추구할 뿐이다. 자본주의는 종교마저 물질사고와 황금만능주의로 물들게 했다. 종교는 자본주의 영향을 받아 비대화되었고, 한발 더 나아가 기업화되었다. 자본주의에서 종교는 사유화의 도구로 전락하였다. 진정으로 종교의 본질에 관해 재점검해야 할 시점이다. 지금처럼 종교를 기업화하는 건 종교의 타락을 의미한다. 제2의 종교개혁이 필요한 시점이다. 종교가 순수를 벗어나면 사회는 타락할 수밖에 없다.

종교 없으면 인간성 상실한다. 좋은 인성이 형성되지 않는다.

　종교가 가진 많은 특성과 장점 중 가장 두드러진 점은 올바른 인성과 선(善)을 추구한다는 점이다. 모든 종교의 가르침은 기본적으로 선을 강조한다. 종교가 역사상 지금껏 세상을 선하게 만드는 데 일조했음을 부정할 수 없다. 종교는 앞으로도 이 같은 과제를 성실히 수행해 나가야 한다. 지금껏 종교가 없었다면, 세상은 타락으로 종말에 다다랐을지 모른다. 종교는 이처럼 인류 역사에 지대하게 선한 영향력을 행사해 왔다. 종교는 지금껏 좋은 인성을 이끌어 왔다. 그래서 지금까지 유지할 수 있었다.

먼 곳에 있는 구원을 좇지 말고, 가까운 사람에게 베풀고 사랑하라. 그것이 종교의 본질이다.

　종교의 역할은 광범위하다. 종교는 인간 생활에 막대한 영향을 끼치기 때문에 인간 세상을 선하게 이끌고 가야 한다. 그런 면에서 종교는 생활 종교가 돼야 한다. 누구나 이해하고 인정할 수 있는 종교가 필요하다. 구원은 멀리 있지만, 사랑은 가까이 있지 않은가. 사랑을 실천하며 대중의 인정을 받는 종교가 돼야 한다. 누구나 인정하는 보편적 사랑이 없으면 종교는 가치를 잃는다. 사랑을 실천하고 주위에 베푸는 게 종교의 참된 모습이다. 베풀지 않는 종교는 종교로서 인정받기 어렵다.

> 비구에 250 계율, 비구니에 348 계율이 있으나,
> 시대에 맞지 않으니 더는 지키기 어렵다.

승려는 비구(남승)와 비구니(여승)로 나눈다. 종파에 따라 다소의 차이가 있지만, 대개 비구승에게는 250개, 비구승에게는 348개의 계율이 있다. 종파마다 승려에게 제시되는 계율은 크게 다르지 않다. 그 계율에는 통제와 억압이 존재한다. 오랜 기간 지켜온 계율은 시대에 맞지 않는 부분이 많다. 과거에는 통용될 수 있었지만, 현대의 관점에서 보면 부당한 부분이 많다. 현대에 맞게 바꿀 필요가 있다. 통제와 억압은 현대사회에서 통용될 수 없다. 더 자유롭고 개방적인 분위기 속에서 믿음이 뿌리내려야 한다.

> 정치와 문화가 발전한 근대국가가
> 탄생하기까지 종교의 역할이 컸다.

군주국가의 틀을 깨고 근대국가로 성장하는 건 쉽지 않았다. 무엇보다 누천년 지속해 이어온 의식이 변해야 했기 때문이다. 의식을 변화시키는 일은 좀처럼 쉽지 않다. 봉건적 군주국가의 의식을 깨는데 앞장선 것은 종교였다. 외래 종교인 천주교와 자생 종교인 천도교의 역할이 컸다. 또한, 진보단체였던 일진회(一進會)가 큰 역할을 했다. 일진회는 훗날 친일단체로 변모하지만, 초기에는 유신회(惟新會)라는 이름의 사회개혁 단체였다. 이들의 노력으로 신분제가 폐지되고, 공화정이 탄생할 수 있었다.

> 석가는 수많은 신이 지배하는 대신 사회를 정리했다. 석가는 인간이
> 신이며 자연이 신이라는 교리로 불교를 창시했다.

　신과 인간을 주종의 관계로 보는 서양의 종교사상과 달리 동양의 종교사상은 신과 인간을 동등한 위치에서 바라보았다. 불교의 교리는 동양 종교사상의 수평적 관점이 잘 드러난다. 인간이 깨달음을 얻으면 곧 부처라는 교리는 신과 인간이 대등한 관계라는 점을 강조한다. 석가는 또 인간과 자연의 조화를 강조한다. 인간이 신과 동등한 존재라는 수평적 의식은 신과 인간의 종속적 관계를 주장하는 서양 종교사상의 관점에서는 이해하기 어렵다. 대개 종교 창시자는 살아서 성현으로 추앙받다가 죽은 후에 신의 지위에 올랐다.

> 경제는 경쟁만 가르치고, 역사는 선택이고,
> 종교 안 가르치는 게 학교 교육이다. 종교를
> 모르니 젊은이들이 신흥사이비 종교에 희생된다.

　우리나라 학교 교육은 종교에 대해 가르치지 않는다. 그러나 종교는 인간이 살아가면서 접해야 하는 아주 중요한 대상이다. 종교의 원리와 각 종교가 갖는 지향성을 이해해야 세상을 이해할 수 있다. 그런데도 종교 교육이 없는 것은 안타깝다. 종교에 관해 교육받지 않으니 종교를 모른다. 그래서 대한민국에는 신흥 사이비종교에 빠져드는 젊은이들이 다른 어느 나라보다 많다. 종교에 관한 기초지식이 허약해서 그렇다. 학교 교육은 경쟁만 가르치지 말고, 종교에 관한 기본지식을 가르쳐야 한다.

종교 수익에 세금 혜택 주는 이유는
국가를 대신해 인성교육을 해주기 때문이다.

　종교단체에 과세해야 한다는 주장은 어제오늘의 이야기가 아니다. 그런데도 정부는 종교단체 과세를 미루기만 한다. 여러 가지 이유가 있지만, 종교가 국가를 대신해 국민을 대상으로 인성교육을 담당하고 있다는 사실을 묵과할 수 없다. 실제로 종교를 통해 상당 부분의 인성교육이 진행되고 있다. 종교는 인성교육을 담당하는 사교육 단체로의 기능을 수행하고 있다. 그 역할을 얼마나 충실히 하고 있는지는 속단할 수 없지만, 기능적으로 그 역할을 맡은 것은 부정할 수 없다. 종교계의 수익은 연간 7조 5000억 원으로 추정된다.

국가는 기초교육, 직업교육, 이념교육을 담당한다. 가정은 생활교육을
담당하고 종교는 정서 순화 교육을 맡는다.

　인간의 교육은 시간과 장소의 구애 없이 항상 이루어진다. 인간의 교육은 죽는 그 날까지 지속한다. 태어나면서 가족에 의한 가정교육이 시작되고, 이후 국가교육이 시작된다. 학교를 통한 국가교육은 국민으로 살아가는 데 필요한 기초교육을 시작으로 직업교육까지 다채롭게 진행한다. 가정과 국가에서 진행하는 교육 이외의 정서 순화 교육은 종교의 영역이다. 이런 관점에서 종교는 아주 중요한 교육 기능을 수행한다. 인간사회에서 종교가 꼭 필요한 이유이다. 종교가 없는 사회는 지금껏 존재하지 않았다.

> 사람을 진심으로 존중하라. 모두가 하느님, 부처님이다.

종교는 신을 받들고 모시는 것처럼 비치지만, 실상 인간존중을 기본으로 한다. 인간이 그만큼 소중하고, 신과 가장 가까운 존재임을 깨닫게 한다. 그래서 인간을 존중하는 마음이 종교의 시작이라 할 수 있다. 특히 동양의 종교사상은 인간을 신의 위치로 끌어올려 바라본다. 인간도 깨달음을 통해 신의 경지에 오를 수 있다는 게 동양종교사상의 핵심이다. 그 중에도 불교의 교리가 그런 사상의 선명성이 짙다. 신을 향해 엎드려 개인의 복을 기원하는 자세는 종교의 본질에서 벗어나는 일이다. 자력 신앙이어야지 기복신앙이 되어선 안 된다.

> 종교의 유무를 선악의 기준으로 삼고 상대를 적대시
> 하면 맹신이 된다. 그러면 종교가 권력이 된다.

종교가 있고 없음을 가지고 사람을 선악의 기준으로 삼으면 안 된다. 설령 종교가 있다 해도 자신과 다른 종교를 가졌다고 해서 적대시하는 것도 위험하다. 종교를 가진 사람은 선하고, 반대로 종교가 없는 사람은 악하다는 공식은 성립하지 않는다. 특정 종교는 선하고 나머지 종교는 악하다는 공식도 성립하지 않는다. 종교에 관한 잘못된 편견은 종교를 권력화한다. 종교가 배타성을 갖게 되면 감당할 수 없다. 무엇보다 위험하다. 종교를 선악의 기준으로 삼는다면 이미 맹목적 종교관을 가진 거다.

제6장 종교후담 173

혼자 도(道) 닦는 마음을 범인(凡人)은 알 수 없다.

　단양 우 씨의 시조인 고려말 우탁(禹倬·1262-1342) 선생이 남긴 말이다. 우탁 선생은 월악산 줄기인 도락산에 도락정(道樂亭)을 짓고, 그곳에서 한국 문학사의 걸작인 탄로가(嘆老歌)를 지었다. 그는 도를 닦는데도 남모를 즐거움이 있다고 했다. 산중에서 혼자 도를 닦고 깨닫는 과정이 범인(凡人)들에게는 즐거움으로 비칠 리 없지만, 그는 외로움 속에도 즐거움이 있다고 했다. 단양팔경 중 하나인 사인암(舍人巖)은 그가 고려말 사인이란 벼슬로 있을 때 그곳에 휴양 가서 붙인 이름이다. 도락이란 도를 닦는데도 재미가 있어야 한다는 의미다.

정치, 종교, 이념에 몰두하여 광신하는 사람은 자신의 신념이라기보다 누군가에게 빙의(憑依)된 것으로 봐야 한다.

　몸은 내 몸인데 누군가의 부속품으로 살아가는 사람이 많다. 몸만 내 것일 뿐 의식은 남의 의식으로 살아가는 사람들이다. 내가 내 의지대로 살아가지 못하니 불쌍하기 짝이 없는 사람이다. 내 영혼이 들어앉아야 할 자리에 남의 영혼이 자리하고 있는 거다. 자기 눈으로 세상을 보는 눈, 선악을 가리는 눈을 잃고 남의 생각으로 세상을 보고, 세상을 재단한다. 정치나 종교, 이념에 광신하는 사람은 이런 부류가 많다. 불쌍하기 짝이 없는 인생이다. 적어도 부모에게 물려받은 소중한 내 몸에 내 영혼을 깃들여 살아야 한다. 광신적으로 남에 기대어 사는 사람처럼 불쌍한 사람은 없다.

> 한비자(韓非子)는 망국을 막는 정치에 필요한 요소를
> 준법정치, 신상필벌, 지혜집중, 실력배양,
> 국민총화, 국방강화로 꼽았다.

　한비자는 대표적 법가 사상가로 법치주의를 강조했다. 법가사상을 기반으로 진(秦)은 역사상 최초로 중국을 통일했지만, 가혹한 법치로 민심을 사는 데 실패했다. 그래서 통일의 대업을 이룬 후 단 15년 만에 멸망의 길로 접어들었다. 한비자는 합리적 법치를 강조했지만, 진시황은 그가 원하는 법치가 아닌 가혹한 법치를 했다. 서슬 퍼런 진시황의 통치가 끝나자마자 진나라는 무너졌다. 한비자 자신도 그 주변인들의 모함으로 독살되었다. 법가사상도 더 발전하지 못하고 역사 속으로 사라졌다.

> 정치는 부역자를 원하고, 종교인은 순종 양을 원한다.

　정치는 순응하는 국민을 원한다. 순응하다 못 해 부역하고 희생하는 국민을 원한다. 종교 역시 저항하고 교리에 반기를 드는 사람을 원치 않는다. 맹목적으로 따르고 순종하는 신앙인을 원한다. 이런 문화 속에 비판 없는 사회가 만들어지고 있다. 한 번 복종해서 순응하는 사람이 되면 비판의식을 잃는다. 자기의 생각을 좀처럼 바꾸려 하지 않는다. 그래서 정치가나 종교인은 어떻게서든 비판 없이 따르는 사람을 만들고자 한다. 한 번 길들여 놓으면 저항이 없어져 다스리기 편하기 때문이다.

> 종교세력이 강하면 정치, 경제가 후진한다.
> 종교는 오히려 발전하지 못한다.
> 정치 · 경제 · 종교 · 문화가 민주화돼야 선진국 된다.

중세 유럽은 암흑의 시대였다고 정의한다. 무려 1000년의 세월 동안 국민은 안중에 없었다. 오로지 신만 존재했고, 신에게 기생하는 종교 집단이 모든 권력을 움켜쥐었다. 일부 이슬람 국가에서도 비슷한 현상이 나타나고 있다. 종교가 정치 위에 군림하며 민주화를 가로막고 독재를 강행한다. 역사를 돌이켜 보건대 종교가 정치와 경제 위에 군림하면 국민은 고통스러워진다. 신을 절대시하는 유일신교에서 이런 현상이 두드러지게 나타난다. 종교는 마음속에 존재해야지, 권력화하면 모두에게 불행을 안긴다.

> 나보다 높은 사람은 나와 안 놀아주고, 나보다 낮은 사람과는 내가 같이 놀기 싫어한다. 결국, 나와 같은 사람 찾으면 친구밖에 없다.

작고한 고승 화종이 남긴 말이다. 내가 어울리고 싶어 하는 자는 나와 어울릴 생각이 없고, 나만 못한 자가 나와 어울리고자 하면 내가 거부한다. 그러니 나와 수준이 맞고 진정성 있게 마음을 나눌 친구가 필요하다. 나를 가장 잘 이해해 주는 존재가 친구다. 과거 농경 사회에는 같은 마을에서 나고 함께 자란 친구가 있지만, 산업사회 이후 도시로 삶의 터전을 옮긴 후 평생의 친구가 없다. 진정한 친구가 없는 것은, 현대인의 불행이다. 수시로 이사하고 전학을 다니는 현대의 아이들은 평생을 함께할 친구가 없어 안타깝다.

> **성인(聖人)은 지성(知性)으로 자기 치부를 위장할 뿐이다.
> 본성은 여느 사람과 별 차이가 없다.**

　도덕적으로 완성도 높은 사람을 성인이라 일컫는다. 실제로 성인은 늘 옳은 말을 하고, 인류에게 교훈을 주고자 한다. 모든 사람이 진리를 향해 갈 수 있도록 길을 안내해준다. 그러나, 그들도 본성 면에서 살펴보면 같은 사람이다. 욕망과 욕구로 가득한 평범한 사람이다. 다만 그들은 자기 지성으로 욕망을 억누를 뿐이다. 그들이 보편적 인간과 달라 욕망이 없는 사람이라고 생각하면 안 된다. 욕망은 같지만 억제하는지, 못하는지의 차이가 있을 뿐이다. 본성을 억누르고 지성을 보이지만, 희로애락의 감정은 같다.

> **만나면 헤어지고, 만들면 부서지고, 모나면 깎이고,
> 높아지면 비방 받고, 일하면 결함만 남고,
> 현명하면 모함당하고, 어리석으면 사기당한다.**

　장자는 고대의 동양 철학자다. 장자는 오늘날까지 세상 사람이 가슴에 새길 많은 말을 남겼다. 이 또한, 장자가 남긴 말이다. 2500년 전의 인물이 남긴 말이지만, 오늘날에도 적용하는 데 손색이 없다. 이처럼 과거에도 맞고 현재에도 맞고, 동양에서도 맞고 서양에서도 맞는 말을 진리라고 한다. 진리를 말하는 사람을 성인(聖人)이라고 말한다. 장자는 분명한 성인이다. 그래서 지금까지도 세상 사람은 장자의 말을 믿고 따른다. 장자의 말씀을 가슴에 새기려고 하고 배운다. 장자는 일상생활 속에서 보이는 사례로 진실을 전파해 공감을 얻었다.

정치 편향된 성향, 경제 집착한 성향, 종교 몰입한 성향, 몰입하면 헤어날 길이 없다.

책 한 권 읽은 사람이 가장 무섭다는 말이 있다. 오직 한 가지 방향만 생각하고 그게 세상 전부라고 생각하는 사람이다. 정치, 경제, 종교의 분야에서 특히 이런 성향이 나타난다. 한 가지 관점에 집착하는 사람은 보편적 대화의 상대가 못 된다. 다른 사람의 생각을 이해할 자세가 전혀 돼 있지 않기 때문이다. 자기의 틀 안에서 대화하려 하니 대화가 진척되지 않는다. 중요한 건 당사자는 자기가 그런 편협한 사고에 빠져있다는 걸 모른다는 사실이다. 하나만 알고 그게 전부라고 생각하는 사람이 가장 상대하기 어렵다.

강자에게 저승사자같이 대하고, 약자에게 구세주같이 대하라.

대한민국의 학자와 언론인에게 주문하고 싶은 말이다. 학자와 언론인은 무슨 일이 있어도 바른 식견으로 세상 사람들에게 올바른 정보를 전달해 주어야 할 의무가 있는 사람들이다. 바른말을 할 줄 알아야 진정한 지식인이다. 양심을 걸고 올바른 정보를 세상에 알려야 한다. 세상엔 올바른 말을 해도 곧이들으려 하지 않는 이들도 많다. 스스로 깨치기를 거부하고 세뇌당한 의식으로 세상을 보기 때문이다. 하지만 이들이 바른 생각을 가질 때까지 옳은 말을 계속해 세상을 바로잡아 주어야 한다.

편향된 정치 이념과 종교관을 가진 후진 세대 사람은 살아있는 화석이다.

나이 든 사람 중 정치나 종교에 상당히 편향되게 생각하는 이들이 많다. 나이 든 사람은 젊은 사람과 비교해 사고의 편향성과 경직성이 강한 게 사실이다. 편향성과 경직성을 가진 이들은 지식의 많고 적음과 무관하다. 많이 배웠다는 사람조차도 자신의 신념을 좀처럼 바꾸려 하지 않는다. 자발적 분노에 휩싸이고 포용력이 부족하다. 이 편협성과 경직성을 깨야 환영받는 사람이 된다. 변하려고 노력해도 부족한데 좀처럼 변하려 하지 않으니 그게 문제다. 화석처럼 변치 않는 사람은 다툼에 휘말릴 일이 많다.

청산유수는 한 빛이로데, 인생백년은 고행에서 벗어날 수 없다.

고창 선운사에 있는 대동계 비에 적힌 글귀다. 기록에 의하면 지역의 유생들이 여름철 철렵을 하던 중 즉석에서 시문을 작성하는 백일장을 열어 장원한 글의 일부다. 자연은 변하지 않는데 인간만 욕심에서 벗어나지 못해 고행을 자초한다는 내용이다. 무명작가의 글이지만, 마음에 새겨둘 만하다. 선운사를 찾는 관광객이 저마다 가슴에 새기고 간다고 한다. 유생의 글을 절에 있는 비석에 새겨두었다는 점도 이채롭다. 무명의 유생 글이지만, 깊이가 느껴진다. 도교적 세계관도 엿보인다. 그래서 더욱 의미가 새롭다.

모든 일에 과하지 마라.

'과유불급(過猶不及)'이란 말이 있다. 정도를 지나침은 미치지 못하는 것과 같다는 뜻이다. 과음, 과욕, 과색 모두 나에게 해로운 일이다. 마음을 비우고 모든 일에 정도를 지켜야 한다. 그래서 마음을 내려놓는 하심(下心)을 주문한다. 내려놓으란 의미의 '방하착(放下著)'을 주문한다. 그러나 욕심을 내려놓기란 쉽지 않다. 내려놓을 줄 알면 반은 성인(聖人)이 됐다고 할 수 있다. 모든 문제는 과도한 욕심을 앞세우는 데서 비롯된다. 지나친 것이 모자라는 것만 못한 때가 많음을 알아야 한다. 욕심을 내려놓으면 평생을 가볍게 살 수 있지만, 뭇 사람은 움켜쥐려고만 한다.

악은 선을 이길 수 없다.

만약 악이 선을 이긴다면, 누가 선하게 살겠는가? 순간적으로 악이 선을 이길 수는 있어도, 최종적으로는 선이 악을 이긴다. 그래서 사람들은 선을 믿고, 선하게 행동하고자 노력한다. 선이 악을 이긴다고 확신해야 세상을 밝게 살 수 있다. 악이 선을 이긴다고 생각하고 살면 세상은 허무하고 허탈하다. 다행히도 다수 사람은 선이 악을 이긴다고 생각하고 있고, 그래서 선하게 살고자 한다. 그래서 사람의 성품은 본디 선하다는 성선설이 대세다. 악은 선을 이길 수 없다고 신념을 가져야 한다. 인류는 그 신념을 놓지 않고 지금껏 살았다.

> **선행(善行)은 태산을 오르기처럼 어렵고,
>   악행(惡行)은 산에서 내려오는 것처럼 쉽다.**

    선한 마음을 갖고 있다고 해서 쉽게 선행하는 건 아니다. 선행을 실천으로 옮기는 것은 생각보다 어렵다. 악한 마음을 갖지 않으려고 노력하지만, 실상 악행을 범하기는 쉽다. 세상엔 그만큼 유혹이 많다. 내가 올곧은 마음을 갖고 있지만, 막상 행동은 그와 반대로 하는 사례가 많다. 선한 마음을 이어가고, 악행을 하지 않으려면 꾸준히 자기 수양해야 한다. 늘 선을 생각하고, 선행하겠다는 마음조차 먹지 않는다면 악행은 너무 쉽게 이루어진다. 선한 마음으로 선행하며 살겠다고 거듭 다짐해야 한다.

> **죽어봤나? 여자 남자 돼봤나? 남자 여자 돼봤나?
>   알 것 같지만, 모른다.**

    죽음은 신의 영역이다. 인간은 누구도 쉽게 죽음에 관해 말할 수 없다. 죽음을 모르기 때문에, 인간은 종교를 만들었다. 인간은 죽음을 경험해보지 않았기 때문에, 막연한 두려움을 갖는다. 그래서 종교가 탄생했다. 삶과 죽음이 그러하듯 남자와 여자 사이도 신의 영역이다. 남자가 여자를 모르고, 여자가 남자를 모르는 이유이다. 수십 년을 함께 산 부부도 서로의 성에 대해 무지하다. 직접 경험해보지 않았으니 모르는 게 당연하다. 서로를 안다고 말하지만, 사실은 아는 게 아니다. 아는 척하는 것뿐이다. 종교가 사후세계를 말하는 것도 마찬가지다.

> **건강한 것이 가장 큰 은혜요, 가진 것에 만족하면
> 그것이 곧 부자다. 친구의 제일은 믿음이다.
> 부처님을 믿어야 마음 편히 살 수 있다.**

계룡산 남매탑 '계명정사'라는 말사의 우물터에 적힌 작자 미상의 글귀다. 돌에 새긴 글도 아니고, 허술한 판자에 적혀있다. 이전에 말사의 사립문에 걸려있던 것을 우물터 옆으로 옮겼다고 전해진다. 남매탑은 계룡산을 찾는 등산객이 가장 많이 지나는 곳 중 하나다. 여러 사람이 읽고 마음에 새겨 불교의 교리를 널리 전파하고자 하는 마음에 게시한 듯하다. 만족할 줄 모르는 인간에게 만족하고 살라는 가르침을 준다. 부자의 기준은 없다. 적게 가졌어도 내가 만족하면 부자라 할 수 있다. 많이 가졌어도 더 많이 가진 자를 좇으면 늘 가난할 수밖에 없다.

> **선인들이 소탐대실의 원리를 후세에 교훈으로 남겼지만,
> 소인이 많은 세상이니 혼란스러울 때가 많다.
> 안 해도 될 짓을 하고 부끄러운 줄 모른다.**

소탐대실하면 소인배다. 대인은 크고 넓게 생각한다. 작은 이익에 집착하고, 양보할 줄 모르는 게 세상의 풍토다. 그러니 소인이 넘쳐나는 세상이라고 할 수 있다. 작은 이익을 포기하면 언젠가 큰 이익이 돌아온다는 사실을 모르니 소인이다. 손해를 손해로 생각하면 안 된다. 낚시할 때 미끼를 써야 하듯 작은 베풂이 큰 이익을 안긴다. 그걸 굳이 계산할 일은 아니지만, 세상이 정의롭다고 느낀다면 당장 이익보다는 먼 훗날을 보고 사는 게 맞다. 베풀면 반드시 돌아온다는 사실을 기억하며 살아야 한다.

제7장

自然讚歌
자연찬가

> **산하도 손대면 자연으로 돌아가고,
> 문화도 발전하면 원시로 돌아간다.**

　자연은 무한한 복원 능력을 갖췄다. 훼손하면 본래의 모습으로 돌아가고자 한다. 인간에 의한 파괴가 심화하면 자연은 한 번씩 재앙을 몰고 와 본래의 모습을 회복하고자 한다. 자연의 대재앙은 본래의 모습으로 회귀하기 위한 것이다. 인간이 만드는 문화도 발전을 거듭하다 보면 점차 단순해지고 과거로 회귀하려는 성향을 보인다. 자연소재를 찾아 즐기는 이유도 이런 측면에서 이해할 수 있다. 문명의 뒤에는 원시가 존재한다는 주장을 설득력 있다. 복고의 유행도 이런 측면에서 이해할 수 있다.

> **사람은 땅을 근본으로 삼고, 땅은 하늘을 근본으로 삼는다. 하늘은
> 도를 근본으로 삼고, 도는 자연을 근본으로 삼는다.**

　인간이 살아가는 데 농사가 기본이다. 농사를 짓기 위해서는 하늘의 도움이 절대 필요하다. 하늘은 세상 돌아가는 원리인 도(道)에 의존한다. 도는 다시 자연의 의존한다. 모든 것이 순환하며 상호작용한다고 보는 건 동양사상의 기본이다. 동양사상은 순환의 구조에서 세상을 이해하려 한다. 직선상의 진퇴 개념으로 세상을 보는 서양인과 의식구조가 다르다. 사람은 땅에 의존해 농사를 짓고, 농사는 자연에 의존해 이루어진다. 농사에 필요한 빛과 물을 배분하는 자연의 도(道)라 할 수 있다. 도는 자연 순환의 원리이다.

> 꽃은 피어도 소리가 없고, 새는 울어도 눈물이 없고,
> 사랑은 불타도 연기가 없다.

　세상에는 존재하지만 보이지 않고 들리지 않는 것이 있다. 눈에 보이지 않고 귀에 들리지 않아도 자연은 끊임없이 변화하고 잉태하고 성장한다. 자연의 변화는 순리여서 요란스럽지 않다. 표시 내지 않고 서서히 변해가는 게 자연의 모습이다. 자연의 변화는 소리 없이 찾아온다. 어느 날 꽃이 피고, 어느 날 낙엽이 진다. 이런 변화는 예고도 없이, 소리 없이 찾아온다. 사람은 왔다가 가지만, 자연은 소리 없이 변화를 이어간다. 드러나고 소리가 나야 믿으려는 건 인간의 속성일 뿐이다.

> 길가에 핀 꽃은 임자가 없어도 이름은 있다.

　세상 만물은 이름을 갖고 있다. 모든 사물에 이름을 붙이는 건 사람의 특성이다. 주인 없는 꽃, 나무, 새, 짐승도 모두 이름이 있다. 이름이 있다는 건 존재의 가치가 있다는 것이다. 김춘수의 시 '꽃'에서 "내가 그의 이름을 불러주었을 때 그는 나에게로 와서 꽃이 되었다."는 구절은 바로 이런 상황을 설명한 것이다. 이름을 붙여줌으로써 존재의 가치가 있는 그 무엇이 되어 의미를 부여받고 우리의 기억에 남게 된다는 것이다. 세상에 이름을 가진 모든 존재는 그 존재만으로 가치가 있다.

꾸민 것은 문화요, 꾸미지 않은 건 자연이다.

　자연은 생긴 그대로이다. 문화는 인간이 꾸민 모든 것을 의미한다. 자연은 끊임없이 순환하고 제모습을 찾아 복원한다. 인간은 끊임없이 꾸미며 문화를 만들어간다. 인간은 끊임없이 문명과 문화를 만들어가지만, 자연이 순응해야 가능하다. 자연이 순응하지 않으면 인간은 무기력해진다. 인간은 대단히 강한 존재처럼 보이지만, 자연 앞에서는 한낱 무기력한 존재일 뿐이다. 문화는 자연 속에서 자연에 순응하며 만들어가야 합당하다. 자연을 거스르는 문화는 불행을 안길 뿐이다. 모든 문화는 자연에 순응해 만들어졌다.

양자강 깊어도 모래 위고, 금강산이 높아도 소나무 아래다.

　인간이 만든 그 무엇도 잘난 것 같지만, 자연과 비교하면 하찮고 보잘것없다. 엄청난 규모의 양자강이라 해도 자연의 일부분일 뿐이다. 규모가 크고 빼어난 경치를 자랑하는 태산도 소나무 아래에 존재한다. 자연은 무궁무진하지만, 인간의 능력은 한계를 보인다. 인간은 자연 앞에서 겸손하고 숙연해야 한다. 섣불리 자연 앞에 도전장을 내밀면 안 된다. 자연의 경이로움을 인정해야 한다. 인간은 자연 속에서 살아가는 작은 존재에 불과하다. 자연에 무리하게 도전하는 인간은 처참하게 무너졌다.

> 하늘 보는 동물은 사람뿐이다. 짐승은 땅만 보니
> 　　　자연스럽게 후각과 청각이 발달한다.

　직립하는 인간은 자연계에서 하늘을 보는 유일한 존재이다. 나머지 동물을 모두 땅을 보며 살아간다. 그래서 인간은 다른 동물과 비교해 멀리 보는 재주를 지녔다. 반면, 짐승은 청각과 후각이 인간과 비교할 수 없을 만큼 발달해 있다. 각 생명체가 살아남기 위해 적응하며 특정 기능을 발전시키는 건 그만큼 자연이 공평하다는 뜻이다. 자연은 모든 생명체에게 공평하게 다양한 재주를 나누어 주었다. 인간은 주어진 재주 안에서 자연 일부로 살아간다. 인간은 만물의 영장일 뿐 자연의 지배자는 아니다.

> 인간은 자연에 도전하고 극복하며 산다.
> 　　　결국, 파멸의 길로 간다는 사실을 알고도
> 　　　우매한 현대인은 자연지구 파괴의 길을 버젓이 간다.

　인간은 끊임없이 자연에 도전한다. 자연에 대한 도전은 신에 대한 도전이기도 하다. 자연과학은 자연에 대한 도전이다. 자연과학은 도전의 학문이다. 자연을 향한 인간의 도전은 파멸의 길이다. 인간은 그런 사실을 잘 안다. 그러면서도 자연에 대한 도전을 멈추지 않는다. 인간의 편의를 위한 자연 파괴는 중단되어야 한다. 생존을 위한 최소한의 파괴를 넘어서면 안 된다. 자연 앞에 순응하라고 가르치는 인문과학의 힘이 절실하다. 인문과학은 인간의 파멸을 막아주는 학문이다.

하늘은 대지를 먹여 살리고, 대지는 만물을 먹여 살린다.

하늘은 빛과 물을 대지에 내려 대지가 생명력을 이어갈 수 있게 한다. 그러면 대지는 초목으로 모든 동물을 먹여 그들이 살게 한다. 호수와 강은 물을 가두어 자연이 생명력을 이어가게 한다. 대지를 기반으로 자라는 동물은 생을 마친 후 자연으로 돌아가 한 줌의 흙이 되고, 대지 일부가 된다. 지구가 생겨난 이후 이런 순환의 역사는 반복되고 있다. 빛과 물은 대지를 거쳐 모든 동물과 식물에 고르게 배분된다. 빛과 물이 없으면 생명체는 존재할 수 없다. 대지는 빛과 물의 저장고다.

낙엽이 흙으로 돌아가듯 원위치로 가는 건 귀소본능 때문이다.

자연은 본래의 모습으로 돌아가려는 습성이 있다. 자연의 순환 원리는 제자리로 돌아가려는 모습에서 찾을 수 있다. 자연은 순환하기 때문에 영속할 수 있다. 자연이 순환하지 않으면 종말이 온다. 낙엽도 거름과 흙이 돼 다시 생명이 자랄 수 있는 자양분이 된다. 본래 왔던 곳으로 돌아가려는 건 자연의 법칙이다. 그래서 동양에서는 죽음을 '돌아간다'라고 표현한다. 원래 있던 곳으로 돌아간다는 의미다. 원래 있던 곳이란 자연을 의미한다. 동양학은 자연에서 태어나 자연으로 돌아가는 게 인생이라고 설명한다.

동물은 자연에 길들어 살고, 인간은 문화에 길들어 산다.

인간의 역사는 자연 극복의 역사이다. 인간은 자연을 극복하고 문화를 만든다. 인간은 문화를 만들어 살고, 문화를 통해 인간다워진다. 그렇지만 동물은 자연을 극복하지 못하고 자연에 순응해 산다. 동물이 만들어 놓은 생활방식을 굳이 문화라고 표현하지 않는다. 문화는 오직 인간만이 갖는 특성이다. 문화를 통해 인간은 인간다워진다. 인간의 자연 극복은 과거엔 삶을 위한 선택이었지만, 현재는 무모한 도전이 많다. 꼭 필요하지 않지만, 과욕을 부려 자연을 파괴한다. 모든 자연 파괴는 인간이 주범이다.

자연은 만물이 살아가는데 절대적이다.

인간은 자연을 떠나 살 수 없다. 자연에 순응하며 살아야 한다. 그런데 인간은 자연에 끊임없이 도전한다. 인간은 욕심을 채우기 위해 자연에 도전하고, 자연을 파괴한다. 그러다 가끔 자연으로부터 혼쭐이 나기도 한다. 그렇지만 인간은 자연에 대한 도전을 멈추지 않는다. 인간은 자연 일부이고, 자연 속에서 자연과 더불어 살아야 한다. 인간은 자연 속에서 모든 걸 얻는다. 그래서 자연은 지켜져야 하고, 인간은 자연을 후손에 물려주어야 한다. 과도한 욕심을 앞세우는 인간은 자연의 무서움을 잘 모른다.

> **하늘은 푸르고 땅은 누르다. 청색과 황색을 혼합하면 녹색이다.**

　하늘과 땅이 만나 천지 만물을 생성한다는 건 동양사상의 핵심이다. 하늘의 푸른색과 땅의 누른색이 만나면 녹색이 된다. 녹색은 자연을 상징하는 색이다. 즉, 하늘과 땅이 만나 생명을 잉태하는 원리를 설명한다. 녹색은 초목을 상징한다. 초목은 모든 생명체의 먹이사슬 시작점이 되고, 생명체의 보금자리 역할을 한다. 그래서 생명의 근원이 된다. 하늘과 땅이 만나면서 세상이 열리는 거다. 하늘과 땅의 만남은 만물이 먹고 자랄 식량과 양분을 만든다. 가장 기본적인 자연의 질서다.

> **불은 하늘로, 물은 바다로, 나뭇잎은 뿌리로, 인간은 고향으로 간다.**

　자연 만물은 귀소본능이 있다. 본능이란 배워서 익히는 게 아니라 타고나는 것이고, 저절로 이루어지는 것이다. 자연이 돌아가는 원리는 순환이다. 순환이란 원래의 자리로 돌아가는 것을 반복하는 거다. 자연의 일부인 인간도 귀소본능을 갖고 있다. 인간이 나이 들어 고향을 그리워하는 건 자연스러운 현상이다. 회귀본능을 설명한 수구초심(首丘初心)이란 말은 여우가 죽을 때 구릉을 향해 머리를 두고 초심으로 돌아간다는 뜻이다. 인간은 수억만 리를 가도 되돌아오고자 하니 귀소본능이 가장 강하다고 할 수 있다.

> 생존을 위해서 먹어야 하고, 번식을 위해서 생식해야 한다. 인간의 본능은 하늘로부터 물려받은 근본이요, 자연의 이치다.

인간은 기본욕구를 가지고 있다. 기본욕구는 식욕, 색욕(성욕, 번식욕), 수면욕, 배설욕 등이다. 이런 기본욕구는 동물이 가진 기본욕구와 다르지 않다. 본능은 인간이 가지려 한 게 아니라 하늘로부터 부여받은 것이다. 그러니 자연의 이치일 뿐이다. 특히 식욕과 성욕은 생존을 위한 기본욕구다. 그러니 기본욕구에 관해 함부로 말해선 안 된다. 기본욕구가 채워진 후에 인간은 성장욕, 자아실현욕, 성취욕 등의 고차원적인 욕구를 갖는다. 기본욕구가 해결되지 않으면 고차원의 욕구는 발생하지 않는다.

> 죽음을 자기의 일로 생각하지 않는다. 죽음 앞에 모두 타인 같다.

'자고청춘일로백발(自古靑春一路白髮)'이라 했다. '청춘은 절로 흘러가고 백발로 가는 한 길밖에 없다.'라는 의미다. 인간은 누구나 늙고 병들어 죽음을 맞는다. 그러나 죽음을 자신이 당면한 과제라고 여기는 이는 많지 않다. 대개의 사람은 죽음을 그저 남의 일로만 여긴다. 자기의 죽음에 관해 진중하게 생각하고 대비하는 이를 거의 보지 못했다. 죽음은 언젠가 다가올 현실이다. 자신도 언젠가 죽을 것이란 사실을 냉철하게 받아들여 남은 생을 알차게 보낼 방법을 찾아야 한다. 인생은 연극이 아니다.

> 인간 세상은 자연 풍경과 같다. 정치, 경제, 사회가
> 균형과 조화를 이뤄야 민주 선진 사회다.
> 아무리 발전해도 균형이 맞지 않으면 불안한 사회다.

세상엔 다채로운 자연 풍광이 있고, 색깔도 다양하다. 그 다양한 색깔이 조화를 이뤄 자연은 다른 무엇과 비교할 수 없을 만큼 아름다움을 연출한다. 자연의 멋은 조화의 멋이다. 사람 살아가는 세상도 마찬가지다. 균형과 조화를 통해 아름다운 세상을 열어갈 수 있다. 균형과 조화를 외면한 채 나와 다른 색깔을 가진 사람을 적대시하고 배척하면 아름다운 자연의 그림을 그릴 수 없다. 세상에는 다양성이 존재한다. 다양성을 인정하고, 수용하는 자세가 필요하다. 그게 실현돼야 살 맛 나는 선진 사회가 된다.

> 젊어서는 마음이 아프고, 늙으면 몸이 아프다.

젊어서는 번민이 많다. 그 번민의 대부분은 욕심에서 비롯된다. 욕심을 부리고 남과 비교하면서 고달프고 마음이 아프다. 사랑 때문에 마음이 아프기도 하고, 재물이나 명예를 못 가져 가슴앓이를 하기도 한다. 하지만 늙어지면 욕심을 거둔다. 마음을 비우니 한결 편해진다. 그렇지만 늙으면 몸이 쇠약해지고 아픈 곳이 생겨난다. 마음이 아픈 것은 욕심을 내려놓으면 되지만, 늙어 몸이 아픈 것은 어쩔 도리가 없다. 늙어서의 아픔은 피할 길이 없지만, 욕심을 버리지 못해 생기는 젊어서의 아픔은 마음먹기에 따라 피해갈 수 있다. 그건 자신의 몫이다.

현대사회는 자발적 가난을 자초하는 사람도 많다.

현대사회는 지금껏 인류가 경험하지 못한 경쟁 사회다. 눈을 뜨면 경쟁이 시작되고, 경쟁이 아닌 게 없다. 그러다 보니 이런 경쟁 사회에 회의를 느끼고, 모든 걸 포기하는 사람이 나온다. 더러는 복잡한 문명사회에 살면서 각종 병에 걸려 이를 치유하기 위해 사회를 이탈하는 사람도 나온다. 이들이 추구하는 삶은 가난하더라도 행복하고 안전한 삶이다. 인생의 참맛을 느끼기 위해 이들은 자진해서 가난한 삶을 택한다. 진정한 내 일을 찾자는 선택을 한다. TV 프로그램 '나는 자연인이다'를 보면 자발적으로 가난을 선택한 사람이 자주 등장한다.

산은 비탈져도 나무는 곧게 자란다.
흙물에서 자라는 연꽃은 곱기만 하다.

비탈진 산에서도 나무는 하늘을 향해 곧게 자란다. 평지와 비교해 척박한 환경이지만, 환경을 탓하지 않고 올곧게 자라는 모양이다. 이는 환경을 극복해 나가는 힘이다. 연꽃은 진흙 속에서 자라지만, 다른 어떤 수초보다 쓸모가 많고 아름답게 자란다. 사람도 환경을 극복한 사람이 인정받는다. 가난과 시련을 극복하고 성공한 사람은 인정받고 칭송받는다. 혹독한 환경을 비굴하게 여길 필요는 없다. 극복해 냈을 때 가치는 더욱 빛난다. 시련을 극복하며 얻은 지혜는 무엇과도 바꿀 수 없는 가치를 지닌다.

백수의 왕 호랑이도 몸에 이가 생겨 죽는다.

　백수의 왕 호랑이를 당할 동물은 없다. 그러나 호랑이도 몸에 기생하는 작은 이 때문에 죽음에 이를 수 있다. 매사 시작은 작은 일에서 시작되는 문제가 큰일로 번지기 마련이다. 작은 일일 때 막아내면 감당할 수 있을 일도 큰일로 확산하면 막을 수 없는 지경에 이른다. 국가를 통치하는 권력도 작은 비리에서 시작해 걷잡을 수 없는 탄핵의 길로 접어들기도 한다. 역사를 통해 우리는 작은 일을 대처하지 못해 큰일로 번진 사건을 숱하게 보았다. 태블릿 PC 한 대가 정권을 무너뜨리는 걸 온 국민이 지켜봤다.

굽은 나무 선산 지키고, 못생긴 나무 정자 되어 그늘을 제공한다.

　세상은 잘난 사람에게 굽신거리고 호의를 베푼다. 그가 가진 권력이나 재물을 동경한다. 하지만 잘난 사람이 잘난 값을 못 하는 경우는 허다하다. 오히려 주목받지 못하는 사람이 자신의 할 도리를 다하고 사는 모습을 목격하게 된다. 부모를 가까이서 모시고 사는 자손은 가장 잘난 자손이 아니다. 잘난 사람에게 기대할 필요도 없고, 못난 사람이라고 냉대할 필요도 없다. 누구든 도리를 다하는 사람이 진정한 잘난 사람이다. 권력이나 재물로 사람을 평가하면 안 된다. 사람을 평가하는 기준이 달라져야 한다.

> **산은 멀리서 봐야 멋있다. 사람도 너무 가까우면
> 약점과 치부가 보인다. 적당한 거리가 필요하다.**

특정인과 지나치게 가까이 지내다 보면 몰라도 될 걸 알게 된다. 몰라도 될 것은 대개 그 사람의 치부와 약점이다. 치부와 약점이 노출되면 신비감이 사라진다. 존경심이 무너지고 실망감이 커진다. 약점이 보이지 않을 정도의 거리를 유지하는 게 좋다. 적당한 거리로 지내야 관계가 돈독하고 오래간다. 너무 빨리 너무 가까이 지내고자 하는 이들은 경계의 대상이다. 차츰차츰 적당히 거리를 두고 만나야 오래 사귈 수 있다. 서둘러 친해지고자 하는 사람은 대개 서둘러 단절하는 일이 많다. 친하게 지내는 사이라도 너무 많은 걸 알려 할 필요 없다.

> **곱게 못 늙고 추하고, 더럽게 늙으면 자기주장만 강하다. 마음이
> 늙으면 몸도 같이 늙는다. 나이 들어 곱게 늙어야 한다.**

나이가 들어 늙으면 젊을 때와 비교해 모든 것이 추해 보일 수 있다. 그래서 각별한 관리가 필요하다. 외모상으로도 더 가꾸고 단정해지기 위해 노력해야 한다. 그러나 그보다 중요한 건 너그러워지는 것이다. 늙음을 이유로 외로워지지 않으려면 대화가 잘 통하는 사람이 돼야 한다. 자기 생각만 옳다는 자세를 버리고 남의 말을 포용해 줄 줄 알아야 한다. 고집만 세우고 자기주장만 하는 노인은 어디서도 환영받지 못한다. 관대하고 포용적인 자세를 잃지 말아야 한다. 상대에 대한 이해가 필요하다.

자연은 모나지 않다.

　세상엔 스스로 만들어진 자연이 있고, 인간이 만든 피조물이 있다. 자연이 만든 삼라만상 중에는 모난 것이 없다. 천지 만물은 모나지 않았다. 그러나 세상엔 모난 것이 많다. 천지에 넘쳐나는 모난 것은 모두 인간이 만든 것이다. 모난 것은 인위적인 거고, 모나지 않은 것은 자연이 만든 것이다. 인간이 자연을 배워야 하는 이유다. 모난 것은 부딪혀 깨지고 부서지지만, 모나지 않은 것은 어울려 화합한다. 자연은 무한하지만, 인간이 만든 피조물은 유한하다. 세월이 지나면 변하는 게 인조물이다.

얼굴은 바꾸어도 심상은 못 바꾼다.

　'수상(手相:손금)보다 관상(觀相), 관상보다 심상(心相)'이란 말이 있다. 타고난 손금이나 인상보다 마음 씀씀이가 운명을 좌우한다는 말이다. 수상이나 관상은 눈에 보이지만, 심상은 겪어봐야 알 수 있다. 수상이나 관상이 바뀌지 않듯, 심상도 잘 바뀌지 않는 특성이 있다. 죄를 짓고 복역하는 재소자 가운데는 아무리 교화해도 교화가 되지 않는 사람이 있고, 아무리 못된 짓을 가르쳐도 못하는 사람이 있게 마련이다. 심상을 바꾸는 유일한 방법은 교육이다. 교육이 사람을 바꾸는 유일한 방법이다. 한번 형성된 마음가짐은 여간해 바뀌지 않는다. 어려서의 교육이 중요한 이유이다.

기는 두꺼비는 파리만 잘 잡고, 다리 없는 뱀도 뛰는 개구리 잘 잡아먹고 산다.

　세상 모든 생명체는 각기 살아가는 방식이 있다. 저마다의 재주가 있어, 그 재주로 먹고산다. 사람은 도구가 없이 파리를 잡지 못한다. 하지만 느림보 두꺼비는 아무런 도구가 없어도 파리를 잘 잡아먹는다. 뱀은 다리가 없지만, 두 다리로 펄쩍펄쩍 뛰어다니는 개구리를 잡아먹고 산다. 생각해보면 참으로 오묘하다. 사람도 각자의 재주가 있어 그 재주로 삶을 지탱해간다. 모든 사람은 각자의 재주가 있다. 그걸 인정해야 한다. 남 보기에 별스럽지 않은 것 같은 재주도 생계를 위해 긴요하게 쓰일 수 있다. 그러니 하찮은 재주란 없다.

수양산(首陽山) 그늘이 강동 80리를 비춘다.

　수양산은 백이 숙제가 고사리를 캐 먹고 살다 죽은 거로 전해지는 전설의 산이다. 속담이나 격언 등에서 등장하는 수양산은 보편적으로 큰 산을 의미한다. 수양산 그늘이 강동 80리를 비춘다는 건 산이 큰 만큼 그늘이 크고, 유역이 넓고, 그 산속에서 사는 생명체가 많고 다양함을 의미한다. 중국인은 80을 길한 숫자로 보아 굳이 80리라고 표현했다. 이 말은 사람의 인물 됨됨이가 크고, 은덕이 크면 여러 사람에게 도움을 줄 수 있고, 아량을 베풀 수 있음을 우회적으로 설명한 거다. 큰 마음을 갖고 베풀며 살아야 한다는 의미다.

인간은 호랑이 같은 용기와 부엉이 같은 지혜가 있어도, 어린애 같은 천진함도 있어야 한다.

살아가면서 꼭 필요한 게 용기와 지혜다. 용기는 호랑이를 빗대 설명했고, 지혜는 부엉이를 끌어들여 설명하고 있다. 그러나 용기와 지혜 말고도 살면서 필요한 것은 많다. 특히 천진함이 필요하다고 했다. 천진함은 약자를 대할 때 필요한 모습이다. 어린애 앞에서 힘과 권세를 자랑할 필요는 없다. 호랑이도 강아지를 만나면 놀아주는 아량을 보인다. 그러니 사람도 약자를 대할 때는 힘으로 제압하거나 지혜로 누르려 하지 말고 보호하고 베풀려는 마음가짐이 필요하다. 약자를 대할 때는 천진하게 대해야 한다.

흐르는 물속에도 소용돌이가 있고, 불어오는 바람 속에도 회오리가 있다.

물은 겉을 볼 때 잔잔하게 흘러가는 듯해도 속에서는 소용돌이를 일으키며 거칠게 움직인다. 잔잔하게 부는 바람도 어디선가에서는 회오리를 일으키기도 한다. 누군가의 인생을 바라보면 겉으로는 순탄해 보이지만, 실상 온갖 고통과 시련을 겪는 일이 허다하다. 겉보기와 다른 복잡한 내면의 세계를 안고 있다. 그러니 겉만 보고 사람을 함부로 평가할 수 없다. 걱정이나 근심이 없는 사람은 없다. 평온하게 사는 것처럼 보일지언정 실상은 고뇌하고 고민하며 힘겹게 살아가는 게 인생이다.

> 물은 흘러도 다투지 않고, 구름은 흘러도 서로 뒤지려 한다.

　자본주의 사회는 경쟁을 기반으로 움직인다. 태어나면서부터 경쟁을 배우고, 강요당한다. 그래서 자본주의에서 나고 자란 이들은 경쟁이 인간 생에서 불가피한 거로 생각하고 받아들인다. 오로지 경쟁에서 이길 생각만 하고, 지면 패배의식 속에 살아간다. 그러나 경쟁하지 않아도 얼마든지 귀한 가치를 추구하며 살 수 있다. 이런 이치는 자연을 통해 배울 수 있다. 흘러가는 물은 서로 먼저 가겠다고 다투는 법이 없다. 하늘에 떠가는 구름도 앞서가려고 경쟁하지 않는다. 마음을 너그럽게 쓰고, 자연 속에서 삶의 원리를 깨달아야 한다.

> 물도 언덕을 넘을 때 폭포가 되어 소리가 나고,
> 사람도 힘들 때는 소리가 난다.

　만물은 힘들 때 소리를 낸다. 몸이 아프거나, 마음이 아플 때도 소리를 낸다. 힘들다는 표현이다. 물도 힘겹게 흘러갈 때 소리를 내고, 공기도 세차게 흘러갈 때 바람 소리를 낸다. 세상만물은 소리를 내며 힘들다는 표시를 한다. 힘들 때만 소리를 내는 건 아니다. 인간은 아주 즐거울 때, 아주 기쁠 때, 아주 슬플 때도 감정을 표시하고, 소리를 낸다. 자연의 일부인 인간도 자연을 닮아 힘겨울 때는 소리를 낸다. 누군가 힘겨워 소리를 낼 때, 외면하지 않고 살펴보는 미덕이 필요하다. 누군가의 소리를 허투루 들으면 안 된다.

밤 10시 이후에 호르몬 분비가 가장 많다.

　사람의 생리 현상을 좌우하는 물질이 호르몬이다. 호르몬은 밤 10시 이후에 가장 왕성하게 분비된다고 한다. 병에 걸린 사람이 자력으로 병을 극복할 수 있는지, 혹은 극복하지 못하는지는 밤을 어떻게 지내는지에 따라 확연히 달라진다. 입원 환자에게 담당 의사가 아침 회진을 하며 컨디션을 묻는 건 밤에 왕성한 호르몬 활동이 일어나 자가면역력을 통해 몸 상태가 회복되었는지를 확인하는 거다. 밤 10시 이후 호르몬이 왕성하게 분비돼 면역력을 높이면 병세는 호전되지만, 그렇지 못하면 악화된다.

비는 봄비가 좋고, 바람은 가을바람이 좋다.

　비가 와야 생명을 잉태할 수 있다. 비는 새 생명의 기본 조건이다. 만물이 소생하는 봄에 내리는 비는 가치를 헤아릴 수 없는 존재다. 봄비가 소중한 이유다. 수확의 계절인 가을에는 청량한 바람이 꼭 필요하다. 수확물을 저장할 수 있게 잘 말리려면 바람이 절실하다. 그래서 가을바람은 무엇보다 소중하다. 가을비는 수확물을 썩게 만들 수 있어 반갑지 않다. 여름의 무더위를 몰아내는 가을바람은 무엇과 비교할 수 없을 만큼 청량하다. 그래서 봄비가 좋고, 가을바람이 좋다. 그만큼 필요한 존재이기 때문이다.

쥐 잡는 데는 천리마보다 고양이가 낫다.

천리마는 인간에게 가장 큰 이로움을 안기는 동물이다. 이동하고 물건을 운반할 수 있게 하는 역할을 하기 때문이다. 그러나 말은 말의 역할을 할 뿐이다. 아무리 유용한 말이라도 다른 역할은 미흡하다. 인간에게 온갖 해로움을 안기는 쥐를 잡는 일은 고양이를 따를 수 없다. 이렇듯 생명체는 각자의 특기가 있고, 가치가 있다. 인간 세상도 마찬가지다. 인간은 저마다 다른 재주와 특기를 지니고 있다. 쓸모없는 재주란 없다. 모든 사람이 지닌 저마다의 재능을 소중히 여겨야 한다.

어둠이 빛을 가릴 수 없다.

밝음과 어두움은 상대 개념이다. 빛이 있으면 밝음이라 하고, 빛이 없으면 어두움이라 한다. 빛이 존재하는 한 어둠은 없다. 즉, 밝음과 어두움의 차이는 빛이 있고 없고의 차이일 뿐이다. 세상은 본래 어둡다. 빛이 그 어두움을 몰아내고 밝음을 안긴다. 그러니 빛이 어두움을 이긴다. 빛이 있으면 어두움은 존재할 수 없다. 그러니 어둠이 빛을 가릴 수는 없다. 빛과 어두움은 양립할 수 없다. 빛의 양에 따라 어두움의 정도가 차이 날 수는 있지만, 작은 빛이라도 있으면 어두움은 사라진다.

하늘은 아무것도 없는 거 같아도 만물을 먹여 살린다.

하늘은 그저 조용히 존재하는 거 같지만 묵묵히 그 역할을 한다. 요란스럽게 표시 내 작용하지 않을 뿐, 조용히 역할을 하는 게 하늘이다. 하늘은 모든 생명체가 필요로 하는 빛과 공기, 물을 머금고 있는 저장고 같은 역할을 한다. 세상에서 가장 큰 저장고가 바로 하늘이다. 하늘이 빛과 공기, 물을 저장하고 있다가 수시로 뿌려주기 때문에 모든 생명체는 존재할 수 있다. 그러니 하늘이 아무것도 가지지 않고, 아무 역할도 하지 않는다는 건 오해다. 하늘이야말로 생명이 존재할 수 있게 하는 가장 소중한 존재다.

호랑이는 발톱을 함부로 쓰지 않는다.

여간해 호랑이 발톱을 본 사람은 없다. 분명 발톱은 존재하지만, 보지 못했을 뿐이다. 평상시 호랑이는 발톱을 드러내지 않는다. 사냥을 위해 꼭 필요할 때만 꺼내 사용한다. 호랑이 발톱은 엄청난 위력을 지녔다. 다른 동물의 발톱과 비교할 수 없을 만큼 크고 날카롭다. 호랑이 발톱에 걸리면 살아날 동물이 없다. 사람도 자기의 힘과 권력을 드러낼 필요가 없다. 힘과 권력은 꼭 필요할 때 사용하는 것이지, 평상시 자랑하고 과시할 대상이 아니다. 진짜 힘 있는 사람은 자신의 힘을 감출 뿐 함부로 드러내지 않는다.

내 의지대로 안 되는 것이 운명이고 숙명이다.

자기 뜻대로 모든 걸 이루고 사는 사람은 없다. 누구나 안 되는 일이 있다. 모든 일을 자기 뜻대로 하겠다는 건 욕심이다. 안 되는 일은 안된다고 인정하고, 미루거나 포기할 줄 알아야 한다. 안 되는 일에 집착하면 불필요한 에너지만 소모할 뿐이다. 세상사에는 운명이나 숙명이 있다. 운명이나 숙명이라면 노력 여부와 무관하게 이룰 수 없다. 그걸 인정해야 한다. 의지만 앞세워 무리하게 일을 저지르는 건 무모한 짓이다. 안 되는 일은, 안 되는 거로 인정할 때 평정심을 찾을 수 있다. 욕심을 앞세우면 안 된다.

만물 중 인간이 손을 쓸 수 있어 영장으로 진화했다.

인간은 다른 동물에 비해 나약한 신체를 가졌다. 맹수와 같은 날카로운 이빨과 발톱도 없고, 날짐승 같은 날개도 없다. 힘도 미약하고, 추위를 이겨낼 수 있는 두꺼운 가죽과 털도 없다. 그렇지만 인간은 만물의 영장이 되었다. 인간이 모든 동물을 지배할 수 있는 건 명석한 두뇌와 정교한 손을 가졌기 때문이다. 그러나 명석한 두뇌에 관해서만 관심을 보인다. 인간의 손은 무엇과 비교할 수 없이 정교하다. 인간은 정교한 손으로 무엇이든 만들어 냈다. 그래서 도구의 인간이 되었고, 다른 동물을 지배할 수 있었다.

> **모든 물건은 주인이 있다.**

　내가 갖고 싶다고 모든 걸 다 가질 수는 없다. 모든 물건에는 각자의 주인이 있기 때문이다. 물각유주(物各有主)란 소유가 다양함을 의미한다. 많은 걸 가지면 가질수록 물욕이 커져 더 많은 걸 갖고 싶어 하지만, 남의 것은 남의 것으로 인정해야 한다. 내가 다 가질 수 있다는 욕심은 대단히 위험하다. 영원한 내 것도 없다. 세상 만물의 주인은 바뀌게 마련이다. 그러니 내가 소유할 수 있는 운이 닿을 때 비로소 소유할 수 있다. 지금 당장 갖지 못해도 기다리면 언젠가 가질 수도 있다는 생각으로 기다려야 한다.

> **반듯하면 강이 아니다. 강은 굽이굽이
> 　　　흐르며 만물을 적시어 성장시킨다.**

　가까이서 보면 강은 곧게만 흐르는 거로 보인다. 하지만 멀리서, 높이서 바라보면 강이 굽이쳐 흘러감을 알 수 있다. 강이 굽어 흐르지 않고 곧게만 흐른다면 유속이 빨라 모든 걸 쓸고 내려간다. 모든 물은 흘러내려 가기 바빠 제 역할을 못 한다. 강은 천천히 굽이쳐 흐르며 대지를 적시고 생명체를 살린다. 강이 곧게 흐르면 홍수 때 모든 걸 쓸어버린다. 그러니 굽이쳐 흐르는 강이 긴요한 강이다. 곧게 흐르는 강은 언제 마귀로 변할지 모른다. 도로는 갈림길이 있어야 도로고, 강은 굽이쳐 흘러야 강이다.

제8장

財物雜說
재물잡설

> **돈은 쓰면서 벌면 후세까지 가고, 안 쓰고 벌면 당대도 못 간다.**

　수입에 맞는 소비가 중요하다. 쓰지 않고 베풀지 않으며 모으려만 하면 송사(訟事)에 휩싸이게 된다. 모으기만 하고 못 쓰다가 돌연 엉뚱한 사람이 그 돈을 다 쓰고 만다. 어렵게 재산을 벌어서 쉽게 잃는 사람의 상당수가 이런 사례에 해당한다. 과소비는 지양하더라도 적당히 쓰면서 살아야 한다. 적당히 쓰면서 남에게 베풀고 사는 사람은 억울한 일을 당하지 않는다. 재산을 잃지도 않는다. 인색하게 굴며 쓰지 않는 게 문제다. 살아있는 동안 내가 쓰는 돈이 내 돈이다. 남기고 가는 돈은 내 돈이 아니다.

> **젊어서 재산을 가지면 올바른 인간성이 형성되지 않는다. 재벌 후세의 인성 문제가 언론에 질타당하고 비판받는 이유다.**

　초년에 출세하는 건 아주 불행한 일 중 하나라고 한다. 젊어서 벼락부자가 되면 그 또한, 불행을 자초한다. 초년에 큰 재산을 가졌다면 대개는 부모의 덕이다. 부모의 덕이 아닌데도 큰돈을 벌었다면, 불로소득일 가능성이 크다. 불로소득은 인간성을 망치는 지름길이다. 인간성은 고난과 역경을 극복하는 과정에서 형성된다. 재벌 가문의 2세와 3세 등이 인성 문제에 부딪히는 것도, 이와 무관치 않다. 고난과 역경을 이겨낸 이후에야 재산을 지킬 수 있다. 젊어 고생은 사서 한다는 말도 이와 맥락을 같이 한다.

자기가 번 돈 다 쓰고 가면 대인이다.

한국에는 자기가 번 돈을 제대로 써보지 못하고 저세상으로 가는 이들이 많다. 써보지 못했으니, 쓸 줄 모른다. 그렇다고 이웃과 사회를 위해 기부하는 문화도 없다. 오로지 자식에게 물려주려는 성향이 강하다. 자기가 평생에 걸쳐 번 돈을 모두 쓰고 가겠다고 생각하는 한국인은 거의 없다. 지금이야 사회 풍토가 많이 바뀌었다지만, 한 세대 전만 해도 자식이 노후 대책이었다. 쓰지도 않고, 사회에 기부도 하지 않은 채 자식에게만 물려주는 것은 나를 망치고 자식을 망치는 일이다. 이런 사고방식을 가진 이들이 여전히 많다.

소인은 벌 줄만 알지 쓸 줄 모른다.

애써 벌어놓고 쓰지 못하는 인물이 너무 많다. 이 경우, 대개는 엉뚱한 사람이 그 돈을 다 쓰게 된다. 남이 애써 모은 재산을 탕진하는 사람은 절대로 그 돈을 값어치 있게 쓰지 못한다. 쾌락을 위해 허투루 쓰게 된다. 사업 등을 벌인다 해도 치밀하고 내실 있게 운영해나가지 못한다. 그러나 번 사람이 쓰고 가는 게 맞다. 그러나 대개의 사람은 어렵게 번 생각이 앞서 돈을 쓰지 못한다. 벌 때부터 무엇에 어떻게 쓸 건가에 관한 생각이 없어서 그렇다. 그렇게 되면 당초에 자기 쓸 몫이 없다.

돈은 산 자 몫이지 죽은 자 몫은 없다.

　돈은 살아서 필요한 것이지, 죽어서는 아무런 소용이 없는 무용지물이다. 그러나 대개의 인간은 죽는 날까지 돈에 집착하고, 자신이 모은 재산을 쓰지 못한다. 그러니 후회가 많은 민족이다. 이런 성향은 쉽게 바뀌지 않는다. 어쩌면 문화로 굳어졌다고 해도 과언이 아니다. 열심히 벌고, 열심히 쓰는 문화가 정착돼야 한다. 죽을 때 후회해도 소용없다. 돈을 모을 때는 훗날 이 돈을 어떻게 쓸 것인지에 관해 생각해 두어야 한다. 무작정 모으기만 하면 쓰지 못한다. 미리 쓸 생각을 해야 한다.

욕심이 많으면 아무리 재산이 많아도 가난에 시달린다.
욕심 많으면 근심도 많다.

　욕심이 많으면 근심에서 헤어나지 못한다. 재산을 지키려면 다툼과 송사가 끊이지 않는다. 큰 재산을 지키면서 송사 없이 지내는 사람은 없다. 베풀지 않으면서 움켜쥐기만 하므로 생기는 일이다. 부자이면서도 돈을 쓰지 못하는 사람을 부자영세민이라 부른다. 부자영세민은 참으로 불행한 사람이다. 돈을 지키려고만 하면 지키기 위해 하는 고민이 많다. 더 벌려고 하면 더 벌기 위한 고민이 있다. 돈은 벌기도 어렵고, 쓰기도 어렵다. 재산을 지키기란 쉽지 않다.

> 세도 가진 자의 기회주의에 세뇌되고 습관화되어, 가지지 못한 자가
> 부자 편들고 힘없는 자는 권력자와 힘 있는 자 편을 든다.

 자신은 가지지 못한 사람이면서 부자 편을 드는 사람이 있다. 부자들을 보호하고, 그들의 논리를 대변하는 정당에 투표하기도 하고, 그들의 열렬한 지지자가 되기도 한다. 가지지 못한 사람을 대변하는 정당에서 손을 내밀어도 뿌리친다. 이는 가진 자들의 논리에 세뇌되었기 때문이다. 부자는 가난한 자의 심정을 이해하지 못한다. 가난한 자들이 겪는 아픔도 이해하지 못한다. 그러나 가난한 자 중 상당수는 부자의 논리에 편승하여 그들의 처지를 대변하고, 지지한다.

> **돈에 눈 달리고 귀 달렸다.**
> **정당하게 벌지 않으면 반드시 풍파를 겪고 만다.**

 정당하게 번 돈이 아니라면 그 돈은 나갈 때 반드시 해코지한다. 벼락부자는 반드시 벼락거지가 된다. 복권 당첨으로 부자가 된 사람들의 말로를 살펴보면 대개는 불행하다. 돈이 화를 불러왔다. 뇌물 받기를 즐기는 사람은 반드시 뇌물의 해코지를 받아 파멸한다. 뇌물을 받은 사람은 그 뇌물을 도난당했을 때 수사를 의뢰한다. 수사하다 보면 결국 덜미를 잡혀 뇌물 수수 사실이 탄로 나고 처벌을 받는다. 바로 이런 이치다. 부정한 돈은 쉽게 내 돈이 되지 않는다. 복권 등으로 일시에 번 천금도 사람에게 화를 안기는 일이 많다.

부자로 잘살아본 경험이 없으니 부자의 도리가 무엇인지 모르고, 복지를 경험해보지 않았으니 복지로 사는 방법을 모른다.

　법으로 정해진 바는 없지만, 부자는 암묵적으로 사회적 책임이 있다. 그러나 상당수 부자는 그저 모으기만 해서 부자가 됐을 뿐 정작 부자로 살아보지 않았기 때문에 부자의 도리를 모른다. 복지에 관한 개념도 제대로 잡혀있지 않다. 만물의 공개념이란 개념이 희박해 베풀어야 한다는 사실을 인정하지 않는다. "왜 가난한 사람들에게 퍼주느냐? 여기가 공산주의 사회냐?"라는 말을 하는 이들의 대부분이 이런 부류라고 보면 된다. 이런 옹졸한 생각은 사회를 삭막하게 만든다. 훗날 본인도 불행하게 된다.

현대인은 아는 게 경제밖에 없으니, 모든 일에 경제 논리를 주장한다.

　현대인은 자본주의 가운데도 신자유주의로 무장돼 있다. 인정이 없어 매정하다. 세상의 모든 가치를 경제의 논리로만 생각하려는 성향이 아주 강하다. 문화예술이나 종교 등의 독특한 가치와 개념마저 경제적 관점으로 이해하려 한다. 법을 심판할 때도 그렇다. 재벌 총수가 구속되면 금세 나라 망한다고 호들갑 떠는 것도 이런 현상이다. 경제 논리를 앞세워 법과 공정의 가치도 훼손하는 일을 주저하지 않는다. 돈이 모든 일을 해결한다고 믿고, 경제 성장을 위해서는 공정의 파괴도 두려워하지 않는다.

역사의식이 없으니 더불어 사는 방법을 모른다. 경쟁보다 조화와 협업을 가르치기 위해 교과서를 새롭게 써야 한다.

역사의식이 없으면 우리 한민족이 어떻게 살아왔는지 알지 못한다. 우리가 왜 민족을 앞세우고 함께 어울리며 살아왔는지 알지 못한다. 그러니 이웃과 함께 살 생각을 하기보다 오로지 경쟁자로만 여긴다. 철저한 약육강식의 논리로만 세상을 보고 이웃을 바라본다. 경제를 일으켜 세운 세대들의 이런 역사의식과 사고방식이 특히 심하다. 지금과 같은 사고방식과 역사의식을 후손에 물려주는 건 위험하다. 조화와 협업을 가르쳐야 한다. 함께 도우면서 살아가는 법을 일깨워 주어야 한다. 그래야 서로 편하다.

풍요로우면 철이 늦게 나서 지혜가 안 생긴다.

부족하고 결핍한 가운데 극복의 지혜를 배운다. 풍요로우면 삶에 고민이 없게 되고, 고민하지 않으면 지혜가 생기지 않는다. 지혜는 어려운 상황을 극복하는 가운데 얻게 되는 산물이다. 평생 풍요롭게 산 사람은 죽을 때까지 철이 안 든다. 단정할 수는 없지만, 대개 그러하다. 부족함을 통해 고통을 느끼고, 고통을 극복하는 가운데 세상을 슬기롭게 사는 방법을 터득하게 된다. 고생해보지 않은 사람은 생각이 단순하고, 그런 만큼 위기 상황에 대처할 줄 모른다. 당장은 고통스럽더라도 결핍을 경험해야 하는 이유다.

돈은 벌 줄 알아야 관리할 줄 안다.

　돈을 벌어보지 못한 사람은 관리할 줄 모른다. 가진 사람은 있는 재산을 지킬 생각, 불릴 생각을 하지만 가지지 못한 사람은 그런 고민을 할 이유가 없다. 오로지 모으려고만 할 뿐 불리는 일에는 관심이 적다. 적은 재산은 근면과 성실로 벌지만, 종잣돈을 불려 큰돈을 만드는 건, 근면과 성실만으론 안 된다. 돈을 불리는 재주를 익혀야 한다. 평생 모으기만 하는 사람은 움켜쥐려고만 할 뿐, 재산을 키우는 방법에 대해 잘 알지 못한다. 큰 부자가 되는 일은 쉽지 않다. 그래서 '큰 부자는 하늘이 내린다.'라는 말이 생겼다.

1류 경영인 남의 지혜 빌린다. 2류 경영인 남의 지식 빌린다. 3류 경영인 자기 지식만 믿고 경영한다.

　남의 지혜를 빌릴 줄 알아야 큰돈을 벌고 관리할 수 있다. 지혜가 아니더라도, 지식이라도 빌릴 줄 알면 차선이다. 자기 고집에 빠져 도무지 남의 말을 들으려 하지 않는 사람이 많다. 그들은 전문가의 말도 듣지 않는다. 장사와 사업은 엄연히 다르다. 사업은 여러 명의 생계를 책임지는 일이다. 함께 사는 공존의 지혜가 필요하다. 지식은 지혜를 얻기 위한 수단이다. 전문가의 지식과 지혜를 빌리지 않고 자신의 감각만으로 모든 결정을 하려는 사업가는 오래가지 못한다. 경영자는 늘 결단의 순간을 슬기롭게 넘겨야 한다.

상위 5%가 재산의 60% 가진 나라 대한민국.
GDP(국내총생산)는 4대 기업이 60%를 차지한다.

대한민국의 재산은 상위 5%가 전체의 60%를 가졌다고 한다. 상위 10%가 80%를 가졌다고 하니 나머지 90%의 사람이 20%의 재산을 놓고 아웅다웅 다툼하며 사는 거다. 세계적으로도 이렇듯 부의 편중이 극심한 나라는 찾아보기 어렵다. 재물을 가진 자와 권세를 가진 자가 결탁해 있는 형태여서 해결할 길이 없다. 이런 문제를 사회적으로 해결해야 하는데 오히려 가진 자의 편에서 그들의 논리를 대변하는 이들이 많다. 그래서 이런 문제가 쉽게 해결되지 않는다. 낙수(落穗) 이론에 세뇌당해서 그러는 거다.

기업은 아무리 벌어도 배부르지 않다.
노동자는 안정된 생활이 목표다.

기업은 앞서가는 기업만 바라본다. 뒤는 돌아보지 않는다. 오로지 1위 자리를 차지하기 위해 혈안이 돼 있다. 대개의 기업은 내실을 다지기보다는 외형을 키우는 데 전력한다. 문어발식으로 사업을 확장해 나가는 것도, 이런 심리에서 비롯된다. 반면, 그 기업에서 일하는 노동자들은 기업이 국내 1위, 세계 1위로 올라서는 데 큰 관심이 없다. 그저 안정된 생활이 목표일 뿐이다. 노동자는 모든 일에 우선하여 안정된 생활을 원한다. 기업은 이런 노동자의 마음을 헤아려 가면서 나가야 한다.

가진 것은 죄악이 아니다. 베풀지 않으면 죄악이다.

　가진 사람은 가졌다는 사실만으로도 갖지 못한 사람에게 상실감을 준다. 그래서 미움의 대상이 될 수 있다. 가졌다는 사실 자체가 죄악은 아니지만, 베풀지 않으면 죄악으로 여겨진다. 가진 사람이 늘 베풀고 나누기를 생활화한다면 굳이 미움을 살 일은 없다. 가졌으면서 고통받는 이웃에게 베풀지 않으면 미움을 살 수밖에 없다. 베풀어야 공연한 미움을 사지 않고 본전이라도 찾을 수 있다. 가진 자가 베풀지 않으면, 평생 원망을 들어야 한다. 베풀고 나누는 게 무난하게 살 수 있는 유일한 길이다.

부정한 재화는 들어올 때 좋지만, 나갈 때는 해코지 해서 몸과 마음이 상한다.

　돈은 부정한 돈과 올바른 돈으로 구분된다. 부정한 돈은 오래 머물지 않고 빠져나가는데 빠져나갈 때 반드시 해코지한다. 그 돈으로 인해 망신을 당하기도 하고, 송사에 휩싸이기도 한다. 뉴스를 장식하는 온갖 부정한 돈의 흐름은 얽혀있다. 기분 좋게 쓸 수 있는 돈이 아니다. 부정한 돈은 반드시 나쁜 액운을 몰고 오고, 망신살을 뻗게 한다. 돈으로 인해 법정에 서게 되고, 구속되는 일이 허다하다. 이들은 모두 부정한 돈이다. 부정한 돈에는 관심을 두지 말아야 한다.

노력하지 않고 얻은 재산은 죄악이다.
대가 없이 얻으려 하면 망신당한다.

　일확천금은 반드시 부정을 동반한다. 노력하여 얻은 소득은 일확천금이 없다. 적절한 보상이 있을 뿐이다. 불로소득은 허무한 돈이다. 불로소득은 오래 지킬 수 없는 돈이다. 그러나 사람들 가운데는 불로소득을 꿈꾸는 이들이 많다. 인간은 사행심이 있다. 그래서 그 욕심 때문에 사기를 당한다. 불로소득을 꿈꾸다가 재산을 잃게 되는 것이 사기다. 욕심이 없었다면 사기를 당할 일은 없다. 사기는 그런 마음을 이용한다. 사기가 밝혀지기 전까지 욕심이 부풀어 행복하지만, 사기가 밝혀지고 나면 그보다 큰 고통은 없다.

일생을 아끼고 절약하고 억척같이 벌어서 못 쓰는 이들이 많다.
자식들 돈 벌어 주는 기계인지 고민해야 한다.

　일생 번 돈을 자기는 제대로 한번 써보지도 못하고 자식에게 모두 물려 주고 허망하게 가는 사람이 많다. 그렇게 가는 사람의 공통점은 절약하면서 억척같이 모은다는 점이다. 그러나 그렇게 모은 돈을 자식은 알뜰하게 쓰지 않는다. 자식 처지에는 부모에게 물려받은 재산은 쉽게 번 돈이 된다. 그래서 독이 될 수 있다. 쉽게 큰 재산을 물려받은 자식은 대개 자립하지 못한다. 그래서 자식에게 물려주는 재산은 돈이 아니라 독이 될 수 있다. 자식에게 독을 주기 위해 스스로 희생할 필요는 없다.

제8장 재물잡설

> **한국인 가운데는 많은 것을 곁에 두고도
> 써보지도 못하고 죽어가는 이들이 많다.**

돈을 벌었으면 원 없이 쓰라는 충고도 많고, 그런 내용의 강연도 많다. 하지만 한국인은 그런 말에 수긍하면서도 실행하지 못한다. 벌기만 하고 쓰지 못한 채 죽는 것은 한국 사회에 하나의 문화로 자리를 잡았다. 이미 그런 생각이 굳어져 있어 바꾸기가 어렵다. 같은 동아시아문화권인 중국이나 일본도 근검절약의 문화가 있지만, 그들은 자기가 번 돈을 쓰는 일을 죄악시하지 않는다. 자기가 번 돈도 마음대로 못 쓰는 건 우리에게만 있는 문화다. 돈을 벌 때부터 무엇에 어떻게 쓸 것인가에 관해 고민해야 한다.

> **대한민국 현대인의 가장 큰 병은 미래의 노후 대책 때문에,
> 오늘을 행복하게 살지 못하는 거다.**

자기가 번 돈을 쓰지 못하는 것은 많은 이유가 있지만, 앞선 세대가 노후에 가진 거 없이 사는 걸 지켜보면서 느낀 불안감 때문이다. 아파도 병원에 한 번 제대로 가지 못하고 고통스럽게 노년을 보내는 이들을 보며 나름의 노후를 준비하는 거다. 그러다 보니 미래를 준비해야 한다는 불안감이 커 쓰지 못한다. 당장 죽음이 임박해와도 달라지는 건 없다. 내일만 있을 뿐 오늘이 없기 때문이다. 인내하고 고통스러워하면서는 마음 편해하고, 행복하면 불안해하는 이해 못 할 심리도 한국인에게는 있다.

> **늘 행복을 곁에 두고도 다른 곳을 헤매며 찾아다닌다.
> 대한민국 현대인은 일찍 지쳤다.**

한국인은 행복을 크고 원대한 것으로 여긴다. 크게 돈을 벌고 성공해야 행복할 거라고 여긴다. 그래서 그 꿈을 이루기까지 고통을 감내해야 한다고 생각한다. 그래서 당장 즐겁고 행복하면, 훗날 큰 행복에 이를 수 없다는 불안감을 느낀다. 작은 행복에는 별 관심이 없다. 크게 성공하는 게 행복이라고 착각한다. 작은 행복이 이어지면 인생이 즐겁고 편안한데, 굳이 작은 행복을 포기하면서 원대한 행복을 찾아 나선다. 그러다 보니 정작 행복은 없다. 한국인은 행복의 개념을 다시 생각해봐야 한다.

> **권력(權力)은 금력(金力)을 이기고, 금력은 권력을 이긴다.
> 금권(金權)은 불이(不二)다.**

권력과 금력은 상호 경쟁적 관계인 듯하지만, 사실은 보완적 관계이면서 경쟁의 관계이다. 사람은 둘 중 하나를 택하기보다 둘 다 갖고 싶어 한다. 둘 중 하나만 갖고 만족하는 사람은 없다. 하나를 가지면 나머지 하나를 반드시 가지려 한다. 그래서 금력과 권력은 나누어 생각할 수 없다. 둘은 하나인 듯 둘이고, 둘인 듯 하나다. 둘은 보완적이어서 어느 것이 더 세다고도 단정할 수 없다. 돈과 권력 앞에 인간은 나약한 존재이다. 평생 그걸 좇다 허무하게 생을 마감하는 사람도 많다.

모든 상품 물질은 적정 가격 치르고 사야 유지·관리된다.
공짜가 싼 게 아니다.

 동네에 분위기 좋은 카페가 생기면 차를 팔아주고 이용해주어야 유지된다. "집도 가까운데 동네에서 무슨 찻집이냐?"라며 방문하지 않으면 그 카페는 폐업할 수밖에 없다. 적정한 값을 유지하고, 사랑방으로 이용해야 동네의 품위도 유지할 수 있고, 주민의 만남도 가능해진다. 무선통신 초기 시대에 일부 소비층이 비싼 카폰을 이용해주었기 때문에 그 기술력을 바탕으로 오늘날의 스마트폰이 탄생할 수 있었다. 실용성만을 강조했다면, 오늘날의 기술력은 잉태하지 못했을 거다. 투자 없는 결실은 없다.

조선시대에 아들 낳으면 "출산해서 부자 종 만든다."
딸을 낳으면 "사돈네 종 만든다."라는 말이 있었다.
가난의 대물림을 한탄하는 넋두리다.

 신분 사회에 하층민은 희망이 없었다. 봉건사회에 여자도 희망이 없었다. 어차피 가진 자, 남자들의 세상이어서 하층민, 여자로 태어나면 제대로 누려보지 못하고, 희생만 강요받았다. 대단히 불합리하고 모순적인 사회 질서로 당대의 사람은 극복할 수 없던 처지를 푸념했다. 오늘날은 사회적 모순이 많이 극복됐다고는 하지만, 여전히 계층이나 성별의 한계가 존재하는 부분이 있다. 이에 대한 원망과 넋두리도 넘쳐난다. 사회의 모순을 파악하고, 극복하려는 마음을 갖는 데서 변화는 싹을 틔운다.

일자리가 없는 게 아니고 고르는 것이다.
동남아인들에게 한국은 로망인 나라다.

　청년은 일자리가 없다고 아우성치고, 현장에서는 일할 사람이 없다고 아우성친다. 각 산업현장에서는 일손이 없어 외국인 노동자의 손을 빌린다. 지금 대한민국은 외국인 노동자들의 손 없이는 아무것도 제대로 할 수 없는 지경이 됐다. 그러나 한국 젊은이들은 일자리를 달라고 한다. 부가가치도 높고 안전하고 깨끗한 일을 하고 싶다는 거다. 청년 당사자에 앞서 부모들의 의식이 달라질 필요가 있다. 자식이 힘한 일 하는 걸 못 보는 게 한국의 부모들이다. 그 생각이 먼저 바뀌어야 일자리 모순은 해결의 실마리를 찾게 된다.

130만 외국 근로자가 한국 경제를 떠받치고 있다.
한국인은 위험하고 더럽고 힘든 일 하지 않는다.

　국내 거주하는 외국인의 수는 2024년 기준 250만 명에 이른다. 이 가운데 근로자는 130만 명을 넘어선다. 130만 명에 이르는 외국인 노동자가 없으면, 농업, 축산업, 어업, 광업부터 제조업이나 건설업, 서비스업에 이르기까지 무엇 하나 제대로 돌아갈 수 있는 일이 없다. 외국인 노동자 없는 산업은 생각할 수 없는 처지다. 우리가 생활하는 데 꼭 필요한 어렵고 위험하고 더러운 일도 그들의 손을 빌리지 않으면 아무것도 할 수 없다. 그러니 우리를 대신해 힘하고 힘든 일을 해주는 그들을 무시하고 천대할 게 아니라 고마워해야 한다.

누리고 살려고 버는가? 모으고 살려고 버는가?
욕심에는 만족이 없다.

돈을 벌 때는 그 번 돈으로 무얼 하겠다는 뚜렷한 목표의식이 있어야 한다. 그게 없으니 그저 모으기만 하는 거다. 한국인은 품격있는 삶에 대한 기대와 욕구가 부족하다. 가지고 있다는 안도감을 얻기 위해 돈을 버는 경우가 대부분이다. 품위 있게 돈을 쓰겠다는 생각이 부족하다. 돈은 가지고 있을 때 안도감을 주는 게 맞다. 그러나 그 안도감만을 위해 돈을 모은다는 것은 썩 바람직하지 않다. 품위 있게 돈 쓸 생각을 하며 벌어야 한다. 그리고 생각대로 실천해야 한다. 안도감을 위해 벌기만 하는 건 구시대적이다.

사회를 변화시키고 국민의식을 바꾸자.

한국은 세계에서 손꼽히는 잘사는 나라가 됐다. 하지만 다수 국민의 의식 수준은 개발도상국 단계에 머물고 있다. 의식이 선진국이 돼야 진정한 선진국이다. 기득권자는 욕심을 내려놓고 사회에 공헌하고 나눌 준비가 돼 있어야 한다. 다수의 국민이 행복을 누릴 준비가 돼 있어야 한다. 인성교육을 강화해 남을 배려하는 품위 있는 자세를 가져야 한다. 가지지 못한 사람을 무시하는 풍토는 여전히 한국 사회가 극복해야 할 과제이다. 이제 국민의식이 바뀔 때가 되었다. 교양있고 품위 있는 사회로 발전해나가야 한다.

현대 문명 물질 가지고도 풍족하게 살 수 있는데, 한국 사회는 계속 성장만 요구하고 있다.

한국은 잘살고 있다. 그러나 여전히 더 잘살아야 한다는 중압감에서 벗어나지 못하고 있다. 그래서 심한 스트레스 속에 살고 있다. 얼마나 더 가지고, 얼마나 더 성장해야 만족할 수 있을까? 우리가 느끼는 초조함은 상대적 빈곤에서 비롯된다. 절대 빈곤에서 탈출했지만, 한국인은 상대적 빈곤으로 인해 스트레스 받고 즐거운 인생을 살지 못한다. 현재의 가진 것에 만족하고 누리며 살 목표를 세워야 한다. 상대적 빈곤은 극복할 수 없다. 마음을 내려놓고 현재의 상황에 만족하는 게 현명한 대처법이다.

성공한 시대다. 사회를 변화시키는 인성교육이 필요한 시대다.

인성교육과 인문교육이 절실히 요구되는 사회다. 경쟁을 앞세우고 승자만이 생존한다는 인식이 우리 사회를 억누르고 있다. 서열화를 통한 줄 세우기 교육이 이런 폐단의 원인이다. 경쟁교육의 폐단으로 한국인의 삶은 여유가 없고, 늘 피폐하다. 주위를 둘러보고 더불어 사는 방법을 가르쳐야 한다. 그러나 현재의 교육은 냉혹한 경쟁만 가르치고 있다. 모든 국민은 이런 교육으로 인해 불안감에서 벗어나지 못하고 있다. 교육이 바뀌지 않으면 대한민국은 행복해질 수 없다.

두고도 못 쓰는 건 내 돈이 아니다.

없어서 못 쓰는 건 어쩔 수 없는 일이다. 하지만 갖고 있으면서 못 쓰는 건 설명할 길이 없다. 한국 사회에는 그런 사람이 너무 많다. 통장에 수억 원이 있어도 쓰지 않으면 내 돈이라 할 수 없다. 그런 돈은 결국 써보지도 못하고 녹아 없어진다. 사기꾼들은 돈을 정당하게 벌어 쓰지 않는다. 그들은 남의 돈이라도 내가 쓰면 내 돈이라고 생각한다. 돈은 값어치 있게 쓰는 게 무엇보다 중요하다. 통장 속의 돈이 아니라 내가 쓸 수 있는 돈이 진정한 내 돈이다. 이 간단한 사실을 알지 못하는 이들이 세상엔 너무 많다.

현대사회는 빈부의 양극화만 극대화한다. 성장주도정책이 나온 이유다.

지금은 성장주도의 사회다. 분배보다는 성장에 가치를 둔다. 지금 이렇게 잘 사는 나라가 됐지만, 한국인은 여전히 더 성장해야 하고, 더 잘살아야 한다는 중압감에서 벗어나지 못하고 있다. 이는 어려서부터 경쟁교육을 강요받은 탓이다. 더 높이 오르려 하고 더 앞서가려는 데만 치중하는 건 한국인이 가진 병폐다. 성장과 함께 분배에 관심을 가져야 한다. 성장과 함께 분배에 관심을 두는 사회가 진정한 선진 사회다. 가진 자들의 생각 전환이 필요하다. 더불어 가진 자의 논리에 세뇌당한 이들도 생각을 바꿔야 한다.

> 병든 뒤에 재산은 유산이지 재산 아니다. 건강할 때 재산은 재산이라 하지만, 아픈 뒤에 가진 돈은 그저 유산일 뿐이다.

병은 예고 없이 찾아온다. 병들고 나면 모든 것이 허사다. 돈을 쓰지 못하고 아끼기만 하는 것은 아프지 않을 거란 착각 때문이다. 아프기 시작하면 가진 돈은 종이에 불과하다. 쓸 수 없기 때문이다. 훗날을 대비하는 것도 중요하지만, 아프기 전에 쓸 만큼 쓰는 게 중요하다. 먹고 싶은 것 먹고, 사고 싶은 것 사고, 가고 싶은데 가면서 살아야 인생에 후회가 없다. 자녀 처지에도 부모가 원 없이 누리고 살다 가야 한이 맺히지 않는다. 요즘 상가에 곡소리가 사라진 것도 세상 떠난 부모의 고생이 줄었기 때문이다.

> 먹거리가 넘쳐나고 골라 먹고 가질 것 다 같고 누릴 것 다 누리는 사람이 욕심 때문에 부족을 느낀다.

사람의 욕심은 끝이 없다. 누릴 걸 다 누려도 양에 차지 않는다. 그러니 적당한 선에서 마음에 찼다고 느끼고, 만족해야 한다. 만족할지 모른다는 것은 끝없는 고뇌의 길을 갈 뿐이다. 외모가 빼어난 여성을 찾는 사람은 만족을 모른다. 더 매력적인 여성을 끊임없이 찾는다. 그러니 그의 만족감을 채울 수 없다. 욕심을 내려놓지 않는 한 욕심은 끝을 모른다. 멈춰 설 줄 모르는 게 인간의 욕심이다. 욕심을 채우는 것보다 마음을 비우고 욕심을 낮추는 게 훨씬 빠르고 실현 가능성이 크다.

> 많이 가졌으면 배려의 마음도 가져야 하는 게 가진 자의 의무다.

　노블레스 오블리주라는 말이 있다. 가진 자의 사회적 역할과 책임을 강조하는 말이다. 가진 자는 가진 만큼 베풀고 배려할 줄 알아야 한다. 당장 자신이 가진 것을 내려놓고 베풀면 손해 본다고 생각할 수 있지만, 그건 손해가 아니다. 마음이 편해지고 행복해지는 길이다. 다투고 송사에 시달리며 스트레스 속에서 사는 것보다 베풀고 나누는 게 더 행복하다. 나눠보면 나누는 게 얼마나 행복한지 알 수 있다. 움켜쥐는 것보다 나누는 게 마음의 행복을 가져다준다. 경험해보면 알 수 있다.

> 빈천도 즐거우면 행복이다. 부귀도 근심 많으면 행복에서 멀다.

　인생의 목표는 행복이다. 그러나 한국인 상당수는 인생의 목표를 성공에 맞춘다. 성공은 행복하기 위한 수단이 될 수는 있지만, 그 자체가 목표는 될 수 없다. 빈천하지만 행복하게 산다면, 만족할 수 있다. 반대로 물질적으로 성공했으면서도 불행하다고 느끼는 사람은 많다. 근심에서 벗어나 마음이 편한 상태 속에서 살아가는 것이 행복이다. 행복하면 성공한 것이지만, 성공했다고 행복할 수는 없다. 그러니 인생의 목표는 성공이 아닌 행복이어야 한다. 행복에 관한 생각의 변화가 절실하다.

지금도 풍족한데 만족을 모르고 부족하다고
더 가지려고 세상을 비관하고 나라를 원망한다.

남을 원망하는 일이 많다. 자기가 이루지 못한 것에 남 탓을 한다. 정치를 탓하고 관료를 탓한다. 한국은 나라에 대한 불만이 그 어느 나라와 비교할 수 없을 만큼 크다. 뭔가 안 되면 나라를 탓하고, 대통령을 탓한다. 그러면서 나라가 곧 망할 거란 걱정을 쏟아내는 이들이 많다. 나라가 곧 망할 거라며 한숨을 내쉰 사람은 예전부터 많았지만, 그렇다고 나라가 망한 적은 없다. 남 탓할 거 없다. 만족하며 사는 게 행복이다. 남 탓하고 불만을 쏟아낸다고 달라지는 건 아무것도 없다.

가진 것 자체가 죄악은 아니다. 과욕을 부리며
더불어 살지 못하는 것이 죄악이다.

소유는 죄악이 아니다. 소유한 것을 나누지 않고 혼자 움켜쥐려 하는 게 죄악이다. 나누면 더불어 잘 살 수 있지만, 인간의 욕심은 나누는 데 인색하다. 더 많은 걸 혼자 갖고 싶어 하는 욕심이 나누는 걸 가로막는다. 욕심을 내려놓고 주위와 가진 걸 나누면 모두에게 이롭지만, 쉽지 않다. 나누는데 인색한 건 함께 살아야 한다는 의식이 희박해서 그렇다. 경쟁과 욕심을 부추기는 교육을 받고 자라서 그렇다. 나눔의 미덕을 가르쳐야 한다. 우리 사회는 아직 나눔의 정서가 턱없이 부족하다.

만족함을 아는 자는 빈천도 즐겁고,
　　만족을 모르는 자는 부귀도 근심이다.

　만족이란 가진 것의 많고 적음과 무관하다. 조금 가졌어도 만족하는 사람이 있는가 하면, 많이 가졌어도 더 갖고 싶어 하고, 남의 걸 뺏고 싶어 하는 사람이 있다. 가진 것에 만족하는지는 오로지 마음먹기에 달렸다. 나보다 더 가진 사람을 바라보며 고통스러워하는 건 마음을 다스리지 못하기 때문이다. 만족하지 못하면 늘 근심 속에 살게 된다. 고통에서 벗어나 마음 편하게 살고자 한다면 현재 상황에 만족해야 한다. 쉽게 마음을 내려놓지 못하는 건 끊임없이 경쟁하도록 가르쳤기 때문이다.

남을 속이는 말로 재물을 구하는 자는 죽음을 구하는 자다.
　　혀는 목을 베는 칼이다.

　단기간에 많은 재물을 얻었다면, 그건 땀 흘려 얻은 소득이라고 할 수 없다. 남을 속여 부당한 이득을 챙긴 거로 봐야 한다. 땀 흘려 일해서는 단기간에 큰 소득을 올릴 수 없다. 남의 재물을 부당하게 내 손에 넣었다면, 그건 불행의 씨앗이 된다. 부당하게 얻은 재물은 나를 죽음에 이르게 한다. 특히 혀를 굴려 재물을 얻었다면, 그 혀는 단순한 혀가 아니라 남의 목숨을 끊은 칼이라고 봐야 한다. 혀를 굴려 재물을 얻으려 하면 인생이 삐뚤어진다. 정당하게 얻은 재물이라야 내 것이다.

미치면 살고 지치면 죽는다.

몰입하고 열중하면 좋은 결과를 얻을 수 있다. 그러나 몰입하고 열중하는 일을 지속하기란 어렵다. 어떤 일에 몰입하고 열중하기를 오래 하면 금세 지친다. 그렇지만, 내가 좋아서 하는 일, 적성에 맞는 일은 오래 해도 여간해 지치지 않는다. 좋아하는 일을 해야 하는 이유다. 좋아하지 않으면서 마지못해 하는 일은 몰입하기 어렵다. 지속하기는 더 어렵다. 어떤 일에 미칠 정도로 몰입하고 열중하면 즐겁다. 그 즐거움 때문에 지치지 않고 오래 할 수 있다. 후세에게도 즐거운 일을 하며 살도록 가르쳐야 한다.

가난도 재산이다.

가난은 고통스럽지만, 가난만큼 큰 스승도 없다. 곤궁해야 그 상황을 탈피하기 위해 노력한다. 저절로 풍요로우면 노력할 생각을 안 한다. 부자의 대부분은 가난을 경험한 사람들이다. 가난을 극복하고 일어서는 법을 알아서 부자가 된 거다. 그러나 가난을 경험해보지 못한 그 자식은 상황이 다르다. 가지려고 노력해보지 않았기 때문에 재산을 지키기가 쉽지 않다. 가난이란 선생을 모셔보지 않았기 때문에 허약하다. 그래서 무너지기 쉽다. 가난해 보지 않은 사람은 절대 이해 못 한다. 부자는 3대를 못 간다는 말도 새겨들어야 한다.

전쟁의 폐허와 가난 속에 성장한 건국 1세대들, 선진국이 돼서도 계속 성장만 요구한다.

사람의 의식구조는 한번 굳어지면 바꾸기가 어렵다. 대한민국 건국 1세대라 할 수 있는 1950년대 출생자들이 특히 그런 특징을 드러낸다. 그들은 혹독한 가난을 경험했고, 가난 극복의 의지가 누구보다 강했다. 그래서 어느 세대보다 근로욕이 강했고, 그들의 그런 자세는 국가 성장을 이끌었다. 그 덕에 대한민국은 부국이 되었다. 그러나 이미 일 중독에 빠져든 50년대 출생자들은 부자가 된 후에도 즐길 줄 모르고 계속 더 일하고 재산을 모으려 한다. 의식을 고치기 어려운 지경에 이르렀다.

문화적 가치보다 돈의 가치로 세상을 본다.

자본주의 문화에 젖어 사는 현대인은 세상의 모든 가치를 돈으로 평가한다. 세상엔 돈으로 환산할 수 없는 가치를 지닌 게 많은데 오로지 돈으로 가치를 평가하고자 한다. 돈으로 가치를 평가할 수 없는 대표적 대상은 문화다. 문화의 가치는 돈으로 환산할 수 없다. 문화가 발전해야 시대를 살아가는 사람들의 마음가짐이 여유로워지고, 삶이 풍요로워진다. 그러나 정치나 경제 논리만 중시되는 현실에서 문화 기반은 취약할 수밖에 없다. 문화의 가치로 세상을 보는 눈이 늘어야 한다. 유명 대기업이 갤러리를 운영하는 건 돈만 지향하는 기업이 아니라, 문화를 지향하는 기업이란 이미지를 대중에 심어주기 위한 거다.

사업에서 성공하려면 경영자가 창의성, 위기극복능력, 순발력, 재치 등을 두루 갖춰야 한다.

경영자는 다수 노동자의 생계를 책임지는 사람이다. 경영자의 잘못된 판단은 여럿의 생계를 위협받게 한다. 그래서 경영자는 누구보다 현명한 판단을 요구받는다. 경영자의 판단은 다수 노동자의 노력보다 결과를 더 크게 좌지우지한다. 옳게 판단하는 것 못지않게 빠른 판단도 요구받는다. 창의적인 생각을 통해 새로운 먹거리를 찾아내는 데도 순발력 있게 대처해야 한다. 위기가 닥치면 슬기롭게 헤쳐나갈 지혜도 갖춰야 한다. 경영자 한 사람의 잘못은 감당 못 할 결과를 가져오기도 한다.

사람은 죽어 관 뚜껑을 닫을 단계에 이르러야 자손과 재화가 쓸데없음을 안다.

명나라 말기 홍자성이 지은 '채근담(菜根譚)'에 수록된 격언이다. 채근담은 짧고 쉬운 내용이지만, 내용은 묵직하고 큰 울림을 준다. 그래서 현대인도 꾸준히 즐겨 읽는 책이다. 죽을 날이 가까운 사람이 마지막까지 마음을 내려놓지 못하고 끝까지 세속적 욕심을 부리다가 허무하게 떠나는 사례를 자주 목격하게 된다. 숨이 넘어가는 마지막 단계에 이르러 비로소 이 세상 재산이 저세상에서 쓸모없는 것임을 깨닫는다고 한다. 여기서는 자손도 재산과 마찬가지로 저세상에서는 쓸모없는 존재라고 표현하고 있다.

윤리적 채무가 많으면 운명이 바뀐다.

　흔히 빚이 있다고 하면 금전적 빚을 떠올린다. 남에게 무언가를 되돌려 줄 목적으로 잠시 사용하는 행위를 빚이라고 한다. 흔히 생각하는 금전적 빚은 빚 중에서 가장 갚기 쉬운 빚일 수 있다. 정해진 액수의 돈을 되돌려 주면 청산되기 때문이다. 그러나 마음의 빚은 얘기가 다르다. 되돌려 주기가 어려울 뿐 아니라, 갚았다고 해도 마음에 남기 때문이다. 마음의 빚은 측정이 어려운 만큼 되돌려 주기도 어렵다. 말 빚도 지면 안 된다. 돈 빚은 다음에라도 갚으면 되지만, 말 빚이 쌓이면 이자는 없더라도 인생이 삐뚤어진다. 돈으로 진 빚이 가장 갚기 쉬운 셈이다.

재물(財物)은 요물(妖物)이다.

　재물은 기본적으로 인간다운 삶을 영위해 나가는 데 꼭 필요하다. 기본적인 의식주 문제를 해결하지 못하면 인간은 고통스러울 수밖에 없다. 그래서 생활에 불편을 느끼지 않을 만큼의 재물은 필요하다. 그러나 생활에 불편을 느낄 정도의 단계를 넘어서면 재물은 요물이 될 수 있다. 충분히 가졌음에도 불구하고 남과 비교하여 더 가지려 하고, 심지어는 남의 것을 빼앗으려 한다. 내가 더 많은 재물을 갖기 위해 남과 다투는 일을 서슴지 않게 되고, 남에게 피해를 안기는 일조차 행하려 한다. 그래서 재물은 요물이라고 한다. 욕심을 버리고 필요한 만큼 구해야 재물은 행복을 안겨준다.

> 성공하여 대업을 이룬 세대라도 지금대로라면 진외손 재산된다.

　외가는 어머니의 친정 집안이다. 진외가(陳外家)는 아버지의 외가, 외외가(外外家)는 어머니의 외가이다. 그러니 진외손이란 아버지의 외할아버지가 나를 칭하는 호칭이 된다. 과거 단명하던 시절에는 진외조부를 만나는 일이 쉽지 않았지만, 평균 수명이 늘면서 아버지의 외할아버지를 마주칠 확률은 그만큼 커지고 있고, 현실이 되고 있다. 남녀 자손의 균등 상속이 법제화되었고, 자식을 한두 명만 낳는 세상이 되었으니, 과거 같으면 남과 다를 바 없던 진외조부의 재산이 내게도 올 수 있는 세상이 됐다. 지금과 같이 세상이 흘러가면 진외가 재산이 상속을 통해 내 재산이 될 가능성은 점차 커지고 있다. 현재의 내 재산도 유산으로 물려주면 3대가 지난 후에 진외손의 재산이 될 수 있다.

인간은 누가 가르쳐주지 않았지만,
본능적으로 아름다움을 찾는다.
그래서 생겨난 것이 예술이다.
예술은 참여하고 즐기고 소유하는 가운데 큰 만족감을 얻는다.

제9장

문화담론
文化談論

모든 문화는 같이 간다. 정치·종교·사회·문화 어느 쪽도 홀로 발전은 없다.

 문화는 인간이 살아가며 만든 삶의 방식을 총체적으로 이르는 말이다. 그래서 총체적 개념이고 통합적 개념이다. 문화를 이루는 요소는 다양하고, 그 요소는 상호 보완적이면서 상호 경쟁적이기도 하다. 예를 들어 병원이란 공간에서 의료진, 의료기기, 약품, 시설, 환자 등이 각자의 역할과 소임을 다할 때 병에 맞서 싸워 이길 수 있다. 사회 각 분야는 독주 없이 더불어 가야 한다. 정치문화는 정치인이 만들어가는 것 같아도 실상 민도가 성숙해야 제대로 전개되는 것도 이런 맥락에서 설명할 수 있다.

문화예술은 자유로워야 한다. 금권력(金力權)에 의지하고 휘둘리면 발전이 없다.

 문화를 권력이나 금력으로 휘두르려는 현상이 종종 발견된다. 세상이 권력과 금력에 의해 좌지우지되다 보니 그렇다. 문화예술인은 힘도 없고 돈도 없다. 그래서 권력과 금력을 가진 이들이 제멋대로 문화예술을 주무르려는 일이 생긴다. 힘없는 문화예술인이 제대로 저항하지 못하고 권력과 자본에 결탁하기도 한다. 이런 면 때문에, 오해도 많이 받고 때로는 천대받기도 한다. 지향점이 뚜렷한 문화예술인은 권력과 금력에 굴하지 않는다. 정통 문화예술인은 금권력 앞에 당당하고 떳떳하다.

> 문장가나 재능가나 권력과 금력 가진 자의 도구로 전락하기 쉽다.

    권력자들이 가진 속성 중의 하나가 문인이나 예술인을 자신들의 뜻을 이루는데 도구로 사용하려 한다는 점이다. 그래서 권세가들의 수하에 들어가 문장가로서, 또는 예술인으로서의 자존심을 버리고 비굴하게 연명하는 이들이 있다. 잘못된 일인 줄 알면서도 권력자의 입에 맞는 글을 써서 세상 사람을 선동하기도 하고, 왜곡된 작품으로 현실에 아부하기도 한다. 문인과 예술인이 비굴해지는 건 자립의 토대가 약한 것과 무관치 않다. 예술인이 생계 걱정 없이 마음껏 활동해야 진정한 선진국이다.

> 문화의 단절은 핵가족의 유산이다.
>   할아버지와 손자가 동거하지 않으므로 전파되지 않는다.

    삶의 방식이 문화다. 수천 년 지속한 농경문화가 반세기 만에 무너졌다. 농경 사회가 무너지고 산업사회가 시작되며 대가족제도가 핵가족제도로 바뀌었다. 대가족제도가 사라지며 나타난 많은 변화와 특징 중 가장 눈여겨볼 것은 할아버지에서 손자로 전해지는 문화 전승이 사라졌다는 점이다. 아버지는 생업에 몰두하다 보니 가족 내 문화의 전승은 대개 할아버지의 몫이었다. 지금은 그 전통이 사라졌다. 그러면서 어린 시절 할아버지를 통해 배워야 할 많은 것들이 단절된 상태다. 1000년 넘게 이어온 조손 간 전수 문화가 단절되었다. 그 점이 무엇보다 아쉽다.

인문학은 포괄적이고 정답이 없어서 흥미롭고 차원이 높다.
인문을 통해서 사람을 변화시킬 수 있다.

현대사회는 무얼 하든 정답을 요구한다. 그러나 세상엔 정답이 없는 질문과 답이 존재한다. 인문학은 정답이 없는 질문이다. 애초에 정답이 존재하지 않는다. 사람을 변화할 수 있게 만드는 학문일 뿐이다. 현대인은 발전에만 집착하지만, 변화는 발전만을 의미하지 않는다. 내면의 성숙을 요구하기 때문이다. 사람이 성장과 발전에만 몰입하는 현대사회에 꼭 필요한 학문이 인문학이다. 성장과 발전만이 인생의 목표라고 생각하고 앞만 보고 달려가는 현대인에게 인문학은 꼭 필요하다.

국악인은 가난하고 천대받았어도 나쁜 짓은 안 했다.

국악인을 비롯해 예술인들은 봉건질서 속에서 광대라며 천대받았다. 물질적으로 풍요를 누릴 수도 없었고, 사회적 권한도 제한적이었다. 그렇지만, 예술인들은 변변한 수입도 없이 평생 배우고 익히는 생활을 했다. 가난할 수밖에 없는 구조였다. 그러나 그들은 어떤 경우에도 나쁜 짓을 하지 않았다. 권력과 금력을 가진 자들이 결탁하며 더 많은 부와 명예를 누리기 위해 온갖 악행을 일삼았지만, 국악인을 비롯한 예술인은 꿋꿋하게 자신의 길을 갔다. 문화를 향유하다 보면 마음이 너그러워지고, 욕심이 줄어들기 때문이다.

전 세계가 아리랑에 우수성을 인정하고 감탄하지만, 실체는 알지 못한다.

아리랑은 한민족의 대표적 문화이지만, 관련해 알려진 것이 너무 많다. 언제 어디서 누가 시작했는지도 알 수 없고, 얼마나 많은 가사가 존재하는지도 알 수 없다. 심지어는 '아리랑'이란 말의 뜻도 모른다. 그러나 어찌 생각하면 알 수 없는 것이 많고, 미지의 문화라는 게 오히려 아리랑의 매력이다. 아리랑 관련 이야기는 캐도 캐도 또 나온다. 이렇듯 실체도 부정확하지만, 아리랑은 세계무형문화유산으로 등재됐다. 우리뿐 아니라 세계인이 함께 지켜야 할 인류 문화유산이다.

알듯 모를 듯한 고상한 전문용어, 유식하고 고급스러운 말만 있다고 명문 시가 아니다. 쉽고 듣기 편한 말도 우리 문화다.

쉬운 말을 어렵게 하는 이들이 있다. 쉽게 써서 누구나 읽고 이해할 수 있는 글을 굳이 어려운 말로 표현하는 이들이 있다. 본래 말과 글은 내 생각을 상대에게 전하기 위해 사용하는 수단이다. 그러니 쉽고 간편한 말과 글로 소통하는 게 맞다. 남들이 알아듣지 못하는 말과 글을 쓰면서 혼자 도취감에 빠진 이들을 보게 된다. 그러나 그런 말과 글은 상대에게 아무런 감동을 주지 못한다. 감동을 주지 못할 뿐 아니라, 소통 자체가 어려운 말과 글을 쓰는 것은 소통을 포기하는 일이다.

욕도 무대에 선다. 무당도 인간문화재다. 욕은 힘없는 자의 무기다.

　욕설은 상스럽다. 하지만 역사상 욕이 없던 시대는 없다. 생활 속에 묻어있는 하나의 문화다. 특히 사회적으로 천대받고 가난했던 이들이 스트레스를 푸는 탈출구가 욕이었다. 힘없는 자들이 세상을 향해 화풀이하는 건 욕이다. 그마저 없으면 많은 이들이 화병에 걸려 고전했을 거다. 강릉 단오제 축제에 가면 '육담대회'라 하여 욕설대회가 있다. 욕도 하나의 문화임을 인정하는 사례다. 살펴보면 문화가 아닌 게 없다. 욕은 하나의 생활문화이니 이 또한, 보존하고 전수할 가치가 있다. 그래서 욕 대회도 생긴 거다.

인간의 마음은 물질로는 절대 채울 수 없다.
　　오직 문화예술만이 대신할 수 있다.

　돈으로 채울 수 없는 허전함이 있다. 그 부분을 채울 수 있는 여러 가지가 있지만, 중요한 게 예술이다. 아름다움을 추구하는 것은 인간의 본성 중 하나다. 인간은 누가 가르쳐주지 않았지만, 본능적으로 아름다움을 찾는다. 그래서 생겨난 것이 예술이다. 예술은 참여하고 즐기고 소유하는 가운데 큰 만족감을 얻는다. 그 즐거움을 경험한 사람은 예술이 지향하는 가치를 안다. 미술작품 하나를 구입하고 소유해보면 그 기쁨이 얼마나 큰지 스스로 깨닫는다. 그 즐거움은 경험해 본 사람이 안다.

> **물질, 문명, 예술, 문화는 꾸민 것이다. 꾸미지 않은 것은 자연이다.**

　인간이 만드는 모든 것이 문화다. 문화는 생활 속에서 서서히 만들어진다. 모두가 공유하지 않고, 특정인만 누린다면 문화라 할 수 없다. 누구나 언제나 어디서나 즐기며 나누어야 진정한 문화로서의 가치가 있다. 물질과 문명, 예술과 문화는 모두 인간이 만들고 꾸민 것이다. 그것을 통칭하여 문화라 한다. 문화에는 고급과 저급이 없다. 다양성이 존재할 뿐이다. 인간은 끊임없이 문화를 만들어간다. 그래서 문화는 정체하지 않고 늘 변한다. 우리와 다른 환경 속에서 살아가는 이들을 이해하려면, 문화를 이해하는 것이 우선이다.

> **고상하고 뜻 모를 고급스러운 시서화, 시조창도 좋지만,
> 누구나 공감하고 마음 편히 들을 수 있는
> 우리 민화, 민요도 예술의 한 자락이다.**

　신분 사회는 상층민과 하층민이 존재했고, 그들이 생각과 생활이 달랐다. 그래서 계층 간 향유하는 문화도 달랐다. 조선을 예로 들면 상류층인 양반은 희로애락을 표현하는 자체를 금기시했다. 반면 하류층이 상민은 마음껏 자신의 희로애락을 예술로 표현했다. 상층문화와 하층문화는 각기의 특성이 있고, 각기의 가치가 있다. 하지만 오늘날에 이르러 고상하지는 않지만, 솔직하게 감정을 드러내는 서민문화를 더 높게 평가한다. 민화나 민요가 진정한 문화로 주목받는 이유이기도 하다.

제9장 문화담론

> **학술은 지식을 전해주고, 기술은 남을 편히 살게 해주지만,
> 예술은 남을 즐겁게 해준다.**

 학술과 기술의 발달은 우리의 삶을 편하게 해준다. 학술과 기술이 발달할수록 우리 삶은 편해지고, 성장한다. 이에 반해 예술은 당장 이익으로 연결되지 않는다. 예술의 본질은 편의가 아닌 즐거움을 추구하기 때문이다. 예술은 내가 즐겁고, 상대를 즐겁게 해주기 위해 한다. 즐겁지 않으면 예술이 아니다. 모든 인간의 궁극적인 목표는 행복과 즐거움이다. 즐거움은 모든 인간이 가장 갈망하는 정서이다. 그래서 예술은 인간 삶에 꼭 필요하다. 예술의 가치를 모르는 이들의 삶은 건조할 수밖에 없다.

> **물질로는 만족 못 하는 게 인간의 심성이다. 예술로 순화해야 한다.**

 물질은 인간의 마음을 채워주는데 한계가 있다. 채우면 채울수록 오히려 허전함이 커간다. 조바심이 커간다. 애써 모은 재산을 탕진할까 두려워하고, 나보다 더 많은 걸 가진 사람을 보고 스트레스를 받는다. 그래서 물질로 마음을 채우는 건 불가능하다. 아무리 채워도 허전함이 커지기 때문이다. 인간의 욕심은 시루와 같아서 채우려 해도 채울 수가 없다. 그 허전함을 채워줄 수 있는 게 예술이다. 예술은 인간을 즐겁게 한다. 예술을 즐기는 이들은 예술 활동이 얼마나 즐거운지 잘 안다. 예술에 관심이 없는 이들은 삭막한 삶을 살 수밖에 없다. 물질로 채울 수 없는 공백은 예술이 채워준다.

> **국가는 잃어도 되찾을 수 있지만, 문화를 잃으면 영원히 망한다.**

아시아 대부분 국가가 식민지를 경험했다. 우리도 치욕의 식민지 역사를 경험했지만, 우리보다 훨씬 오랜 세월 식민지배를 당한 나라가 참으로 많다. 그들 나라 중 상당수는 민족성을 잃었다. 외세에 저항하지 못하고 순응했다. 그러나 우리는 달랐다. 민족성을 잃지 않기 위해 부단히 노력했고, 강하게 저항했다. 우리가 민족성을 잃지 않고, 저항정신을 키워갈 수 있던 이유는 문화를 지켰기 때문이다. 문화가 우리 민족성을 이어갈 수 있게 했다. 그래서 우리는 그 저력으로 단기간에 세계 일류국가 반열에 오를 수 있었다.

> **2500년 전 인류는 상당한 문명국가를 이루었다. 당시 문명을 이끈 성인은 지금도 인류의 스승이고, 당시의 저술은 지금도 최고의 고전이다.**

노자(BC 604년경), 석가(BC 560년경), 공자(BC 551년), 소크라테스(BC 470년경), 플라톤(BC 428년), 맹자(BC 372년), 장자(BC 369년)가 살았던 때는 최고의 인문시대였다. 독일 철학자 칼 야스퍼스는 기원전 7세기부터 4세기 무렵 인류의 성인이 우후죽순 태어나 인류에게 가르침과 깨달음을 안긴 때를 축의 시대로 일컬었다. 이 무렵부터 인간은 인간에 대해 깊이 성찰을 하기 시작했고, 그 가르침은 오늘날에 이르기까지 이어지고 있다. 인류는 2500년 넘도록 축의 시대 성인의 말씀을 금과옥조로 여기며 살고 있다. 우리는 2500년 전 성인에게 지금도 배우고 있다.

예술은 현대사회 최고의 가치이다.
문화적 가치를 모르는 사람은 삭막하다.

　돈만 알고 돈만 추구하는 사람은 누가 봐도 무식하다. 그들은 돈이 세상 전부라고 생각하기 때문이다. 1년에 영화 한 편 보지 않고, 음악회나 전시회 한 번 가지 않는 사람이 행복할 수 있을까? 통장에 잔액이 쌓여간다고 해서 마냥 행복할까? 문화의 가치를 모르면 삶은 삭막해질 수밖에 없다. 음악회도 가보고, 전시회도 가보면 생각이 바뀐다. 마음에 여유가 생기고, 삶이 촉촉해진다. 윤기가 나는 삶으로 변한다. 그걸 경험해보지 못한 사람이 가장 불쌍한 사람이다. 여행을 통해 다양한 문화를 체험하는 것도 큰 재미다.

서양 물질이 동양 정신문화 굴복시켰다.

　산업혁명 이후 인류는 농경사회를 산업사회로 탈바꿈시켰다. 대량생산 대량소비가 가능해지면서 인간의 욕심과 욕망은 무한대로 커졌다. 물질이 주는 풍요에 빠져든 인류는 애써 지켜온 전통도 무너뜨렸다. 탐욕을 채우기 위해 타민족을 짓밟고 그들의 재물을 빼앗는 일도 서슴지 않았다. 산업혁명을 먼저 일으킨 서양인은 무참히 동양을 무력화시켰다. 이 무렵 수천 년 면면히 이어오던 동양의 정신문화가 서양의 물질문화 앞에 무릎 꿇기 시작했다. 지금 동양인뿐 아니라 모든 세계인이 서양문화를 따르며 산다. 세상은 참으로 삭막해졌다. 정신문화를 잃고 물질문화를 쫓으며 생겨난 일이다.

> 고대 진시황은 분서갱유를 단행했다.
> 근대 모택동은 문화혁명 때 지식인을 박해하고 추방했다.
> 제멋대로 통치에 걸림돌이라고 생각했기 때문이다.

　진시황의 분서갱유, 모택동의 문화대혁명은 지식인의 씨를 말리고, 문명문화를 퇴보시킨 역사적 사건이다. 두 인물의 공통점은 바른 소리를 하는 지식인을 숙청했다는 점이다. 자신이 통치하는 데 방해된다고 생각했기 때문이다. 독재자가 가장 두려워하는 이들은 지식인이다. 지식인을 숙청하거나 온갖 술수를 부려 자기편으로 만든다. 지금도 권력자들은 지식인을 매수하여 하수인으로 만들기 위해 부단히 노력한다. 자신과 생각이 다른 지식인을 교묘한 방법으로 탄압하기도 한다.

> 우리 역사를 품은 아리랑. 아리랑은 폭이
> 너무 크고 너무 깊은 데다 웅장하여 표현이 어렵다.

　아리랑은 대략 1만 곡 정도가 있을 거로 추정한다. 이중 발굴된 게 절반인 5천 곡 가량이다. 아리랑은 여전히 곳곳에서 발굴이 한창이다. 언제 어디서 누구에 의해 출발했는지는 알 수 없지만, 혼란기 사회상을 담은 가사 내용이 특히 많은 게 특징이다. 봉건사회가 무너져 가고 개화사상이 밀려올 무렵 무방비 상태로 개화를 맞으며 온갖 시련을 겪던 시절을 배경으로 한 가사가 특히 많은 건 눈여겨볼 부분이다. 시련이 많았을 때일수록 아리랑은 번창했다. 아리랑은 우리 문화의 정수다. 아리랑 속에 한국 문화가 담겨있다.

분수에 맞게 내 삶의 질에 투자하라.
질이란 문화생활과 취미를 말한다.

 즐기는데 자기 분수를 넘어서면 안 된다. 그러나 자기 분수에 맞는 범위 내에서 즐기고 사는 건 당연하다. 특히 문화와 예술을 즐길 줄 알아야 한다. 예술을 남의 일로만 여기면 평생 그 즐거움을 남의 것으로만 알게 된다. 자기에게 맞는 취미와 문화생활을 찾아야 한다. 문화예술은 폭이 넓어 얼마든지 자신에게 맞는 것을 찾을 수 있다. 환경을 탓하며 미루기만 하는 건 평생 문화예술을 즐기지 않겠다는 걸 의미한다. 삶의 질이 오르는 걸 경험하게 된다.

작가는 모르는 것에 관심 두고 새로운 것을 추구한다.
일반인은 아는 것만 관심 두고 연구한다.

 늘 새로운 걸 찾는 게 작가다. 작가는 새로운 것을 갈망한다. 늘 공부하고 생각해야 하는 이유다. 남의 얘기를 옮기는 이들에게 작가라는 호칭을 부여할 수 없다. 남과 달리 생각하고, 그걸 대중에게 알리려고 노력하는 사람이 진정한 작가다. 일반인은 자신이 아는 것에만 집착하고 관심을 두지만, 작가는 자신이 모르는 분야에도 적극적으로 관심을 두고 거기서 새로운 것을 발견하려 노력한다. 늘 같은 이야기만 반복하는 사람은 진정한 작가라 할 수 없다. 글 쓰는 작가, 그림을 그리고 글씨를 쓰는 작가 등 모든 작가는 마찬가지다.

> 지식은 배우고 전수할 수 있지만, 지혜는 터득하고 깨닫는 거다.

　지식은 배우는 거지만, 지혜는 터득하는 거다. 지식은 남이 가르쳐 줄 수 있지만, 지혜는 스스로 깨쳐야 한다. 그러나 지혜를 얻으려면 지식이 기반이 돼야 한다. 지식을 바탕으로 경험이 더해져야 지혜를 얻을 수 있다. 경험이 부족하면 절대 지혜에 이를 수 없다. 경험이 부족한 사람은 지혜가 부족할 수밖에 없다. 지혜를 얻는 데는 지름길도 없고, 쉽게 가는 길도 없다. 지식인 중 지혜롭지 못한 사람은 있지만, 지혜로운 사람은 모두 지식인이다. 지식이 밑바탕이 돼야 지혜를 얻을 수 있다.

> 문화예술 사업은 흥행이 관건이다. 흥행에 이르지 못하면 쪽박이다.
> 각종 원인 분석이 철저해야 흥행에 성공한다.

　예술을 사업화하면 흥행이 관건이다. 공연이나 전시, 영화 등은 모두 흥행을 목표로 한다. 흥행은 상품성에 따라 성공할 수도 있고 실패할 수도 있다. 그래서 예술 관련 사업을 흥행산업이라고 한다. 예술사업은 일면 도박과 같은 성격이 있다. 흥행에 성공하려면 사업성이 있어야 하고 사업성을 만들려면 마케팅이 관건이다. 흥행에 성공하지 못하면 패망이다. 연간 개봉하는 수백 편의 영화 중 흥행에 성공하는 건 불과 몇 작품이다. 문화예술 행사도 철저하게 시장 논리가 작동한다.

과거는 족벌·문벌 사회였지만, 현대는 학벌·재벌사회다.

　지난 시대가 신분 사회였다면, 현대사회는 능력 중심의 사회다. 능력사회는 대단히 평등해 보이지만, 내면을 자세히 들여다보면 평등하다고 보기 어렵다. 타고나는 신분은 사라졌지만, 학벌과 재산에 따라 새로운 계층이 생겨났다. 학벌이나 재산의 모자람을 극복하고 성공하기란 역시 어렵다. 능력사회라지만, 학벌과 재산의 벽이 너무 높아 극복하기가 어렵다. 벽은 점점 높아지고 있다. 뜻있는 사람은 이런 현상을 기울어진 운동장에 비유하며 극복을 주장하고 있다.

북 평양(平壤), 남 진주(晉州)라 했다.

　남북 분단 이전 한반도가 하나의 나라였을 당시 평양과 진주는 각기 북부지역과 남부지역을 대표하는 예술의 고장이었다. 문화와 예술이 발전한 이 두 도시의 문화를 이끌어 간 부류는 기생이었다. 기생은 단순한 접대원이 아니라 예술인이었다. 그들이 예술 무대의 중심에 서 있었다. 기생은 천한 신분으로 취급받았지만, 예술적 자존심이 있었다. 그들이 아니었으면 지금의 찬란한 문화예술은 꽃을 피우지 못했을 거다. 음식문화도 기생문화의 한 갈래가 되었다. 개성과 전주도 평양과 진주 못지않게 기생문화로 손꼽히는 도시다.

문화예술은 어떠한 가치관을 가졌는가가 중요하다.

예술은 바라보는 관점이 중요하다. 또한, 예술가가 어떤 가치관을 갖고 예술 활동에 임하는지가 중요하다. 전통적 가치관을 가진 이들은 예술을 천대한다. 예술인을 광대라며 얕잡아 본다. 예술인을 천대하는 사람은 예술을 모르는 사람이다. 예술을 이해하지 못하는 자신의 과오를 모른다. 선진국은 경제만 발전한 나라가 아니다. 문화와 예술이 발전해 모든 국민이 향유하는 나라가 진정한 선진국이다. 예술은 아름다움을 추구하는 인간의 본성을 표현하는 행위이다. 즐거움이 있어야 예술도 가치가 있다.

실버세대 대부분은 수평문화가 망조라고 한다.
수직만이 살길이라는 화석화된 관념에 사로잡혀 있다.

수직 문화에 길든 세대가 있다. 지금은 노인이 돼 실버세대라 불리는 이들은 수직 문화에 익숙해 있다. 모든 사회구성원을 이분법적으로 나누어 상층과 하층으로 구분하고자 한다. 어려서 자라면서 고착한 생각을 평생 바꾸지 않으니 여전히 수직적 관점에서 사람을 바라본다. 모두가 평등하고 존귀하다는 현대의 사고를 이해하지 못한다. 사고가 굳어져 이미 화석화됐기 때문이다. 이들은 조그만 일에도 "이러다 나라 망한다."라고 걱정을 앞세운다. 설득이 안 되니 답답한 부류다. 정작 자기의 답답함을 본인은 모른다.

봉건사회에는 광대가 무대에서 양반 귀족을 조롱하는 게 허용됐다.

엄격한 신분 사회에서 지배계층을 조롱하는 건 화를 자초하는 일이었다. 말 한마디 잘못하면 엄벌을 당하는 시대였다. 그런 신분 사회 속에서 유독 최하층이지만 광대에게는 상류층에 대한 조롱이 허용됐다. 광대의 조롱으로 만백성은 억눌림에 대한 카타르시스를 얻었다. 탈춤이나 마당놀이 등의 공연에서 광대는 양반들을 마음 놓고 조롱했다. 다른 이들에게는 허용되지 않던 지배층에 대한 조롱이 광대에게만은 허용됐다. 광대는 사회의 유일한 숨구멍 노릇을 했다.

동서양 모두 7자를 좋아한다. 숫자 7은 우주를 상징한다. 북두칠성이 우주의 중심이다.

동양인과 서양인은 여러 면에서 차이를 보인다. 동양의 문화와 서양의 문화도 차이가 크다. 동양인이 좋아하는 숫자와 싫어하는 숫자가 있다. 물론 서양인도 좋아하는 숫자와 싫어하는 숫자가 있다. 동양인과 서양인이 좋아하고 싫어하는 숫자는 다르지만, 유독 '7'은 같이 좋아한다. 동양인은 북두칠성을 바라보며 숫자 7이 우주의 원리를 담은 숫자라고 생각했다. 서양인도 'lucky seven'이라 하여 숫자 7을 좋아했다. 북두칠성이 세계인에게 7을 행운의 숫자로 만들어 준 거로 판단한다.

> 한국은 경제 제일에서 가정 제일로 변해가고 있다.
> 사회 친화형에서 가정 친화형으로 변하고 있다.

한 세대 전만 해도 한국인의 머릿속에는 오직 경제만 있었다. 잘살아보겠다는 일념이 강해서 일중독 사회의 모습을 보였다. 그래서 직장은 가정보다 우선시 됐다. 항상 일이 먼저였다. 직장을 우선시하는 사람이 인정받았다. 그러나 선진국이 된 한국의 모습은 완전히 바뀌었다. 일보다 가정을 우선시하는 문화가 자리를 잡아가고 있다. 워라벨 문화가 정착하면서 가정과 직장의 양립이 보편화하고 있다. 젊은 세대는 보상받는 회사보다 사생활을 인정해주는 회사를 선호하고 있다.

> 어렵게 말하고, 글을 쓰려는 풍토가 있다.
> 그래서 번잡스럽게 살이 붙는 말과 글이 많다.

과거의 식자계층은 말을 어렵게 하고 글을 어렵게 썼다. 그것이 자신의 지식을 표출하는 거로 생각했다. 뭇 사람들은 몰라도 식자계층끼리만 소통하면 된다는 생각 때문이었다. 그러나 시대가 바뀌면서 소통을 바라보는 의식도 바뀌었다. 말도 쉽게 하고, 글도 쉽게 쓰는 게 좋은 소통법이란 생각이 확산했다. 글을 잘 쓰는 사람의 글은 문체가 간결하고 내용이 쉽다. 불필요한 수식어를 사용하지 않고, 요점이 정확하다. 글은 쉽게 쓰기가 어렵고, 어렵게 쓰는 게 쉽다는 말이 있다. 지금보다 더 쉽고 간결하게 쓰는 문체가 정착해야 한다.

아리랑은 평민의 경전(經典)이지만, 이해 부족으로 삼류 강의 취급 당한다.

 아리랑 가사는 방대하다. 그 방대한 가사의 내용은 한결같이 심오하다. 평범한 일상을 소재로 하지만, 가사 내용을 살펴보면 삶의 철학이 담겨있다. 그러면서도 아름답고 진솔하다. 이런 이유로 아리랑 가사를 평민의 경전이라 부른다. 유네스코도 인정한 아리랑은 대한민국을 대표하는 민족문화다. 그렇지만 여전히 삼류 취급하는 사람이 있는가 하면 아리랑 가사에 관한 강의를 속된 저질 강의로 치부하는 부류가 있다. 민족문화의 가치를 모르기 때문이다. 아리랑이 역사고, 역사가 아리랑이다.

영원히 성장하는 게 예술이다.

 인간은 아름다움을 추구하는 본성을 갖고 있다. 그래서 끊임없이 예술 활동을 한다. 인간의 예술 활동은 역사 이전부터 시작해 지금도 계속되고 있다. 원시시대에도 벽화를 남긴 것이 지금도 보존돼있는 건 좋은 사례이다. 예술 수준을 보면 그 사람을 알고, 그 지역을 알고, 그 국가를 알 수 있다. 예술은 문화의 수준을 반영한다. 예술을 정치나 경제의 하위 개념으로 파악하는 건 잘못이다. 오히려 예술은 정치나 경제보다 상위개념으로 보고 이해하려 노력해야 한다. 예술 수준이 높아야 진정한 선진국이다.

20세기는 이념과 계몽운동의 시기였다.

　인류의 역사 시작과 함께 군주제가 이어져 왔다. 군주제가 종식된 것은 19세기에 이르러서였고, 그 배경에는 이념의 성장이 있다. 특히 계몽주의 사상의 발전은 시민의식을 성장시켰고, 그로 인해 5000년 군주제가 무너지고 공화정이 탄생했다. 계몽주의 사상은 국가가 군주의 것이 아니라 시민의 것이며, 국가를 위해 시민이 존재하는 게 아니라 시민을 위해 국가가 존재한다는 확실한 의식을 심어주었다. 계몽주의의 영향을 받아 프랑스대혁명을 시작으로 봇물 터지듯 혁명이 이어졌다.

성장의 그늘 속에 묻힌 우리의 정체성을 찾아서 복원해야 문화 선진국이 되어 성장 발전한다.

　우리는 한민족의 정체성을 회복해야 한다. 우리는 외래문화의 달콤함에 빠져 정작 지켜야 할 우리 문화와 정체성을 상실했다. 심지어 국민 가운데 일부는 우리 문화를 저급한 문화로 인식하는 이들도 있다. 외래문화 중 가장 먼저 극복해야 할 대상은 인간 중심이 아닌 돈 중심으로 세상이 흘러가는 점이다. 성장만 중시하고 인간성을 상실하는 게 현대 우리 사회의 문제점이다. 문화를 통해 의식을 개혁하고 우리의 전통인 인간성 회복을 실현해야 한다. 5000년을 이어온 우리 문화가 50년 만에 무너지고 있다. 돈과 편의를 추구하는 문화가 우리 문화를 삼키고 있다.

> 골계(滑稽) 문화가 분위기를 부드럽게 한다.
> 골계는 역설과 비틀기를 통해 말로 꼬집는 거다.

골계는 익살을 부리는 가운데 어떤 교훈을 주는 일을 말한다. 골계는 현실의 잘못을 재미있는 말로 꼬집어 민중을 깨우치는 일이다. 그래서 골계에 역설과 비틀기가 존재한다. 판소리, 마당놀이, 탈춤 등에 빼놓을 수 없는 요소가 골계미다. 질펀하게 웃음을 주지만 내용은 절대 가볍지 않다. 그래서 골계는 우수한 한국 문화의 특징이다. 골계를 통해 서민들은 권력자들을 비꼬며 억눌린 가슴을 정화했다. 우리 문화 속에는 유머와 해학, 골계가 녹아있다. 코미디 프로에서 선보이는 풍자와 익살도 골계에서 유래했다.

> 유교 양반문화는 하층민의 문화를 천박하고 저질스러운 것으로
> 치부했지만, 뒤에서는 자신들도 욕구에 충실했다.

양반은 늘 위선 덩어리였다. 인간의 기본욕구조차 감추려 하고 늘 품위 있는 인간으로 대접받으려 했다. 그러면서 서민문화를 천박하다고 깎아내렸다. 골계 조차 받아들이지 않고 저질스럽고 천박하다며 저평가했다. 그러나 겉으론 고상한 척했던 양반들도 실상 뒤에서는 인간의 욕구에 충실한 모습을 보였다. 그래서 양반문화는 진솔하지 못하다는 평가를 받고 있다. 이제 와 서민문화가 진정한 문화라고 극찬받는 이유는 그만큼 진솔했기 때문이다. 격식을 중시했던 양반문화는 대화와 만남을 제한했다. 그래서 양반은 시대의 외톨이였다.

길은 삶이요, 삶은 현실이다.

　길이 있어 나서는 것이고, 삶이 있어 살아가는 거다. 길을 나서듯 하루하루를 사는 게 인생이다. 삶은 정처 없이 가다가 문득 목표를 세워 정진하는 모습을 보이다가 다시 정처 없이 가기를 반복한다. 그래서 삶을 길에 비유한다. 길이 있으니 길을 따라나서게 되고, 그렇게 가다 보니 하루하루 살아지는 거다. 삶은 하루하루의 연속이다. 그래서 현실이다. 삶은 허구가 아니라 눈앞에 닥친 현실이다. 누가 대신 살아주지 못하고, 내가 직접 살아가는 거다. 길을 걷듯 살아가는 게 삶이다. 길은 세상을 연결해준다. 인간은 땅과 물에 길을 내 서로 소통한다.

경제 선진국 국민은 문화예술로 만족을 찾는다.

　한국이 경제적으로 후진성을 면치 못할 당시 세계 어느 나라도 우리 문화를 주목하지 않았다. 그러나 우리 경제력이 급성장하고 세계적 위상이 높아지자 한국 문화를 바라보는 외국인들의 시선이 크게 바뀌었다. 그래서 한류라는 독특한 문화가 생겨났다. 한국의 문화는 호락호락하지 않다. 어느 민족, 어느 나라와 견주어도 뒤지지 않을 수준을 갖추고 있다. 한국 문화 수준이 인정받으며 국민의 자존심이 크게 상승했다. 우리 국민의 우리 문화예술에 관한 자긍심도 덩달아 상승하고 있다. K-팝과 K-드라마의 열풍은 한국의 문화 수준을 세계에 과시하고 있다. 더불어 한국인의 자긍심을 한껏 높여주고 있다.

상대적 가난에 시달리지 않고, 즐길 줄 알아야 한다.

경제적 여유를 찾은 후에 문화를 즐기겠다는 생각은 평생 문화를 누리지 않겠다는 의미다. 자기 수준에 맞는 문화예술 활동은 얼마든지 있다. 우리가 느끼는 가난은 절대 빈곤이 아닌 상대적 빈곤이다. 지금 우리는 누구랄 것 없이 문화를 충분히 향유할 만큼의 경제 수준에 도달했다. 자기 수준에 맞는 문화 활동을 참여하고자 하는 마음 자세가 필요하다. 생활 주변을 둘러보면 감당할 만한 문화예술 활동을 얼마든지 찾을 수 있다. 마음에 여유가 없을 뿐 경제적 여유가 없는 건 아니다. 나에게 주어진 여건 아래서 즐기는 삶을 택해야 한다. 그래야 인생이 즐겁다.

공부는 내가 모르는 것을 배워서 삶을 깨치는 걸 목적으로 한다.

공부란 지식을 외워서 시험을 치르는데 쓰는 거로 생각하는 이들이 많다. 또한, 출세를 위해 하기 싫어도 해야 하는 게 공부라고 생각하는 이들도 많다. 그러나 실상 공부는 평가받고, 그 평가를 토대로 사람을 서열화하는 도구가 아니다. 공부는 내면을 채우고, 깨침에 이르게 하는 거다. 깨침을 통해 삶을 보다 윤택하게 하는 게 공부다. 그러나 공부의 본질이 잘못 전달돼 삶을 풍요롭게 해야 할 공부가 삶을 힘겹게 만들고 있다. 본연의 목적대로라면 공부는 절대 힘겹지 않다.

비판할 줄 알아야 지식인이다.

수긍하고 아부하는 게 지식인의 참모습은 아니다. 지식인은 기본적으로 바른말을 할 줄 알고 세태를 비판할 줄 알아야 한다. 남이 미처 하지 못하는 생각을 하고, 이를 기반으로 냉정하게 현실을 비판하는 능력을 갖출 때 비로소 지식인으로 인정받을 수 있다. 그러나 오랜 전통 속에 비판하면 저항아, 반항아, 반골이란 낙인을 받고 출세에 방해된다는 의식이 확산해 비겁한 지식인이 많아졌다. 소신 없는 지식인은 참지식인이라 할 수 없다. 비판은 지식인의 참다운 모습이다. 건전한 비판은 사회에 활력을 안긴다. 그러나 객관적 비판이 아닌 편견만 드러내는 가짜 지식인도 많다.

기자와 교수는 벼슬 없지만, 높은 사람 취급을 받는다.

기자는 관료가 아닌 민간인이다. 교수도 일부 국립대 교수가 아니라면 공직자가 아닌 민간인이다. 그러나 기자나 교수는 민간인이지만 관료 대접을 받는다. 언론사는 언론기관이라 불리고, 학교는 교육기관이라 불린다. 기자와 사립학교 교사는 민간인이지만 청탁금지법 적용 대상이다. 이처럼 사인이지만 공인으로 인정받는 것은, 그들이 가진 막강한 힘 때문이다. 그들은 세상을 바꿀 힘을 가지고 있다. 대중에게 새로운 지식과 정보를 전달해 그들이 생각을 바꿀 수 있게 하는 힘을 그들은 가지고 있다. 대중은 그들이 지식과 지혜를 가진 사람들이라고 착각하기도 한다.

1948년 대한민국 정부 수립 이후 세계에서 가장 문맹률이 낮은 나라가 됐다.

갑오개혁 이전까지 한글은 여자들이나 상민 신분이 배우는 글이었다. 한글이 존재했지만, 모든 국가 문서는 한문으로 만들어졌고, 기록도 한문으로 남겼다. 개화 이후 한글 보급이 확산하며 나타난 여러 현상 중 가장 두드러진 것은 문맹률이 급격히 감소했다는 점이다. 학교를 통한 기초교육이 보편화한 데다 한글은 배우기 쉬워 빨리 익힐 수 있다. 이 덕에 단기간에 세계에서 가장 빠르게 문맹률을 떨어뜨릴 수 있었다. 문자를 통한 소통의 확대는 국가 발전의 동력이 됐다. 한글 덕에 우리는 부강한 나라로 일어설 수 있었다.

식민사회를 마감한 대한민국은 전쟁까지 겪으며 깜깜한 지경이었지만, 교육으로 오늘을 있게 했다.

대한민국의 성장 원인을 교육에서 찾는다. 내국인은 물론이고 외국인들조차 한국의 높은 교육열이 한국이 부국으로 성장하는 데 결정적 역할을 했다고 믿고 있다. 모두가 가난했던 시절에 할부로 책을 사는 시스템이 보편적이었다. 웬만한 가정에는 할부로 사들인 전질 형태의 책이 있었다. 할부 책으로 공부해 부국이 된 건 대한민국뿐이다. 학자금 대출을 통해 훗날 학자금을 자신이 취업 후 갚는 제도도 한국이 교육 강국이 되는 데 큰 역할을 했다. 자녀를 출산하면 교육보험부터 가입한 것도 고학력 시대를 이끈 한국의 문화다.

> **언론이 수익과 관련해 흔들리지 않으려면, 시민이 언론을 이해하고,
> 자생력을 키워주겠다는 마음을 가져야 한다.**

언론의 중요성은 아무리 강조해도 지나치지 않다. 언론은 여론을 이끌어가고 여론에 의해 군중심리가 이동한다. 그러나 언론은 사익을 추구하는 회사 형태이다 보니 생존을 위해 수입과 연관된 대상을 비판하지 못한다는 문제점을 갖고 있다. 국민은 언론의 공정성을 요구하지만, 구조상 공정성을 유지하기가 쉽지 않다. 언론이 공정성을 유지하려면 자생력을 갖춰야 한다. 언론의 독립과 자율을 원한다면 언론사의 수익구조에 관심을 두고 보탬을 주어야 한다. 언론을 공정하게 만드는 것은 국민의 지지와 후원이다.

> **무식한 사람은 자기 생각에 갇혀 산다.**

많이 배운 사람은 무식하지 않을까? 많이 배워서 남들이 유식하다고 인정하는 사람도 생각이 유연하지 못하고 딱딱하게 굳어있으면 안 배운 것과 다르지 않다. 많이 배웠어도 무식한 사람이 있고, 배움이 짧아도 유식한 사람이 있다. 무식의 개념은 단순히 배운 바가 없는 데서 그치는 게 아니다. 배웠어도 다른 생각을 받아들이는 포용력이 부족하고, 생각이 짧으면 안 배운 것과 한치도 다를 바가 없다. 고학력자임에도 이해심이 부족하고, 배려할 줄 모르는 무식한 사람은 얼마든지 있다.

아리랑 예술인가, 인문인가.

　세계인류무형문화유산으로 등재한 아리랑. 아리랑은 우리 민족의 정서가 고스란히 녹아있는 결정체이다. 특히 가식(假飾)과 허위(虛僞)가 많은 상류층의 문화와 달리 진솔한 민중의 삶을 그대로 담고 있다. 그래서 아리랑의 가치는 세계가 인정한다. 이리랑은 단순한 노래를 넘어서, 민중의 삶이 녹아있는 삶의 궤적이다. 그래서 아리랑은 역사 그 자체다. 한 구절 한 구절의 가사에는 우리 민족의 정서가 녹아있다. 그래서 아리랑은 인류가 창작한 많은 노래 중 가사가 가장 많고, 긴 노래며 가장 인간적인 노래다. 아리랑을 인문의 관점에서 살펴야 하는 이유다. 아리랑은 평민경전(平民經典)이라 할 수 있다.

학문, 정치, 예술, 종교, 기업은 각기 역할이 있다.

　학문은 나도 배우고 남도 배워 서로 행복하게 한다. 정치는 나도 잘 살고 남도 잘살게 하기 위한 목적을 두고 하는 거다. 예술의 목적은 나도 즐겁고, 남도 즐거운 거다. 종교는 나도 구원받고, 남도 구원받게 도와주는 게 목적이다. 기업은 나도 편하고, 남을 편하게 해주는 게 목적이다. 이렇듯 각각의 인간 활동은 분명한 목적을 두고 있다. 목적이 없는 인간 활동은 없다. 이런 인간 활동을 하는데 가장 염두에 두어야 할 것은 인정이다. 인정은 나도 좋게 하고 나아가 남도 좋게 하는 일이기 때문이다. 모든 일에는 인정이 우선이다. 인정이 가장 큰 미덕이다.

전통문화의 단절로 얻은 건 경제력인데, 그 손실이 너무 크다.

우리의 전통문화는 5천 년 역사를 자랑한다. 5천 년 동안 대대손손 우리의 전통문화를 계승하고 발전시키며 오늘에 이르렀다. 국가도, 집안도, 개인도 전통을 지키기 위해 부단히 노력하며 살았다. 그러나 근래 들어 우리가 그토록 어렵게 지켜낸 전통문화가 **빠른 속도로 사라져** 가고 있다. 전통문화가 단절되는 이유는 다양하지만, 경제적 이유가 크다. 경제적 이익을 위해 우리는 전통문화를 너무 쉽게 포기하고 있다. 경제적 이익은 언제든 회복할 수 있지만, 한 번 맥이 끊긴 전통문화는 회복이 어렵다. 이런 면에서 전통문화가 잠식되는 현재 상황은 참으로 안타깝다. 관혼상제의 예법도 희미해지고 있다.

학력·실력, 자격·인격, 권위·품위, 금전·명예, 특권·책임을 구분할 줄 알아야 진정한 지성인이다.

'학력(學力)보다 실력(實力)을, 자격(資格)보다 인격(人格)을, 권위(權威)보다 품위(品位)를, 금전(金錢)보다는 명예(名譽)를, 특권(特權)보다는 책임(責任)을.' 중국 사학의 시조라 할 수 있는 사마천(司馬遷)에 관해 연구하고 토론하는 한국사마천학회가 내세우는 사마천 정신이다. 학회의 행동강령이라 할 수 있다. 실제로 사마천은 이런 정신을 실천하며 살았던 불세출의 영웅이다. 사마천은 실력, 인격, 품위를 갖추고 명예와 책임을 다한 위인이다. 그가 없었다면 중국은 물론 동아시아의 역사는 없다. 사마천 정신이야말로 지성인이 금과옥조로 삼아야 할 덕목이다.

갑질은 이 사회에서 추방돼야 한다.
세상에 소중하지 않고,
존엄하지 않은 사람은 없다는 생각을
가져야 갑질이 사라진다.

제10장

國家苦言
국가고언

> **서양은 가장 정직한 5%가 국가를 경영하고,
> 우리는 가장 부도덕한 5%가 국가를 경영해 사회에
> 혼란을 주고 망친다. 이를 지켜 내는 건 국민이다.**

우리나라는 유독 정치인에 대한 불신이 크다. 정치인을 대단히 부도덕한 사람으로 치부하려는 성향이 강하다. 정치는 경제와 사회, 문화를 이끌고 가는 방향타를 정하는 일로 정치가 바로 서지 못하면 모든 게 무용지물이 된다. 우리나라는 정치인이 부도덕하다는 평가를 받으면서도 성장하고 발전하며 일류국가가 되었다. 이는 전적으로 지혜로운 국민의 덕이다. 부정이 극에 달할 때마다 혁명으로 이를 바로 잡았다. 4·19혁명이 그러했고, 6월 항쟁이 그러했고, 촛불혁명이 그러했다.

> **서구식 민주주의가 표준 만능이고,
> 어느 나라나 정치가 정서에 다 맞는 건 아니다.**

우리는 오래전부터 민본이란 말을 써왔다. 민주란 말을 여간해 사용하지 않았다. 그러던 중 서양문화가 몰려오면서 민주주의 개념이 몰아쳤고, 지금은 민주주의란 말을 보편적으로 쓴다. 같은 말처럼 들릴 수 있으나, 통치자 관점에서 백성과의 관계를 본말로 보는가, 주객으로 보는가의 확연한 차이가 있다. 본말은 하나의 개념이고 주객은 갈라서 있는 둘의 개념이다. 우리는 전통적으로 통치자와 백성을 따로 보지 않았던 거다. 민주주의는 만병통치약이 아니다. 민본의 관점에서도 정치를 살펴볼 필요가 있다.

> 절대 권력은 절대 부패한다. 권력은 강할 때 망한다. 절대 권력은
> 부정부패로 망한다. 힘은 강하면 쓰려는 본성이 있다.

역대 정권 중 가장 강력한 힘을 누리며 국민을 억압으로 짓누른 정권은 박정희 정권과 전두환 정권이다. 이들 둘은 군 출신으로 세상을 군 통치 스타일로 통치하면 된다고 생각했다. 그래서인지 자기 뜻에 반하고, 따르지 않는 국민에게 무척 가혹한 압박을 가했다. 그 힘을 믿고 권력의 수하들은 부당하게 패악질을 부렸다. 강한 힘을 가졌던 그들은 그 힘을 쓰고 싶어 했다. 그래서 그 힘을 쓰다가 결국 비참해졌다. 영원할 것 같던 그들의 권력은 종지부를 찍었다. 절대 권력은 절대 부패할 수밖에 없다.

> 정권에 도움 되는 소리로 부역(賦役)하며, 60년 보수의 세계에서 살아온
> 세대는 후진국 시절의 논리에 세뇌(洗腦)된 사람들이다.

60년 보수 정권의 철권통치 이래 다수의 국민은 세뇌당했다. 국가가 국민에 우선하는 전체주의 사고방식을 익혔고, 철저한 반공 이념으로 무장했다. 그렇게 산 세월이 60년이니 세뇌당할 만도 하다. 무서운 건 한번 세뇌된 사람은 그 가치를 버리지 못하고 수십 년이 지났어도, 그 그늘에 살아간다는 점이다. 지금도 그 시절 정권에 세뇌돼 맹목적인 사고에서 벗어나지 못하는 이들이 많다. 생각을 바꾸려고도 하지 않고, 바뀌지도 않는다. 그들이 불쌍할 수밖에 없는 이유다. 그들의 사고는 이미 화석화됐다고 봐야 한다.

> 권력 사유화가 심한 나라는 후진성 못 면한다. 대한민국 국가
> 청렴도 순위는 세계 30위 전후로 여전히 미흡하다.

국제투명성기구는 매년 세계 180개국을 대상으로 국가 청렴도를 평가해 순위를 발표하고 있다. 대한민국은 중간 순위 정도의 청렴도를 보이다가 서서히 상승했고, 2016년 청탁금지법(김영란법)을 시행한 이후 가파른 상승세를 보인다. 그래서 지난 2022년 기준 31위까지 올라섰다. 청탁금지법 시행 첫해인 2017년 51위에서 5년 만에 20단계 상승한 거다. 그러나 세계 10대 대국을 꿈꾸는 우리로서는 31위란 성적표가 초라하기만 하다. 국력과 청렴도는 비례한다는 점을 고려할 때, 아직 갈 길이 멀다.

> 종명(從明) 시대와 종미(從美) 시대는 사대주의의 극치다.

조선 전기 사대부가 보인 존명(尊明), 종명(從明)은 사대주의의 극치였다. 스스로 생각하고 판단하려 하지 않고 명나라 눈치만 살폈다. 지금 대한민국도 숭미(崇美), 종미(從美)의 사고에 빠진 사람이 부지기수다. 조선 전기 지배계층인 지식인이 그러했고, 지금도 지배층이라 할 수 있는 상류층이 그러하다. 이들은 아닌 척 말하고 행동하지만, 철저한 사대주의자다. 자신의 조국보다 미국을 더 사랑하는 이들도 보인다. 민족적 자존심이라고는 찾아보기 어렵다. 이런 사람이 많으니 사대주의 민족성을 갖고 있다는 비판도 받는 거다.

권력은 집중되고 집착하면 반드시 부패하고 망한다.

　권력이 지나치면 휘둘러 그 힘을 과시하고 싶어 한다. 그러다가 부패의 덫에 걸려 스스로 멸망의 길을 자초하고 만다. 역사상 권력을 독점하고 휘둘렀던 기구들은 말로가 좋지 않았다. 대한민국이 들어선 이후 중앙정보부(국가안전기획부)-보안대(기무사) 등이 무소불위의 권력을 휘둘렀다. 현대는 군 관련 권력기관이 모두 누그러진 이후 검찰이 권력의 정점에 섰다. 검찰은 수사와 기소라는 무기를 가지고 군림하고 있다. 그래서 검찰의 독점적 권력을 우려하는 이들이 많다. 검찰은 뉴스에 가장 자주 등장하는 조직이다.

정치는 후진국에서 좋은 직업이지만, 선진국에선 어려운 직업이다.

　정치는 대중을 대신하여 봉사하는 고통스러운 일이다. 그만큼 어려움이 따른다. 선진국에서는 정치가 어렵고 고통스러운 일이라는 생각 때문에 봉사 정신을 가진 이들이 나선다. 반면 후진국에서는 정치가 곧 권력이라고 생각하기 때문에 좋은 직업으로 여긴다. 국민 수준이 낮으면 가능한 일이다. 대한민국은 물질적 풍요를 누리는 선진국이 됐지만, 여전히 정치가 권력이라고 생각하는 후진적 사고를 하는 이들이 많다. 국민을 쉽게 보느냐, 어렵게 보느냐의 관점에 따라 정치를 쉽게 생각하느냐, 어렵게 생각하느냐가 갈린다.

대한민국은 자살률 세계 1위, 행복은 꼴찌인 나라다.

　대한민국은 경쟁공화국이다. 어려서부터 극심한 경쟁 환경 속에서 자란다. 경쟁에서 밀리고 서열에서 밀리면 인생의 패자로 낙인된다. 승자독식의 문화가 지배적이어서 패하면 아무것도 가질 수 없고 누릴 수 없다는 생각을 한다. 그래서 자살을 택하는 이들이 많다. 세계 자살률 1위가 바로 대한민국이다. 경쟁에서 남을 짓밟고 일어서지 못하면 낙오자가 되고, 살아갈 가치를 잃는 나라다. 그러니 행복은 멀고 먼 이야기다. 풍요롭지만 행복하지 않은 나라가 대한민국이다. 자살률 1위는 경쟁주의 문화가 만든 멍에다.

정치·종교·경제·문화가
4두 마차처럼 가야 발전하고 선진국 된다.

　4두 마차는 네 마리의 말이 끄는 마차다. 한 마리나 두 마리, 세 마리가 끌 때보다 힘이 넘치는 건 당연하다. 하지만 네 마리 말이 조화를 이루지 못할 때 4두 마차는 제대로 힘을 발휘하지 못한다. 오히려 좌충우돌 위험만 커진다. 한 국가를 운영하는데 정치, 종교, 사회, 문화가 4두 마차가 돼야 한다. 이 중 무엇 하나가 뒤처지면 바로 갈 수 없고, 조화롭게 갈 수 없다. 네 마리 말이 발맞춰 같은 속도로 달려야 최대의 힘을 발휘할 수 있다. 국가의 운영도 마찬가지다.

> **애국자는 돈 잘 벌어 세금 많이 내는 사람이다. 진정한 애국자는 많이 가진 사람보다 돈 잘 쓰는 사람이다.**

많은 돈을 벌어 움켜쥐고 있으면 애국자라 할 수 없다. 소비에 참여해 돈이 시장으로 흘러 들어가 돌게 하고, 그런 만큼 세금을 많이 내고, 덧붙여 고용을 많이 창출해 많은 이들에게 일자리와 호구책을 마련해 주는 게 진정한 애국의 길이다. 돈은 돌아야 모두에게 고르게 혜택을 안긴다. 머물러 특정인의 주머니 속에서 잠자면 효과가 없다. 그러니 진정한 기업인이라면 생산 못지않게 소비에도 적극적이어야 한다. 세금 납부와 고용 창출에도 긍정적 자세로 임해야 한다. 그래야 진정한 애국자다.

> **남북이 서로 헐뜯고 미워하며 국가 경쟁력 떨어뜨린다. 남북문제는 외교력으로 해결해야 한다. 무력으로는 안 된다.**

보수정권과 진보정권이 수년을 주기로 정권을 주고받는다. 정권이 한번 옮겨갈 때마다 국가 정책의 방향이 바뀐다. 여러 변화가 동반되는 가운데 남북관계는 정반대 기류로 변한다. 보수는 북한을 적대시하고, 응징할 태세를 갖추지만, 진보세력은 동포의식을 갖고, 그들을 회유하는데 집중한다. 보수는 무력으로 해결하려 하지만, 진보는 외교적으로 해법을 찾으려 한다. 그러나 무력을 앞세우는 방식은 시대에 맞지 않는다. 외교적 방법을 동원해 문제를 풀어야 한다. 무력은 냉전시대나 통용될 방법이다.

대한민국 1세대를 가르친 50년 된
교과서를 다시 쓰고 후세에 바른길 잡아주어야 한다.

대개의 국민이 같은 생각을 하게 되는 건 학교를 통한 교육에서 비롯된다. 특히 교과서의 역할이 크다. 현재의 기성세대라 할 수 있는 50대 이상이 학교를 통해 배운 교육은 대단히 이념적이고, 전체주의적이다. 다양성이 배제돼 있다. 그러나 현재의 교과서도 과거의 교과서와 크게 다르지 않다. 왜곡된 부분도 많고, 경쟁을 자극하는 후진적 내용도 많다. 교과서를 전면적으로 개편해서 교육의 새로운 모범답안을 짤 필요가 있다. 교과서를 바꾸는 일은 전체 국민의 생각 틀을 바꾸는 아주 중요한 계기가 된다.

다수의 대한민국 국민은 누릴 수 있는데 누리지 못하고,
정치와 경제에 매몰되어 분노에 찬 세상을 산다.

한국 사회에서 정치와 종교 관련 이야기를 공론화하지 말라는 말은 불문율이다. 각자 다른 생각 속에 살기 때문에 자신과 같은 생각을 하게 만들겠다는 이유로 정치나 종교와 관련해 강요하는 이야기를 하면 충돌이 나타난다. 기성세대 가운데는 자신과 다른 정치적 신념을 이야기하면 핏대를 높이며 덤벼드는 이들이 많다. 보편적인 가치에 대해 이해가 부족해서 그렇다. 자신과 다른 생각을 수용하려 하지 않고, 공격하려 한다. 세뇌되고 매몰되어 그렇다. 따지고 보면 그들도 피해자다.

억울한 사람 없어야 선진국이다.

　세상 살다 보면 억울한 일을 겪게 된다. 억울함을 당해본 사람은 억울함이 얼마나 큰 고통인지 안다. 정치적으로나 경제적으로 억울한 일을 당하는 사람이 없어야 진정한 선진국이다. 억울한 사람이 많다는 것은 국가 시스템이 허술하다는 걸 의미한다. 강자에 의해 약자가 부당한 일을 당한다는 걸 의미한다. 억울함을 풀 길이 없으면 송사로 해결하려 한다. 대한민국은 어느 나라보다 송사가 많은 나라다. 송사가 많다는 건 그만큼 억울한 사람이 많다는 걸 의미한다. 억울한 사람이 없어야 좋은 사회다.

관치시대 길든 사람들, 정치 냉전 시대 길든 사람들, 정치 착시 현상 같은 뜻을 가진 비위 맞는 소리 하는 자들끼리 만난다.

　봉건사회가 종식된 지 100년 이상의 세월이 흘렀고, 냉전이 끝난 지 수십 년의 세월이 지났다. 그런데도 여전히 봉건사회의 시각과 냉전시대의 사고로 세상을 살아가는 이들이 너무 많다. 그들의 특징은 자신과 비슷한 생각을 하며 비슷한 행동을 하는 사람끼리만 만나려 한다. 그러면서 자신들의 사고와 행동을 더욱 고착화한다. 다른 사람과 접촉하지 않으니 변화하지 않는 건 당연하다. 변화할 생각 자체가 없다. 시대의 희생양이다. 자신이 얼마나 불쌍한 사람인지 알지 못하니 그 점도 불쌍하다.

> 정치인들은 국민을 분열시키고 혼란스럽게 해서 정치
> 목적을 이루려 한다. 세계 정치 질서도 마찬가지다.

정치인은 자신을 따르는 부류를 이끌며 존재감을 느낀다. 그래서 어떻게든 자신을 따르는 사람을 만들려 한다. 따르는 사람을 불러 모아 이끄는 것은 선전 선동이다. 다소 과장된 말과 행동으로 따르는 무리를 자극한다. 그러면 다수의 국민은 그런 말과 행동에 넘어간다. 이런 면에서 국민을 가르고 내 편, 네 편을 만드는 첫 번째가 정치다. 정치인의 선전 선동을 몰고 가는 게 언론이다. 정치와 언론이 결탁하니 국민은 속아 넘어갈 수밖에 없는 구조다. 이래저래 국민만 불쌍하다.

> 지도자가 되려는 자는 국가관이 투철한지, 탐욕스러운지, 권위적
> 인지, 봉사정신, 인격과 품위가 있는지 살펴야 한다.

대개 선출직에 나선 이들에 대해 잘 알지 못하면 학력이나 이력만 보고 편견에 싸여 표심을 행사한다. 그러나 진정 중요한 건 내면의 성품이고, 국민을 대표해 봉공(奉公)의 정신으로 일할 의지가 있는지 살피는 일이다. 관심을 두고 후보자의 면면을 살펴야 한다. 이미지와 학력, 경력만 보고 표를 던지면 후회할 확률이 높다. 국민이 정치에 참여하는 최선의 역할이 투표에 참여하는 일이다. 투표는 신중하게 잘해야 한다. 투표 잘못하면 저급한 자에게 지배당한다는 사실을 가슴에 새겨야 한다.

정치인은 국민을 편히 살 수 있게 할 사람을 뽑는 일이다. 잘못 지배당하지 않으려면 투표 잘해야 한다.

　선거는 친한 사람 뽑는 것도 아니고, 잘난 사람 뽑는 것도 아니다. 국민 편에서 일할 자세가 돼 있는 유능한 사람을 뽑아야 한다. 나를 대신해 내 의견을 대변할 사람을 바로 보고 뽑아야 한다. 마음에 드는 후보자가 없더라도 최악의 선출을 막는다는 각오로 반드시 투표에 임해야 한다. 누군가 선거는 최악의 후보를 가려 걸러내는 일이라고 말한 것도 이와 같은 맥락에서 이해하면 된다. 최선은 아니더라도 최악은 면해야 하지 않겠나. 투표를 피하는 건 민주 시민의 도리가 아니다.

정치인은 정치로 해결하고, 관료는 관치로 해결하려 하지만, 국민은 법치로 해결하고 싶어 한다.

　독재 시절의 정치 습성이 몸에 익은 정치가나 관료가 의외로 많다. 그들은 정치가가 우선이고, 관료가 우선이라고 생각한다. 말로는 국민을 앞세우지만, 실상 국민은 안중에 없다. 국민이 주인이라고 말은 하면서도 속마음으로는 자신들이 국민의 위에 서려고 하는 이들이다. 이런 의식을 엽관주의(獵官主義)라고 한다. 엽관주의에 빠진 정치인이나 관료는 최악이다. 낮은 자세로 국민을 섬기고자 하는 마음을 헤아려 그들이 법치에 따라 올바르게 일하도록 감시해야 한다. 민주사회는 국민이 진정한 주인이어야 한다.

> 봉건 군주국가가 무너지고 민주공화국이 수립된 지
> 70년 역사가 흘렀지만, 여전히 혼란스럽다.

  국가적 혼란이 멈춰서지 않고 있다. 개국 초기에 이 나라에 엄습한 이념의 대립이 여전히 진행형이기 때문이다. 강대국이 가져온 이념은 빠르게 국민 정신세계를 장악했고, 이후 한국전쟁이 발발하며 국민 가슴에 깊이 아로새겨졌다. 전쟁이 끝난 지 수십 년이 넘어섰지만, 이념 갈등과 분열은 여전하다. 어느 나라든 이념 대립이야 있겠지만, 전쟁을 겪고 다른 체제 속에 하나의 민족이 두 개의 국가 체제를 유지하고 있는 우리는 유독 심하다. 그게 문제다.

> 정치 논리에 휩쓸려 몰려다니며 주관 없이 행동하면,
> 정치에 선동되어 표류하는 사람이 된다.

  정치 시즌이 되면 물 만난 고기처럼 정치판을 오가며 선동질을 일삼는 이들이 있다. 이들은 정치 중독자이자 선거 중독자들이다. 자신이 굳이 나서지 않아도 될 일에 나서며, 선동질한다. 그들은 대개 정치적 소신이 없지만, 이념의 노예가 돼 있다. 자기 주관이 없으니 표류할 수밖에 없고, 몰려다니며 선동질만 한다. 유권자는 이런 부류의 사람을 무시하지만, 그들은 자기가 무시당하고 있다는 사실을 모른 채 겸손하지 못하게 행동한다. 선거철만 되면 이들은 물 만난 물고기처럼 들떠 다닌다. 불쌍하기 짝이 없다.

> 편 가르기 용어로 종용당하지 말자.
> 국민은 다 애국자요, 다 같은 한민족이다.

대한민국처럼 편 가르기 용어가 많은 나라는 없을 듯하다. 나와 생각이 다른 사람을 가차 없이 공격하는 문화에서 비롯된다. 이념적 편향주의가 원인이다. 계속해서 편 가르기 용어를 만들어 내 상대를 공격하고, 짓밟는다. 이런 용어는 편가르기를 가속화한다. 온라인을 통한 네트워크가 발달하면서 새로운 신조어가 계속 생겨나고 있고, 이는 편 가르기를 부추긴다. 대한민국 모든 국민은 위대하고, 애국자다. 편 가르기를 일삼으며 국민을 갈라 세우는 이들이 매국노다. 그걸 알아야 한다.

> 5000년 지킨 군주제도가 종식됐고, 인류 역사를 바꾸겠다던
> 공산주의도 몰락하고, 결국 민주자본주의 세상이 됐다.

인류 역사가 시작된 이후 계속 돼온 군주통치가 각국에서 경쟁적으로 진행된 시민혁명으로 종식되었다. 군주통치가 종식된 후 민주 통치가 시작되는가 싶었는데, 세계 각국은 자본주의와 사회주의로 양분돼 반세기를 으르렁거렸다. 그러나 소련 붕괴 후 공산·사회주의는 종말을 고하고 세상은 자본주의 완승으로 끝났다. 사회주의의 불씨는 여전하지만, 자본주의의 압승이다. 그렇지만 여전히 자본주의의 문제점을 지적하는 세력에 대해 공산·사회주의자로 몰아붙이는 공격이 계속되고 있다.

자본주의는 소유의 평등을 실현하기 어렵고, 사회주의는 경제발전이 어렵다.

지구상에 공산주의 국가는 존재하지만, 실상 백기를 든 것으로 보아야 한다. 자본주의 국가가 압도적 경제 성장을 통해 사회주의를 압살했다. 그러나 사회주의의 불씨는 여전하다. 자본주의와 사회주의는 각기 다른 장단점을 갖고 있다. 자본주의는 소수가 부를 독점하고, 빈부의 격차가 날로 벌어지는 치명적 단점을 갖고 있다. 사회주의는 의욕 저하로 인해 경제발전을 이루기 어려운 게 단점이다. 복지의 실현을 통해 소유의 양극화 문제를 해결해야 한다. 지금보다 더 적극적으로 복지정책을 펴야 한다.

외세는 한반도를 분단시키고 자국의 이익에 매진했다. 우리는 그 희생양이 되었다.

한반도의 분단은 자체적 모순이라기보다는 외세에 의한 외압 때문으로 보아야 한다. 열강은 자국의 이익을 앞세워 약소국을 분열시켰고, 우리는 그 희생양이 되었다. 외세의 힘은 강했지만, 자국 내에서 지식인과 지배층이 이에 대응하기에 너무 허약했다. 지식인과 지배 세력은 자국의 이익에 앞서 외세에 편승하는 태도를 보였다. 외세의 앞잡이 노릇을 한 건 자신의 입신양명을 위해서였다. 그들은 뻔뻔하게도 애국자 행세를 했다. 순진한 다수의 국민은 이런 사실을 모르고, 그들을 애국자로 추켜세웠다.

> 다스리는 사람 뜻에 벗어나지 않는 소리를 해야 살아남았던 시대를 살아오면서 길들어져 세뇌된 사람들이 보수의 부역자다.

　농업사회 시절 자신의 땅을 가지고 농사를 짓던 국민은 극소수였다. 지주가 땅을 소유했고, 대부분 농민은 소작농이었다. 산업사회가 시작된 이후에도 자본가가 생산시설을 독점했고, 다수의 국민은 그 밑에 들어가 노동자가 되었다. 갑과 을의 세상에서 계속해 을의 위치로 살아온 사람은 가진 자, 지배자의 논리에 순응할 수밖에 없었다. 그래서 저항하지 못하고 따르기만 하는 부역자가 됐다. 보수 성향의 부역자는 저항정신, 비판정신이라곤 찾아보기 어렵다. 오로지 부역하고 순종하며 살아남으려 한다. 그게 몸에 익은 사람이 많다.

> 대개의 사람은 정치인과 관료에 대해 불법 부정의 온상임을 성토하지만, 자기의 위법, 탈세에 대해서는 의식이 없다.

　국민 둘 이상이 모여 앉으면 대통령을 욕하고, 정치인을 나무라는 나라다. 자기 자신은 떳떳하게 국민의 도리를 하는데, 정치가 뒷받침을 못 해 불행하다는 투로 불평을 한다. 그러나 국민 중 상당수는 불법과 탈법을 일삼기도 하고, 별다른 죄의식 없이 탈세를 저지르기도 한다. 정치나 국가를 성토하려면 우선 나 자신에 관한 성찰과 반성을 앞세워야 한다. 자기반성은 없이 정치만 탓하는 건 바른 자세가 아니다. 정치를 탓하기에 앞서 자기 성찰을 더 해야 한다. 탈세하면서 절세라고 자기 방어하는 사람이 참으로 많다. 탈세와 절세는 다르다.

국민이 원치 않아도 사회가 잘못되면 국가가 나서 바로잡아야 한다. 단, 국가 무오류주의 함정에 빠지면 안 된다.

국가는 끊임없이 국민을 설득해야 한다. 국가가 방향을 잘 못 잡아 국민의 불신을 사는 일도 있지만, 국민이 정책을 제대로 이해하지 못해 불신하는 일도 많다. 국가는 인내심을 갖고 꾸준히 국민을 설득해야 한다. 그래도 국민의 뜻이 바뀌지 않으면 과감히 포기해야 한다. 국민 중 일부는 '국가 무오류주의'에 빠져있는 이들도 있다. 국가가 하는 일은 무조건 옳다는 신념이 강한 자들이다. 그것도 위험하다. 국가도 실수할 수 있고, 국민의 뜻에 반하는 일을 할 수 있기 때문이다. 국가는 국민의 안전과 행복을 위한 기구일 뿐이다.

경로우대는 국가가 발전하는데 기여한 공로로 혜택을 주는 것이니 당당하게 받아도 된다.

노인이 되면 국가로부터 각종 혜택을 받게 된다. 혜택을 받는 노인 가운데는 부끄러워하거나, 미안해하는 분들이 많다. 그럴 필요 없다. 젊어서 노력해 지금의 부자 나라를 만든 공로를 뒤늦게 보상받는 거다. 기성세대는 모두가 국가 발전을 위해 헌신한 공로자다. 그러니 당당하게 국가가 베푸는 혜택을 받아도 된다. 충분히 받을 자격이 있다. 평생 국가에 바치기만 했고, 받아보지 못한 탓에 받는 걸 쑥스러워하고 불편해하는 거다. 대한민국을 선진국 반열에 올려놓았으니 불편해하지 않고 받아도 된다.

교육, 직업, 의료가 현대인의 행복이다.

 대한민국이 지금처럼 잘 사는 나라, 강한 나라가 된 것은, 교육의 힘이 컸다. 교육을 통해 높은 수준이 국민을 길러냈고, 그들이 산업현장 곳곳에서 숙련된 기능으로 일할 수 있었기 때문이다. 교육이 양질의 직업으로 연결됐다. 우리나라 국민의 인력은 세계 최고 수준이다. 교육과 직업에 이어 현재의 행복을 이끄는 또 하나는 의료이다. 의료 수준이 세계적 수준까지 올라갔고, 모든 국민이 의료 혜택을 통해 건강을 유지할 수 있게 됐다. 그러니 교육, 직업, 의료의 덕에 지금 행복하게 살고 있다고 보면 된다.

자살 1위, 이혼 1위 행복 꼴찌 나라 대한민국, 문제 해결이 시급하다.

 대한민국은 선진국이 됐고, 모두 잘사는 나라가 됐지만, 여전히 고독하고 불행한 사람이 많다. 대한민국의 자살률은 세계 최고 수준이다. 자살한다는 건 행복하지 않다는 거다. 행복한 사람이 자살할 이유는 없다. 상대적 빈곤에 시달리며 고독하게 사는 사람이 그만큼 많다는 거다. 이혼율이 세계 최고인 것도, 이와 무관하지 않다. 이혼율이 높아진 것 또한 남과 비교해 자기가 행복하지 않기 때문이라고 생각하는 이가 많아서 그렇다. 남과 비교하고 경쟁하도록 가르친 게 문제의 발단이다.

> 민도(民度)는 현재의 선출직 공무원 수준에서 드러난다. 올바른 선출을 못 해 변화와 개혁으로 빈부 격차를 줄일 기회를 잃는다.

선출직 공무원의 수준을 보면 국민의 수준을 안다. 저질스러운 자가 예선을 통과해 본선에서 승리한다는 건 국민의 안목이 떨어진다는 걸 의미한다. 사람 됨됨이를 제대로 보지 못하고, 객관적으로 평가하지 못해서 저질스러운 사람이 선출되는 거다. 제대로 된 일꾼을 뽑지 못한 폐해는 크다. 우리는 변화와 개혁으로 빈부의 격차를 줄이고, 세상을 정의롭게 끌고 갈 기회를 여러 번 잃었다. 선출직을 잘 못 뽑으면 그 피해는 고스란히 유권자에게 돌아간다. 투표는 민주사회 국민에게 주어진 최고의 권력 행사다.

> 권력가는 권력으로 갑질하고, 재산가는 돈으로 갑질한다.

누군가에게 갑질을 한다면 둘 중 하나다. 권력을 가진 자는 권력으로 갑질할 것이고, 돈이 있는 자는 돈으로 갑질할 거다. 갑질이란 단어를 처음 사용했을 때, 생소했지만 지금은 낯익은 말이 됐다. 갑질이란 용어의 사용이 보편화하면서 갑질이란 말의 의미가 확산했고, 그로 인해 이 사회에서 갑질이 상당히 많이 감소하였다. 돈과 권력을 가진 이들의 갑질은 자신을 파멸로 이끌 뿐이다. 갑질은 이 사회에서 추방돼야 한다. 세상에 소중하지 않고, 존엄하지 않은 사람은 없다는 생각을 가져야 갑질이 사라진다.

> 강대국은 자국의 이익을 위하여 한반도를
> 분열시키고 대립하게 했다. 이런 중에도 권력자는
> 권력 유지를 위해 강대국에 의지하고 기생한다.

한반도는 세계열강의 각축장이다. 미국, 일본, 중국, 러시아가 호시탐탐 한반도를 넘보고 있다. 이들은 한반도를 통해 자국이 유리한 조건을 차지하기 위해 혈안이 돼 있다. 그들의 다툼 속에 한반도는 분단됐고, 지금도 분단국가로 살아가고 있다. 이런 가운데 권력을 가진 자와 재력을 가진 자는 외세에 기생하며 자기 잇속을 챙겼다. 역대 정권이 그러했고, 대기업의 상당수가 외세와 결탁해 힘을 키웠다. 열강은 여전히 한반도를 놔줄 생각이 없으니 그게 문제다. 우리가 극복해야 할 최우선 과제다.

> 50년대생은 무에서 유를 창출한 세대지만 생각은 과거지향적이다.
> 노동운동 탓하면서 경영자 윤리에 관해 무관심하다.

1950년대에 출생한 세대는 우리 전 역사를 통해 가장 부지런히 일하고, 국가를 위해 희생했다. 가장 심한 경쟁 속에서 살았고, 국가로부터 별다른 혜택을 받지 못했다. 이들 세대의 특징은 국가와 재벌로부터 세뇌된 사람이 많다는 점이다. 이들은 자신이 통치당하는 국민이지만, 늘 위정자 편에서 생각하고, 자기가 노동자 신분이지만, 늘 경영자 쪽에서 생각한다. 세상을 보는 시각이 과거에 맞춰져 있다. 노동운동에 대해서는 비난하지만, 경영자들의 윤리 의식에 대해 관대하다. 경영자 혁신도 꼭 필요하다.

잘난 자들은 겉으로 나라와 국민을 위한다면서
실상 권력과 개인 입신 위해서 처신한다.

　권력이나 재력을 가진 자들은 하나같이 나라와 국민을 이야기한다. 그러나 실상 내면을 살펴보면 누구랄 거 없이 자기의 영달과 입신을 최우선으로 한다. 권력자와 재력가 중에 국가와 국민을 위해 일하는 사람이 대체 얼마나 될까? 고위공직자가 언론인들과 가진 사석에서 자기는 국민을 개·돼지로 본다고 말해 파문을 일으킨 일이 있다. 그는 말을 주워 담으려 하지 않았고, 자신의 소신이라고 말했다. 그런 사람이 국가와 국민을 위해 일할 수 있을까?

남북이 서로 미워하고 산 세월이 70년이다.
통일은 독립과 같은 갈망이 있어야 이룬다.
신뢰를 바탕으로 통일의 길을 찾아야 한다.

　잠깐일 거로 생각했던 분단이 70년을 넘어섰다. 70년간 서로 미워하고 으르렁거리며 살았다. 남북의 격차가 벌어지며 대립은 더욱 심해지고 있고, 국민의 통일 의지는 점차 희박해지고 있다. 통일을 원치 않는 국민이 계속 늘어가고 있다. 국민 중 일부는 무력에 의한 통일을 외치는 이들도 있다. 무력통일이 얼마나 무서운 결과를 가져올지 깊이 생각지도 않고, 마구 떠든다. 남북은 상호 신뢰를 쌓아가며 공생의 길을 찾아야 한다. 전쟁은 모두가 죽는 길이다. 통일이 최고의 선택이란 인식을 후세에 심어주어야 한다.

> **불평등 심화는 국가가 적극적으로 개입해 해결해야 한다.
> 기득권자의 저항도 해결해야 한다.**

자본주의가 안고 있는 가장 큰 문제는 빈부의 격차다. 또 하나는 무분별한 개발과 생산으로 환경 파괴를 심화한다는 점이다. 이 두 가지 문제는 국가의 개입이 필요하다. 특히 불평등의 심화 문제는 복지를 통해 극복해야 한다. 사회복지를 본격 진행하자 승자독식의 문화에 길든 다수의 국민은 이해 못 하고 거세게 저항하고 있다. 자본주의 국민 다수가 미국 대통령이던 레이건과 영국 수상이던 대처가 주창했던 신자유주의에 매몰돼 있어 그렇다. 복지는 자본주의의 폐해를 줄이는 유일한 방법이며, 국가가 저항을 무릅쓰고 진행해야 할 과제이다.

> **민주주의는 계속 시험 중이다. 실패와 성공의 반복이다.
> 100년 역사 의회민주주의 실험 중이다.
> 더 좋은 제도로 변화가 끊임없이 시도되고 있다.**

민주주의는 성공한 제도 같지만, 실상 아직도 실험 중이다. 더 나은 제도 정착을 위해 시행착오를 겪으며 꾸준히 발전해가고 있다. 보수와 진보의 대립은 시행착오의 반복을 부추긴다. 그러나 이런 투쟁과 대립은 자연스러운 현상으로 받아들여야 한다. 실패하면 수정하고, 다시 실패하면 다시 수정하기를 반복하며 완성도 높은 민주주의를 만들어가고 있다. 민주주의가 완전히 정착하기 위해서는 더 많은 시행착오와 대립을 겪을지 모른다. 민주주의 초기와 비교해 지금이 성장해 있듯이, 앞으로도 계속 성장하고 발전해야 한다.

> 가난 속에서 사회적 약자도 국가 경제가 발전하는데
> 같은 시대를 살면서 동참했으나, 자기 몫이
> 부족해서 불평하는 거다. 국가의 역할이 중요하다.

　경제가 발전해 부강한 나라가 되었지만, 여전히 가난에 허덕이는 사람이 많다. 경제발전으로 이룩한 부(富)가 소수에 편중돼 있기 때문이다. 아직도 가난한 이들은 지금의 경제 성장은 모든 국민이 동참해 이룬 것이지만, 혜택은 소수가 누리고 있다는 불만을 품고 있다. 불평과 갈등을 없애려면 국가의 중재가 무엇보다 중요하다. 국가는 모든 국민이 고루 혜택을 누리고 불평을 갖지 않게 하려면 복지를 강화하고 소득이 균등하게 분할되도록 제도 개선에 힘써야 한다. 중산층이 많아서 중산층 문화가 굳건해야 진정한 선진국이 된다.

> 1·2차대전 후 식민지는 해산되고 각 나라는,
> 군주·민주·독재주의로 제 갈 길 갔다.

　양대 세계대전의 배경은 식민지 쟁탈전이다. 몇몇 강대국이 아시아와 아프리카, 남미의 60개 이상 국가를 식민지배했고, 더 많은 식민지를 확보하기 위해 벌였던 전쟁이 양대 세계대전이다. 세계대전이 종식된 이후 식민지 상태에 있던 다수의 국가가 독립하여 새로운 형태로 변모했다. 일부 국가는 군주국가의 틀을 벗어던지지 못했고, 일부 국가는 민주공화정으로 갔지만, 일부 국가는 독재정치로 흘러 들어갔다. 사회주의를 표방한 국가의 다수가 독재정치로 갔다. 사회주의 체제 다수에서 독재정치의 문제점이 나타났다. 공산·사회주의는 실패한 체제로 지금은 추종세력이 소수에 그친다.

> 이 시대를 일궈온 주역은 많은 것을 가졌고 이루었으나,
> 정의롭지 못한 역사를 걷어 내지 못했다.
> 정의로운 방향으로 나아가야 희망이 있다.

대한민국은 잘사는 나라지만, 근현대사를 살펴보면 부끄러움이 많다. 그로 인한 폐해는 지금까지 이어진다. 누구도 함부로 정의를 말할 수 없는 지경이다. 부끄러운 역사를 깨끗이 청산하지 못한 대한민국은 정의로운 길로 나서야 한다. 그러나 기득권에 의한 부정, 부패, 탈세, 특권 등은 여전하다. 이러한 걸림돌을 말끔히 제거하지 못하면 국가 발전에 한계가 있다. 자기는 부정과 부패를 일삼으며 입으로 공정을 떠드는 부류가 일소돼야 진정 정의로운 국가가 될 수 있다. 정의로운 국가를 물려줘야 후손에게도 당당할 수 있다. 우리의 사명이다.

> 남북 이질화는 더욱 심화 되는데,
> 통일 구호는 말로만 하고 서로의 이익에만 써먹는다.

어느 때부터인가 통일 교육이 사라졌다. 국민의 입에서 통일이란 말이 나오지 않기 시작했고, 그런 만큼 통일에 관한 열망은 식어가고 있다. 통일을 원치 않는 국민이 점점 늘어가고 있다. 정부는 입으로만 통일을 외칠 뿐 정작 통일 의지는 없어 보인다. 기득권자들은 노골적으로 통일을 원치 않는다고 말하기도 한다. 젊은 세대의 통일에 관한 열망은 미약하다. 이런 상태를 지속하면 통일은 요원해진다. 정부는 통일 교육을 강화해야 하고, 기득권자는 이익을 위해 입으로만 통일을 외치는 행태를 바꿔야 한다. 통일은 대박이라고 말하고도 개성공단을 폐쇄한 것은 통일에 반하는 조치였다.

> **사리사욕을 위해 권력에 아부하고 부역해서 자리 하나
> 얻으려는 사람이 많으니 부정부패가 생긴다.**

    우리 역사상 가장 부패했던 시대는 구한말이다. 이때는 세도정치가 횡행하며 몇몇 가문이 부와 권력을 독점했다. 그들은 뇌물을 받고 벼슬을 맡기기도 했고, 이권에 개입해 아부하는 자의 손을 들어주기도 했다. 뇌물과 아부로 권력을 얻은 자는 그것을 회수하기 위해 악행을 저지른다. 그 피해는 고스란히 백성에게 돌아간다. 이런 현상이 극심했던 때가 구한말이다. 물론 구한말 말고도 이런 비슷한 상황은 많았다. 부정하게 권력을 잡은 이가 많은 시절에는 그만큼 부정부패가 들끓었다. 권력을 사리사욕의 수단으로 삼으면 나라는 멸망의 길로 접어든다.

> **정치 이념 논리로 꽂아 놓은 깃발은 변치 않는다.
> 편중된 이념을 가진 자는 깃발부터 꽂아
> 놓고 깃발 색에 맞추어 접목하고 입힌다.**

    세상을 바라볼 때는 자기 시선이 중요하다. 비판적 안목을 가지고 냉철하게 세상을 바라보고 평가해야 한다. 그러나 반대로 이념이나 정파를 먼저 정하고 거기에 맞춰 자기의 생각을 고착하는 사람이 많다. 이럴 때 비판적이고 냉철한 판단을 기대할 수 없다. 이념이나 정파를 먼저 정하고 거기에 맞는 처신을 하려다 보니 틀에 박힌 군색한 논리로 살게 된다. 이념이 원하고 정파가 원하는 논리로 세상을 끼워 맞추니 맹목적 성향이 있게 된다. 맹목적 인간이 되는 순간 사실상 자아를 잃는 거다.

> **선출직은 시대에 맞고, 정치경영 능력을 갖춘 사람을 가려야 한다.
> 능력은 안 보고 정파나 이념에 맞는 자를 선택하면,
> 억울한 지배를 받게 된다.**

　선출직 공직자를 뽑을 때 각자 판단하는 기준은 다르지만, 우리 국민 다수는 정당을 보고 선택한다. 인물 됨됨이나 능력, 시대정신 등을 면밀히 살피려 하지 않는다. 그러다 보니 능력을 갖추지 못한 사람이 선출돼 중요한 일을 맡게 되는 사례가 허다하다. 선출직은 임기가 보장되는 자리로 한 번 잘못 선출하면 임기 내내 못난 사람의 지배를 받게 된다. 못난 사람이 못난 선택으로 우리 삶을 억누르면 피해는 고스란히 국민에게 돌아간다. 나만 못한 자에게 억울한 지배를 당하지 않으려면 신중히 선택해야 한다.

> **복지정책 시행될 때마다 망한다는 걱정이 이어졌지만,
> 지금껏 잘 가고 있다.**

　변화를 싫어하는 습성을 가진 이들은 새로운 제도가 마련될 때마다 나라가 망할 거라면 한숨을 쉰다. 목소리 높여 시위하고, 변화를 멈추라고 주문한다. 그들의 주장대로라면 이 나라는 벌써 여러 차례 망했어야 한다. 그러나 나라는 망하지 않았고, 새로운 정책으로 인한 혜택이 늘었다. 새로운 제도로 인해 발생한 문제점은 해결하고 극복했다. 하지만 변화를 두려워하는 이들은 여전히 새로운 제도가 도입될 때마다 이전과 똑같이 나라 망한다는 논리를 앞세워 반대한다. 지금껏 나라는 망하지 않았다.

정치할 준비가 안 된 사람을 끌어다 자리를 만들어 주는 건 국민에 대한 배신행위다. 적임자를 찾아 배치해야 한다.

능력 밖의 사람을 부추겨 선출직에 나서게 하고, 정무직 자리에 임명해 중요한 일을 맡기는 사례는 넘쳐난다. 능력 없는 자가 자리를 맡으면 금세 그 실력이 드러난다. 짧은 시간에 조직은 엉망이 된다. 이런 일이 반복되는 것은 공천이나 임명직 자리 부여가 정치권에 투신해 공헌한 사람에게 주는 선물로 인식하고 있기 때문이다. 국민에게 돌아갈 피해는 생각지 않고, 보상책으로 자리를 주는 관행은 정치권에서 여전하다. 능력 있는 적임자의 발탁은 여간해 눈에 띄지 않는다. 그러니 국민이 고달프다.

정치인의 국민 갈라치기 선동에 놀아나, 국민은 그들이 정권 잡는데 이용당한다.

국민이 분열되고 편을 가르는 것은 정치인의 눈으로 볼 때 나쁘지 않다. 정치의 특성상 표를 얻기 위해 국민은 편 가르기를 해야 하고, 그중 한 편을 자신이 차지한다고 생각한다. 그러나 가엾게도 국민은 그들의 편 가르기에 놀아나고 있다. 이념의 노예가 되면 혜안을 잃어 어느 한쪽에 줄을 서게 되고, 무 비판적으로 동조하는 사람이 된다. 정치인은 자신의 입지를 위해 그런 부류의 사람을 원한다. 그런 사람들의 표를 얻어 당선된 정치인은 태도를 돌변하기 일쑤다. 이때 후회해도 소용없다.

경제로 먹고사는 거지, 정쟁으로 먹고사는 건 아니다.

　경제는 생존과 직결된다. 먹고사는 문제는 경제에 달렸다. 그래서 경제가 중요하다. 정치가 중요한 것은, 경제의 큰 방향을 정치가 정하기 때문이다. 정치를 잘해야 경제가 잘 돌아간다. 삶을 지배하는 건 경제지만, 경제를 지배하는 게 정치이기 때문에 정치가 중요하다. 정치와 경제가 유기적인 이유다. 올바른 경제를 위해 올바른 정치를 선택해야 한다. 그뿐이다. 굳이 정쟁에 휘말릴 필요는 없다. 정쟁 자체는 먹고사는 일과 무관하다. 정치에는 관심을 두되, 정쟁에 나서지는 말아야 한다.

보수와 진보의 차이는 백지장이다.

　세상엔 완전한 보수도 없고, 완전한 진보도 없다. 보수는 현재 상황에 만족해 변화를 거부한다. 진보는 눈앞의 세상에 불만을 느끼고 변화와 혁신을 요구한다. 진보가 튀어 나가면 보수가 잡아당기며 속도를 조절한다. 그래서 세상은 급변하기보다는 점진적으로 변화해간다. 보수는 고인 물만 좋아할 거 같지만, 실상 새로운 물을 원한다. 다만 급속히 새 물로 채우는 걸 원치 않을 뿐이다. 진보도 새 술을 새 부대에 담아야 한다고 하지만, 한꺼번에 전체를 바꾸면 불편하고 부담된다는 사실을 잘 안다. 양자는 극단적으로 대립하는 것 같아도 조화를 이루며 세상을 이끌어가고 있다. 이것이 민주화의 과정이다.

인생, 사랑, 멋, 길을 찾아서
ⓒ 이모일, 2024

발행일	2024년 4월 12일
지은이	이모일
발행인	이영옥
편집인	송은주
펴 낸 곳	도서출판 이든북
출판등록	제2001-000003호
주　　소	대전광역시 동구 중앙로 193번길 73
전화번호	(042)222-2536	팩스(042)222-2530
전자우편	eden-book@daum.net
카　　페	https://cafe.daum.net/eden-book
공 급 처	한국출판협동조합
	전화 (02)716-5616　(031)944-8234~6

ISBN 979-11-6701-283-8 (03810)
값 15,000원

* 이 책의 판권은 지은이와 이든북에 있습니다.
* 이 책 내용의 전부 또는 일부를 재사용하려면 반드시
  양측에 서면 동의를 받아야 합니다.